하이데거 vs 레비나스

세창프레너미Frenemy 004

하이데거 vs 레비나스

초판 1쇄 인쇄 2019년 3월 25일
초판 1쇄 발행 2019년 4월 5일
_

지은이 최상욱
펴낸이 이방원
편 집 이미선 · 김명희 · 안효희 · 강윤경 · 윤원진 · 정조연
디자인 손경화 · 박혜옥 **영 업** 최성수
_

펴낸곳 세창출판사
신고번호 제300-1990-63호
주 소 03735 서울시 서대문구 경기대로 88 냉천빌딩 4층
전 화 02-723-8660   **팩 스** 02-720-4579
이메일 edit@sechangpub.co.kr   **홈페이지** http://www.sechangpub.co.kr/
_

ISBN 978-89-8411-810-2 93160

이 도서의 국립중앙도서관 출판시도서목록(CIP)은 서지정보유통지원시스템 홈페이지(http://seoji.nl.go.kr)와
국가자료공동목록시스템(http://www.nl.go.kr/kolisnet)에서 이용하실 수 있습니다. CIP제어번호: CIP2019010948

하이데거

vs

레비나스

최상욱 지음

세창출판사

하이데거는 1889년에 태어나서 1976년에 죽었고, 레비나스는 1906년에 태어나서 1995년에 죽었다. 하이데거가 『존재와 시간』을 출간한 해는 1927년이다. 이때 하이데거의 나이는 38세였으며, 레비나스는 21세였다. 이 시기에 레비나스는 하이데거의 철학에 대하여 깊은 존경을 표했다. 그는 하이데거를 최고의 철학자 중 한 명으로 평가하며, 철학사에서 하이데거가 빠져서는 안 된다는 찬사를 보냈다. 그러나 하이데거가 나치 정권 하에서 프라이부르크 대학 총장으로 임명된 1933년(당시 레비나스는 27세) 이후, 레비나스는 하이데거를 격렬하게 비판한다. 하이데거에 대한 그의 비판은 "용서할 수 있는 독일인은 많지만, 용서할 수 없는 독일인도 많고, 그중 하이데거를 용서하는 일은 불가능하다"는 표현으로 압축된다. 이와 같이 레비나스는 하이데거에 대하여 아주 짧은 기간 동안의 찬사를 보냈고, 그 이후 평생에 걸쳐 비판적 입장을 취하게 된다.

　물론 이것은 시대적으로 나중에 태어난 사람이 누릴 수 있는 권리이기도 하다. 하이데거가 플라톤을 비롯해 수많은 철학적 선배들을 비판했듯이, 레비나스 역시 하이데거를 비판할 수 있다. 역으로 하이데거의 비판에 대해 이미 죽은 플라톤이 변호할 수 없는 것처럼, 레비나스의 비판에 대해 하이데거는 자신을 변호할 수 없었다. 더 정확히 말하면, 하이데거는 레비나스의 비판에 대하여 잘 알고 있지 않았던 것으로 보인다. 반면에 레비나스는 하이데거를 잘 알고 있었다. 이런 차이점은 그들의 저서에서도 그대로 반영된다. 하이데거는 그의 전 저술을 통해 레비나스에 대하여 언급하지 않았다. 반면 레비나스의 저서들은 거의 대부분 하이데거와 연관되어 있으며, 그것도 그를 비판적으로 다루고 있다.

　이러한 점을 고려하지 않고 하이데거와 레비나스의 작품을 단순히 비교한다면, 그 결과는 하이데거에 대한 레비나스의 일방적인 주장으로 끝나게 될 가능성이 크다. 따라서 우리는 하이데거에 대한 레비나스의 비판이 정당한지 아닌지에 대한 논의는 되도록 삼가려고 한다. 왜냐하면 레비나스가 비판하는 하이데거의 모습은, 하이데거의 전체적인 모습이 아니기 때문이다. 또한 하이데거의 입장에서 레비나스의 철학을 평가하지도 않을 것이다. 오히려 우리는 하이데거와 레비나스 철학의 장단점과 옳고 그름을 비교하거나 평가하기보다는 그들의 철학이 무엇을 말하려고 했는지, 왜 그렇게 말할 수밖에 없었는지를 해명하려고 한다. 이를 위해 그들의 시대적 상황과 삶의 자리, 그리고 이와 연관된 철학적 주제들 ―인간, 세계, 죽음, 언어, 신, 종말론적 세계― 이 다뤄질 것이다.

『하이데거 vs 레비나스』라는 책을 쓰면서 느꼈던 첫 번째 어려움은 서로 다른 삶의 자리와 역사적 상황, 개인적인 성향, 글쓰기 방식을 지닌 두 철학자를 한 권의 책에 소개하는 일이었다. 특히 독자들로 하여금 어느 한 철학자에 대한 편견이나 오해를 갖지 않도록 하기 위해, 가능하면 이 책에서는 두 철학자의 입장을 균형있게 전하려고 노력하였다.

이보다 더 어려웠던 것은, 철학을 전공하지 않는 독자들이 이해할 수 있을 정도로 두 철학자의 사상을 쉽게 전달하는 일이었다. 나름대로 쉽게 쓰려고 했지만, 그 판단은 독자들이 내리게 될 것이다.

마지막으로 이 책을 보면서 독일 철학자 하이데거와 리투아니아 출신 프랑스 철학자 레비나스뿐 아니라, 21세기를 살아가는 우리 자신의 모습을 돌아볼 수 있다면 더 좋은 일일 것이다.

2019년 보통리 벚꽃마을에서
최상욱

차례

들어가는 말

하이데거와 레비나스는 모두 철학자이다. 그렇다면 철학자란 누구인가? 철학은 무엇인가? 이런 질문은 대답하기도 어렵고 이제는 닳고 진부한 질문처럼 들린다. 그런데 우리는 '철학은 무엇이 진리인지 밝히는 학문'이라고 들어왔다. 여기서 진리란 단어가 등장한다. 이 단어 역시 빛바래고 고리타분해진 단어이다. 더욱이 현대사회에서 철학은 더 이상 의미가 없는 따분한 이야기에 불과하고 폐기되어야 할 골동품처럼 여겨지기도 한다.

　"철학", "철학자"란 단어는 고대 그리스 소크라테스로부터 시작되었다. 소크라테스가 살았던 당시 고대 그리스 사회에는 꽤 많은 지식인들이 있었다. 그들은 자신을 가리켜 "지식지혜: sophia이 있는 자"라는 의미로 소피스트Sophist라고 불렀다. 그들은 자신들의 의견을 잘 전달할 수 있었고, 자신들의 언어를 아름답게 포장할 수 있었고, 자신들의 주장을 남에게 설득할 수 있었다. 그들은 수사학, 웅변술에 뛰어난 사람들이었다. 그들은 이러한 능력을 바탕으로 남과의 경쟁에서 이기고, 더 많은 권력과 부를 가질 수 있도록 그 방법과 지식을 가르쳤던 사람들이다. 따라서 당시 부유한 그리스인들이 소피스트로부터 출세하기 위한 방법을 배우려고 했다는 것은 충분히 짐작할 수 있다.

그런데 우리는 이러한 소피스트들의 모습을 현대사회에서도 발견할 수 있다. 그렇다. 현대사회에서도 사람들은 더 많은 경제적·정치적·문화적 자본과 권력을 원하며, 이를 위해 지식소피아과 지식을 갖춘 자소피스트를 향해 모여들고 있는 것이다. 그렇다면 소피스트를 필요로 하고, 소피스트가 되려는 스스로에 대하여 우리는 비판할 수 있을까?

이런 현실과 달리 철학사를 배우면서, 우리는 소크라테스에게는 긍정적인 평가를, 소피스트에 대해서는 부정적인 평가를 내리고 있다. 이러한 판단은 소크라테스 이후 후대에 의해 내려지고 전승된 평가이다. 후대의 평가를 바탕으로 우리는 소크라테스가 그의 동시대인에게도 긍정적인 평가를 받았을 것이라고 생각하지만 이것은 착각이다. 왜냐하면 우리는 소피스트보다 소크라테스의 삶이 더 고귀하다고 평가하면서도, 현실적이고 구체적인 상황에서는 우리 역시 출세를 위해 수사학과 웅변술, 더 빠르고 보다 많은 정보를 추구하며, 상대방과의 경쟁에서 이기려 하기 때문이다.

소크라테스가 살았던 시대 상황도 이와 마찬가지였다. 그는 자신이 지혜를 갖춘 자소피스트가 아니라, 단지 지혜를 사랑하는 자Philosopher라 불렸다. 말하자면 자신은 아직 지혜를 갖추지 못한 자이며, 단지 지혜를 사랑하기를 원했다는 것이다. 그렇다면 "사랑"이란 무엇인가?

플라톤은 『향연Symposion』이란 대화편에서, 사랑Philia, Eros은 부유한 신 포로스와 가난한 여신 페니아의 자식이라고 묘사하고 있다. 왜 사랑은 부유한 아버지와 가난한 어머니의 자식일까? 그것은 사랑은 결코 만족하지 않기 때문이다. 사랑은 항상 목말라 하고, 더 많은 사랑을 원한다. 사랑은 적당한 선에서 만족하고 그치지 않는다. 이런 까닭에 사랑은 가난한 어머니의 자식이다. 사랑은 선하지도 아름답지도 않다. 사랑은 선하고 아름다운 것을 결여하고 있다. 그래서 사랑은 항상 가난한 것이다.

다른 한편 사랑은 고귀한 혈통의 자식이다. 그는 포로스 신을 닮아 아름답고 좋은 것을 원한다. 우리가 사랑할 만한 것은 많다. 그러나 어떠한 것을 진정으로 사랑하기를 원한다면, 우리는 무엇이 가장 사랑할 만한 것인지 묻게 된다. 우리를 유혹했던 많은 것들 중에서 시간이 지나고 보면 무의미하고 하찮았던 것도 많다. 다만 당시에 그러한 것들에 마음을 빼앗겼을 뿐이다. 지금도 우리는 또 다른 것에 마음을 빼앗길 수 있다. 그런데 시간이 지난 뒤 후회하지 않으려면, 지금 우리는 그것이 과연 궁극적으로 사랑할 만한 것인지 질문해야 한다.

이런 의미에서 플라톤은 "사랑은 가난하지도 부유하지도 않으며, 지혜와 무지의 중간에 있는 것"이라고 규정하고 있다. 그렇다면 우리가 가장 사랑해야 할 것은 무엇일까?

소크라테스와 소피스트가 갈라지는 지점은, 그들이 무엇을 추구하는가에서 시작된다. 소피스트가 원했던 것은 "진실"이 아니라 "현실"이었다. 반면 소크라테스가 원했던 것은 "현실"이 아니라 "진실(진리)"이었다. 그렇다면 진실은 무엇일까?

우리가 어떤 것(A)을 어떤 것 그 자체(A 자체)로 볼 수 있다면, 그때 우리는 진실과 만나는 것이다. 소피스트에게 중요한 것은 어떤 것(A) 자체가 아니라, A가 현실적으로 어떻게 평가되고, 얼마나 유용한지에 달려 있다. 반면에 소크라테스가 추구한 것은 사회적, 시대적, 관점적 차이에도 불구하고 A 자체가 무엇인지 아는 것이었다. 이후 우리는 "철학은 진실(진리)을 추구하는 학문"이라고 규정해 왔다. 그런데 "진실"이 무엇인지, 어떻게 "진실"을 만날 수 있는지, 평생 동안 질문했던 인물들이 바로 하이데거와 레비나스이다.

하이데거와 레비나스에게 "진실"은 마치 눈앞에 있는 사물들과 같이 우선적으로 자명하게 주어져 있는 것이 아니다. 그들이 볼 때, 진실은 대부분의 경우 은폐되어 있거나 망각되어 있다. 이제 그들에게 필요한 것은 감춰지고 잊혀진 진실을 찾는 일이다. 그렇다면 왜 진실은 많은 경우 감춰져 있는 것일까?

예를 들어, 우리는 지금 눈앞에 펼쳐져 있는 모습을 진실이라고 믿는다. 내 앞에 어떤 사람이 있다. 나는 그 사람을 보고 있고, 그의 얼굴은 내가 잘 아는 얼굴이다. 그 사람이 맞다고 생각한다. 그러나 정말 그 사람일까?

돋보기를 들고 그 사람의 얼굴을 들여다보면 어떤 일이 벌어질까? 우리는 그 사람의 얼굴에서 그때까지 거의 본 적이 없는 수많은 굴곡과 주름, 잡티들을 보게 될 것이다. 지금 우리가 보고 있는 얼굴은 우리가 익숙하게 봐 왔던 그 얼굴이 맞는가?

더 나아가 현미경으로 들여다보면 어떨까? 이쯤에서 우리는 묻게 된다. 그 사람의 얼굴은 무엇인가? 어떤 얼굴이 그 사람 얼굴의 진실인가?

이러한 예를 철학적으로 표현한다면, 일상적으로 내가 확인하는 그 사람의 얼굴은 나에게 "그 사람의 얼굴"이란 형태로 드러난(현상) 것이다. 우리는 그 사람의 얼굴이 현상하는 대로, 그 얼굴(현상으로서의 얼굴)을 그 사람의 얼굴(진실로서 얼굴)이라고 생각한다. 그런데 우리가 돋보기나 현미경으로 들여다본다는 표현은 당연하다고 여기고 있는 태도를 벗어나, 그 전과는 전혀 다른 방식으로 그 사람의 얼굴을 대하고 있다는 것을 뜻한다. 그때 우리는 그 얼굴이 아니라는 것에 놀라게 되며, 무엇이 진실인지 묻게 되는 것이다. 이러한 것을 다루는 철학적 방법론을 "현상학"이라고 부른다.

현상학은 드러난 현상이 진실인지, 만약 진실이 아니라면 드러난 현상 배후에 은폐되고 망각된 진실을 어떻게 찾을 수 있는지를 추구한다. 그런데 현상이 곧바로 진실이 아닌 이유는 무엇인가?

예를 들어 A가 드러날 때, ① 그것은 A 자체를 드러내기도 하지만, 동시에 ② A가 아닌 것으로 드러내기도 하고, 심지어 ③ A라는 것을 드러내지 않는 방식으로 자신을 드러내기도 한다. 우리는 친구들과의 편안한 모임에서 우리 자신을 있는 그대로 드러낸다. 이때 현상과 진실은 일치한다(A=A). 반면 예의를 갖춰야 하는 불편한 자리에서는 우리 자신의 평소 모습이 아닌 형태로 자신을 드러내기도 한다(A≠A). 그리고 더 불편한 자리에서는 아예 자신을 드러내지 않기도 한다(A≠A). 그런데 삶을 돌이켜 보면, 우리는 자신을 있는 그대로 드러내는 경우 ①보다 우리 자신을 다르게 드러내거나 ② 드러내지 않는 방식, ③으로 살아가는 경우가 더 많다는 것을 알 수 있다. 물론 ②, ③의 경우가 나쁜 것은 아니다. 예를 들어 "하얀 거짓말"은 상대방을 속이기 위한 것이 아니라, 상대방을 배려할 때 사용하는 표현이다. 그럼에도 불구하고 하얀 거짓말도 일종의 거짓말이며 진실은 아니다.

이와 같이 "현상학"이란 방법론을 통해 하이데거와 레비나스는 모두 "진실"이 무엇인지 질문하고 있다. 그리고 마지막엔 그들 모두 현상학을 떠나 각자 자신만의 철학을 펼쳐 나간다. 이를 통해 그들의 질문과 대답은 전혀 다르게 나타난다. 이러한 차이는 그들이 처한 시대적 상황과 삶의 자리가 전혀 달랐기 때문이다. 결국 하이데거는 존재자에 의해 은폐되고 망각된 "존재"를 찾으려고 한 반면, 레비나스는 "주체"에 의해 부정된 "타자"를 찾으려고 한 것이다.

제1장

하이데거와 레비나스 철학의 방법론

1

하이데거와 레비나스의 생애

　모든 철학자들의 작품이 그의 삶과 일치하는 것은 아니다. 니체는 독자들을 향하여 자신의 삶과 작품은 다르다고 강조하고 있다. 이것은 그의 작품이 "니체"라는 인간에 대한 선입견 때문에 왜곡되고 오해받는 것, 예를 들어 질병으로 고통 받았던 인간 니체로부터 그의 작품 또한 허약하고 병적이고, 허무주의적일 것이라는 오해를 막기 위한 조치라고 볼 수 있다. 그렇다고 니체가 병적인 인물이었으며, 이러한 점이 그의 작품에 영향을 끼쳤으리라는 점을 부정할 수는 없다. 그럼에도 불구하고 결코 그의 작품은 병적이지 않다. 왜냐하면 니체는 자신을 덮쳐온 병(의학적, 신체적 병뿐 아니라, 문화적, 철학적 병도 포함)에 압도당하지 않고, 오히려 그 병의 증상과 본질을 "건강한 정신"을 통해 파악하고 진단했기 때문이다.

만약 니체가 병적이지 않았다면 그의 작품은 불가능했을 것이다. 또한 그의 정신이 허약해 병에 압도당했다면, 마찬가지로 그의 작품은 불가능했을 것이다. 이런 점 때문에 우리는 한 철학자의 삶과 작품은 반드시 일치하는 것은 아니지만, 그럼에도 그의 삶과 작품은 전혀 무관하지 않다는 점, 그리고 철학자의 삶과 작품의 차이는 그가 주어진 삶의 상황을 어떠한 방식으로 극복하고 해결했는가에 따라 달라질 수 있다는 점을 확인할 수 있다. 이런 특징은 하이데거나 레비나스의 작품에도 해당된다. 따라서 이제 두 철학자의 생애를 간단하게 살펴보는 것이 필요하다.

1) 하이데거의 생애

하이데거는 1889년 9월 26일 독일 바덴뷔르템베르크주 메스키르히에서 성 마르틴 성당지기인 아버지 프리드리히 하이데거와 가톨릭 농부 집안에서 태어난 자상한 성격의 어머니 요한나 사이에서 태어났다. 메스키르히는 인구가 약 4천 명에 불과한 작은 시골마을이다. 그곳에서 하이데거는 13세까지 학교에 다녔다. 14세에 콘스탄츠, 17세에 프라이부르크로 옮긴 후, 20세에 프라이부르크 대학교 신학부에 입학했다. 4학기 동안 신학과 철학 수업을 들었고, 특히 후설의 『논리연구현상학』에 매료되었다. 1915년(26세 때) 첫 강의("소크라테스 이전 철학자에 관하여: 파르메니데스"와 "칸트에 대하여: 프롤레고메나")를 시작하였다. 제1차 세계대전 중이던 1918년(29세 때), 그는 프랑스

베르덩 부대에 배속되어 기상 관측소에서 근무하던 중 포로 신세를 면하고, 그해 12월에 프라이부르크 대학으로 돌아와 후설의 조교로 일하게 된다. 가다머의 회상에 따르면, 1922년(33세 때)부터 하이데거의 강의는 학생들에게 "환각제"와 같은 작용을 했으며, 1923년(34세 때) 마르부르크 대학 조교수로 취임했을 때, 하이데거는 "메스키르히에서 온 마법사"라는 별명을 갖게 되었다고 한다. 이때 학생들은 그의 의상과 말투, 몸짓을 흉내내었고, 하이데거가 사용한 언어도 유행했다고 한다. 1927년에는 20세기 가장 위대한 철학서 중 하나로 인정받는 『존재와 시간』이 출간된다. 1928년(39세 때) 후설의 후임으로 프라이부르크 대학 정교수가 되고, 그해 7월 대학 취임 강의 "형이상학이란 무엇인가?"가 행해진다. 1930년 베를린 대학에서 초빙 의사를 밝히지만, 하이데거는 거절하고, 1933년 프라이부르크 대학교 총장에 취임한다.

그의 총장 취임 연설의 제목은 "독일 대학의 자기주장"이다. 그는 이 연설문에서 노동, 군사, 지식의 의무를 강조한다. 이것은 당시 나치 정권의 주장과 비슷하였다. 따라서 이후 그는 정치적인 스캔들에 시달리게 된다. 이에 대하여 하이데거는 대학교가 나치 정권에 의해 지배당하는 것을 막기 위한 조치였다고 항변한다. 이런 점은 당시 교육부 장관인 바커가 하이데거의 주장을 "종족 사상에 기초하지 않은 사적 국가사회주의"라고 비판한 점에서도 어느 정도 인정될 수 있다. 그해 베를린 대학에서 두 번째로 초빙 의사를 타진하지만, 하이데거는 또다시 거절한다. 그리고 그 이유를 "창조적 풍경:

왜 우리는 시골에 머무는가?"라는 내용을 통해 밝힌다. 1934년 대학 인사에 간섭하려는 나치당의 압력에 불복해 하이데거는 총장직을 사임하고, 그의 총장 취임 연설인 "독일 대학의 자기주장"은 서점에서 수거되기 시작한다.

그 후 하이데거는 자신의 입장에 대하여 "전회Kehre"를 선언, 1934-1935년부터 독일 시인 휠덜린에 대한 강의 『휠덜린의 송가 「게르마니엔」과 「라인강」』을 필두로, 1936년 『휠덜린과 시의 본질』, 1941-1942년 『휠덜린의 송가 「회상」』, 1942년 『휠덜린의 송가 「이스터」』, 1946년 『무엇을 위한 시인인가?』를 다루기 시작한다. 이 시기에 하이데거는 휠덜린뿐 아니라 독일 철학자 니체에 대해서도 다룬다. 그것은 1936-1937년 『예술로서 힘에의 의지』, 1939년 『동일한 것의 영원회귀와 힘에의 의지』, 1940년 『유럽의 허무주의』, 『니체의 형이상학』, 1943년 『니체의 말 「신은 죽었다」』에 대한 강의로 나타난다.

1945년 제2차 세계대전이 끝난 후, 하이데거에 대한 정화위원회는, "하이데거는 1933년 이전에는 나치와 아무 관계가 없었고, 1934년 4월 이후에는 이미 나치라고 간주될 수 없다. 우리는 하이데거가 1933년 단기간의 정치적 과오로 인해 대학을 떠나야 한다면, 그것은 매우 중요한 손실이라 고려한다"고 결론 내린다. 1948년 프랑스 군정은 하이데거에 대하여 "나치에 복종하지 않은 동행자"라고 규정한다. 그 후 하이데거는 『휴머니즘에 관한 서한』, 『사유의 경험』, 『숲길들』, 『기술에 대한 질문』, 『니체의 차라투스트라는 누구인가?』, 『언어에의 도상』, 『내버려둠』, 『시간과 존재』 등을 발표한다.

1966년, 자신이 죽은 후 발표하기로 약속한 「슈피겔」과의 인터뷰에서 "하나의 신만이 우리를 구원할 수 있다"고 밝힌다. 그 후 1976년 5월, 하이데거는 85세로 삶을 마친다. 그의 삶은 고향에서 출발해 다시 고향에 묻히는 여정으로, 마지막 말은 "감사하다"였으며, 그의 묘비에는 하나의 별이 그려져 있다. 이 별은 하이데거가 평생 동안 질문했던 "존재"에 대한 메타포라고 볼 수 있다.

2) 레비나스의 생애

레비나스는 1905년 12월 리투아니아 카우나스에서 유대인의 아들로 태어났다. 그는 탈무드와 히브리어 성경으로부터 많은 영향을 받았다. 뿐만 아니라 푸시킨, 톨스토이, 도스토옙스키와 같은 러시아 문학이나 셰익스피어에 큰 관심을 가졌다. 제1차 세계대전 직후 레비나스와 그의 가족은 우크라이나로 이주하지만, 러시아 혁명을 체험한 후 리투아니아로 돌아온다. 그 후 1923년(18세 때) 그는 스트라스부르크 대학에서 철학 수업을 시작한다. 그곳에서 레비나스는 종교철학자이자 현상학자인 장 에링으로부터 현상학을 배우고, 1927-1928년에는 후설과 하이데거의 지도를 받게 된다. 레비나스는 후설의 마지막 강의에 참여했으며, 후설에 의해 뛰어난 학생으로 평가받는다. 이때 레비나스는 하이데거의 『존재와 시간』을 접하고 그의 강의도 듣는다. 그는 하이데거의 『존재와 시간』이 철학사를 통틀어 가장 위대한 책 중 하나라고 평가하며, 하이데거의 철학적 깊이에 대하여 존경을 표한다. 그는 1930년 스트라스부르크 대학에서 「후설 현상학에서 직관이론」으로 박사학위를 받고, 후설의 저작 『데카르트적 성찰』을 번역하였으며, 1932년에는 「하이데거와 존재론」이란 논문을 통해 하이데거의 사상을 프랑스에 알린다. 이와 같이 레비나스는 후설과 하이데거로 대표되는 독일 현상학을 누구보다 앞서 프랑스에 소개하였다. 사적으로 볼 때 레비나스는 후설과 더 가깝게 지냈고, 후설 역시 레비나스를 뛰어난 학생이라고(1928년) 평가하고 있다. 그러나 당시 레비나스는 철학적인 입장에서는 후설보다 하이데거를 더 긍정적으로 평가했었다. 왜냐하면 후설의 현상학이 순수 주관성을 통해 세계를 바라보는 주체주의 철학, 주지주의 철학인 반면, 하이데거의 철학은 실존적 인간, 세계, 역사성, 시간성을 강조하고 있기 때문이다. 당시 레비나스는 후설의 『의식의 현상학』보다 하이데거의 『존재론적 현상학』이 자신의 입장과 가깝다고 여겼으며, 하이데거의 주요 개념인 세계, 던져진 존재피투성: Geworfenheit, 기투하는 존재기투성: Entwurf 등의 표현을 받아들였다.

그러나 1933년 히틀러의 나치당이 총선에 승리하고, 1933년 하이데거가 「독일 대학의 자기주장」을 발표한 직후, 레비나스는 「히틀러주의 철학에 대한 몇 가지 고찰」이란 논문을 통해, 하이데거 철학이 히틀러의 나치즘과 밀접한 관계가 있다고 하이데거를 비판하기 시작한다. 그는 하이데거의 철학이 비록 아주 짧은 시간 동안이라고 하더라도, 히틀러의 사상과 연관성 자체는 영원히 잊을 수 없다고 말하고 있다. 이와 같이 하이데거에 대한 레비나스의 입장은, 1927-1928년 『존재와 시간』에 대한 긍정적인 평가를 제외하고는, 부정적인 방향으로 선회한다. 그는 자신의 사상이 하이데거 철학에 힘입은 바가 크다는 사실을 인정하면서도, 하이데거로부터 인간에 대한 사랑이나, 사회적 정의를 배우는 것이 가능한지 질문하고 있다. 또한 죽음에 대한 논의에 있어서도 하이데거의 철학으로부터 도움을 받았지만, 하이데거의 죽음론은 자신의 입장과 전혀 다르다는 점도 강조하고 있다.

1939년 레비나스는 프랑스 군인으로 제2차 세계대전에 참전하지만, 포로가 되어 전쟁이 끝날 때까지 포로 수용소에 머물게 된다. 이 시기 동안 레비나스의 가족은 나치에 의해 학살된다. 이에 대해 레비나스는 "자신은 아우슈비츠에 있지 않았지만, 결국 아우슈비츠에서 자신의 가족을 잃었다"고 한탄하고 있다. 이러한 그의 경험과 하이데거에 대한 비판적 입장은 1947년 『존재에서 존재자로』라는 저서로 나타난다. 이 책의 제목은 '존재자로부터 존재로 향해야 한다'는 하이데거의 주장을 전적으로 부정한 것이다. 이를 집대성한 책이 1961년 박사학위 논문인 「전체성과 무한」이다. 그리고 1974년, 하이데거가 가장 강조했던 개념인 "존재"를 부정하면서 『존재와 다르게, 혹은 본질 저편으로』를 출간한다. 이 책에서 "존재와 다르게"라는 표현을 통해 레비나스가 말하고자 하는 것은, 하이데거를 포함해 서구 철학이 주장해 온 "존재"와 전적으로 다른 철학이 필요하다는 것이다. 따라서 그는 하이데거적인 존재로부터 초월(탈출)에 대하여 강조하고 있는 것이다. 그 후 1975-1976년 소르본느 대학에서 행했던 강의들이 그의 제자 롤랑에 의해 1993년 『신, 죽음, 그리고 시간』이란 제목으로 출간된다. 그리고 1995년 레비나스는 파리에서 사망한다.

2
|
하이데거와 레비나스의 철학적 배경

하이데거와 레비나스는 모두 제1차, 제2차 세계대전의 소용돌이 속에서 살았다. 그들은 점차 격화되는 자본주의의 모순과 공산주의의 위협, 나치 독재와 유대인 학살을 목격하였다. 당시 서구 사회를 지배했던 가치는 물질주의, 과학적 환원주의, 산업주의, 상업주의, 사회적 원자주의 등이었고, 이것은 한마디로 "정신의 죽음"을 의미했다. 이러한 분위기는 전 세계적인 불안과 허무주의적 무의미로 나타났다. 따라서 죽음, 불안, 구토, 부끄러움, 지루함, 허무라는 표현이 두 철학자의 저서에서 자주 등장하고 강조되는 것은 우연이 아니다. 그렇다면 이러한 시대에 하이데거와 레비나스가 말하고자 했던 것은 무엇이며, 그들의 철학적 배경은 무엇인가?

하이데거와 레비나스는 당시의 정치적, 군사적, 경제적인 광기와 모순, 불안과 허무주의적 성향을 서구 철학의 결과라고 진단했다.

왜냐하면 서구 철학은 처음부터 인간을 주체로 전제하고, 타자를 주체에 대한 객체 대상으로 평가 절하하여 객체에 대한 주체의 지배를 당연한 것으로 여겼기 때문이다. 대상에 대한 주체의 지배라는 철학적 주장은 현실적으로 타자에 대한 지배로 이어졌으며, 최고 존재인 신의 죽음은 곧바로 인간에 대한 인간의 살해로 이어졌다. 이런 맥락에서 하이데거와 레비나스는 철학의 종말, 주체성의 종말, 휴머니즘의 종말에 대하여 말하고 있는 것이다. 이러한 공통점에도 불구하고 그들이 서구 철학을 바라보는 시각과 문제점은 전혀 다르다. 왜냐하면 그들이 처해 있던 실존적, 역사적, 철학적 배경이 달랐기 때문이다.

하이데거는 플라톤부터 니체까지 서구 철학의 역사를 "존재 망각의 역사"로 규정한다. 그에 의하면 존재에 대한 망각은 특정한 시기에 특정한 철학자들에 의해 이루어진 것이 아니라, 서구 철학 전체를 관통해 벌어진 사건이다. 따라서 존재에 대한 의미를 묻기 위해 필요한 것은 서구 철학 전체를 "해체"하는 일이다. 그런데 서구 철학 전체를 부정하고 해체한다면, 존재의 의미를 드러내려는 시도 자체가 불가능해 보인다. 따라서 하이데거는 "존재의 의미"를 새롭게 해명하기 위해 존재 망각 이전의 고대 그리스 정신으로 돌아가야 한다고 주장하고 있다. 그에 의하면 고대 그리스 정신은 서구 형이상학에 의해 제한되고 왜곡되기 이전의 정신, 자유로운 정신을 의미한다. 이런 정신이 드러난 대표적인 인물을 하이데거는 소포클레스의 작품 『안티고네』에서 확인한다. 안티고네는 운명과 부딪쳐 죽음에 처하게 되는 비극적 인간이다. 동시에 그녀는 자신의 죽음을 결단하면서 운명과 맞서는 영웅적 인간이다. 이를테면 하이데거는 인간의 본질을 "비극적 영웅", 혹은 "영웅적 비극성"에서 찾고 있는 것이다.

그런데 고대 그리스 정신을 동경하고 그 정신을 다시 회복해야 한다는 움직임은 하이데거에서 시작된 것이 아니라, 이미 독일 낭만주의자들과 독일 관념론자들, 독일 신비주의자들과 마르틴 루터에 의해 시도되었다. 이들은 남부 유럽 중심의 라틴계 문화와 역사로부터 유럽에서 독일의 의미는 무엇이고, 독일인의 정체성은 무엇인지 질문했던 것이다. 이 중 하이데거에 의해 중요하게 선택된 두 사상가가 철학자 니체, 독일 시인 횔덜린이다. 이들은 모두 고대 그리스 정신을 추구했지만, 비단 고대 그리스 정신에 머무는 것이 아니라, 그 정신을 미래적 독일 정신으로 재해석하려고 했던 것이다. 이들에 대한 해석을 통해 하이데거는 ① 서구 철학 전체에 대한 부정, ② 고대 그리스 정신의 회복, ③ 미래적 독일 정신의 창조를 시도했다. 따라서 하이데거의 사상적 배경에 가장 깊이 작용하고 있는 것은 고대 그리스 정신과 횔덜린(니체 포함)이라고 볼 수 있다.

반면 레비나스는 서구 철학 전체를 부정하고 해체하려 하지 않는다. 레비나스는 하이데거가 전적으로 부정하고 있는 플라톤과 데카르트에 대해서 이중적인 입장을 취한다. 그에 의하면 플라톤과 데카르트는 인간의 "주체성"을 강조한 철학자들이다. 이런 측면에서 볼 때, 그들에 대한 평가는 부정적이다. 반면 플라톤과 데카르트가 "무한자에로의 초월"을 주장하는 한에서, 이들에 대한 평가는 긍정적이다. 이와 같이 레비나스는 서구 철학 전체를 부정하기보다는 철학자들의 사상 안에 있는 긍정적인 측면과 부정적 측면을 구분하고 있다. 그럼에도 불구하고 레비나스는 서구 철학은 전반적으로 주체주의 철학이라고 부정적으로 평가한다. 왜냐하면 서구 철학의 주체 중심주의는 필연적으로 타자에 대한 억압으로 나타나고, 타자는 주체에 의해 고유한 타자성을 상실하게 되기 때문이다. 이렇게 타자성을 상실한 채, 모두 동일한 "우리" 안으로 끌어넣는 작업을 레비나스는 "전체성"이라고 부르며, 전체성과 주체 중심적 철학이 현실적으로 나타난 것이 나치 독재, 파시즘, 인종주의라고 비판하고 있다.

결국 레비나스로 하여금 새로운 철학적 사유를 시도하게 했던 현실적 배경은 나치 정권의 포악성과 무차별적인 살해에 대한 공포라고 볼 수 있다. 그는 자신의 삶에 대한 기록이 "나치 정권의 공포에 대한 예감과 그것에 대한 기억"이라고 말하고 있다. 이와 같이 "인종적 반유대주의의 트라우마"가 레비나스 철학을 가능케 한 선-철학적 경험이라고 볼 수 있다. 따라서 "그는 나치 정권에 의한 죽음의 공포, 죽은 자에 대한 연민, 죽음의 시대에 같이 죽지 못하고 살아남은 자들의 부끄러움과 그렇게 살아남은 것이 과연 정당한 것인가?"라고 질문하고 있는 것이다. 이러한 질문에 대한 대답 가능성을 레비나스는 유다이즘탈무드, 메시아니즘에 대한 사상에서 찾고 있다.

이와 같이 하이데거와 레비나스 철학의 결정적인 차이는, 하이데거가 자신의 새로운 존재론을 위해 서구 철학을 "존재 망각의 역사"로 규정하고 고대 그리스 정신과 미래 독일 정신을 추구했다면, 레비나스는 서구 철학을 "존재의 야만"을 드러낸 "주체 중심적, 전체성의 철학"이라고 규정하면서 전통적인 히브리 정신으로 향하고 있는 것이다. 따라서 하이데거의 근본 질문은 "존재론"으로, 레비나스의 근본 질문은 "윤리학"으로 나타나게 된다.

3
하이데거와 레비나스 철학의 근본 질문

1) 하이데거의 질문: "도대체 왜 어떤 것이 존재하고, 오히려 무가 아닌가?"

우리가 바라보는 세계 안에는 수많은 생명체와 사물들이 존재한다. 하이데거식으로 표현하면, 세계 안에는 수많은 "존재자"들이 존재한다. 푸른 하늘이 있고, 나무들이 있고, 온갖 곤충과 동·식물들이 있으며, 주변을 오고가는 사람들도 있다. 밤하늘에는 수많은 별들이 있으며, 괴테의 시를 인용하면 "산등성이엔 고요함이 있다". 무심한 파도의 물결들, 코끝을 스쳐가는 부드러운 바람도 있다. 사람들이 어울려 살아가는 사회에는 즐거운 소리도 있고, 안타까운 외침도 있다. 평화로운 목가적 분위기가 있고, 살벌한 경쟁의 소용돌이도 있다. 지구 위로 무한히 펼쳐진 우주 공간이 있고, 모든 존재자들을 삼켜 버리는 시간의 흐름도 있다. 너무 많은 것들이 존재한다.[1]

우주 역사와 비교하지 않더라도 인간이 지구에 등장한 것은 꽤 늦은 시간이다. 인간이 지구 위에서 자신을 발견했을 때, 그때는 이미 많은 존재자들이 있었다. "나"라는 개체 인간이 태어났을 때, 지구 위에는 이미 앞선 세대의 인간들이 있었다. 나를 둘러싼 "너", "너희들", "그(녀)들"이 있었다. 이러한 존재자들은 아직도 있다. "나"는 언젠가 죽겠지만, 존재자들은 계속해서 있을 것이다.

이렇게 존재자들이 존재한다는 것은 하등 이상할 것이 없다. 그것은 이미 그냥 그렇게 있을 뿐이다. 그것은 우리에게 특별한 감흥을 주지 않는다. 이러한 무감동과 무관심은 "나"가 있다는 사실에도 관련 있다. "나"가 있다는 것은 너무도 당연하고 확실한 일이며, 나는 사회가 부여한 관습과 법칙과 가치에 따라 아무 생각 없이 그냥

---

1 이후, 우리는 살아 있는 생명체든, 사물이든 하이데거를 따라 "존재자"라고 부르기로 한다. 하이데거는 돌, 나무나 동물과 같은 자연물, 망치와 같은 도구, 더 나아가 인간 그리고 신까지 "존재자"라고 부른다. 만약 우리가 "신"을 우주 어딘가에 머물고 있는 할아버지와 같은 이미지로 생각한다면 신도 존재자에 속한다는 것이다. 단지 신이 그 외의 존재자들과 다른 점은, 전통 형이상학에 의해 "최고의 존재자"로 간주되어 왔다는 점이다. 이런 맥락에서 하이데거는 물체적, 신체적, 정신적인 비생명체, 생명체 모두를 "존재자"라고 부른다.

그렇게 살아간다. 이와 같이 "나"를 포함해 모든 존재자들이 있다는 것을 우리는 너무나 당연한 일로 여기며 살아간다. 그러나 존재자들이 존재한다는 것이 단지 그렇게 사소하고, 무관심하고 무의미한 일일까?

일상적 삶 속에서도 우리는 문득 "나"를 포함해 존재자들이 "있다"는 사실로부터 강한 느낌을 받을 때가 있다. 예를 들어 오랜 장마 끝에 드러난 하늘은 얼마나 상쾌한가? 반대로 오랜 가뭄 끝에 내리는 비는 얼마나 기쁜 일인가? 홀로 외로운 길을 가는 도중에 마음에 맞는 친구를 만나는 것 또한 얼마나 즐거운 일인가? 산에 나무들이 있고, 아름다운 꽃이 피어 있는 것은 얼마나 아름다운가? 이렇게 아름다운 세계에 "나"가 살아가고 있다는 것, "나"로서 존재한다는 것은 얼마나 감사한 일인가? 이때 "나"를 포함해 존재자들이 있다는 것은 무관심하게 지나칠 사소한 일이 아니라, 오히려 일종의 감격스럽고 놀라운 사건이다.

그렇게 존재자들에 대하여 부정적이든, 긍정적이든 관심을 갖기 시작할 때, 우리는 다음과 같이 질문하게 된다:

도대체 왜 어떤 것이 있으며, 오히려 무가 아닌가?

이 표현은 독일 철학자 라이프니츠에 의해 최초로 정식화되었다. 그러나 이것은 이미 서구 철학의 시초부터 제기된 핵심적인 질문이었다. 이러한 질문에 대하여 서구 철학은 몇 가지 대답을 제시해 왔다. 우선 "무로부터는 아무것도 생기지 않는다$_{ex\ nihilo\ nihil\ fit}$"라는 주장이 그것이다. 이것은 "근거가 없는 것은 아무것도 없다$_{nihil\ est\ sine\ ratione}$"라는 주장과 연결된다. 존재자들이 존재한다면, 그것들은 필연적으로 궁극적인 근거를 가지고 있어야 한다는 것이다. 그 근거를 서구 철학은 "신"이라 불러 왔고, "최고의 존재자"인 "신"이 모든 존재자들을 창조했다는 것이다. 이러한 주장은 존재자들이 존재한다는 것, 특히 "나"가 존재한다는 것이 무의미하고 우연한 돌발 사건이 아니라, 신의 섭리에 의해 벌어진 필연적인 사건이라는 점을 보여 주고 있다. "나"가 존재하고, 여타의 모든 존재자들이 존재하는 것, 이것은 매우 특별하고 모든 것과도 비교할 수 없는 의미를 지닌다는 것이다.

이러한 서구 철학의 근본 질문을 이어받아 하이데거는 『형이상학이란 무엇인가?』에서 "도대체 왜 어떤 것이 존재하고, 오히려 무가 아닌가?"라고 묻고 있다. 그러나 그의 강조점은 서구 철학과 달리 존재자들을 향하지 않고 그 존재자들의 "존재"를 향한다. 이것은 무엇을 의미하는가?

소비가 조장되고 강요되는 후기 자본주의 시대에서 우리는 무심코 자동판매기에서 음료수를 꺼내 마시고 버린다. 새로운 스마트폰이 나오면 이전 것은 미련 없이 버린다. 우리는 항상 새로운 존재자(음료수, 스마트폰)를 향한다. 우리는 음료수 캔이나 스마트폰이 "있다"가 "없어지는" 것에 대해 크게 신경 쓰지 않는다. 왜냐하면 새로운 존재자가 그 자리를 채워 주기 때문이다. 이런 현상은 "나"를 포함한

"인간 전체"에게도 적용된다. 인간이 있고 없는 것, 살고 죽는 것이 이처럼 경시된 시대가 있었을까?

이러한 상황에서 하이데거는 이제 필요한 것은 "존재자"에 대한 관심이나 욕망, 지배가 아니라 그러한 존재자들이 "있다"는 사실, "나"를 포함한 인간이 "있다"는 사실, 즉 "존재의 의미"에 대하여 질문해야 한다고 강조한다. 라이프니츠가 정식화했던 전통 형이상학적 질문 "도대체 왜 어떤 것이 있으며, 오히려 무가 아닌가?"에서 강조점이 "존재자"와 "왜(근거율)"에 놓여 있었다면, 하이데거의 경우 강조점은 "있다(존재)"에 놓이게 된다. 그리고 그는 어떠한 것이 "존재한다"는 것은 당연한 것이 아니라, 감사하고 은혜로운 일이라는 점에 대하여 진지하게 사유하기를 권하고 있는 것이다.

2) 레비나스의 질문: "도대체 왜 악이 있고, 오히려 선이 아닌가?"

하이데거는 인간을 포함해 모든 존재자가 "있다"는 것이 무슨 의미를 지니는지 질문하고 있다. 이러한 질문이 가능하기 위해서는 존재자들이 존재한다는 사실에 대하여 무심했던 태도로부터 변화가 일어나야 한다.

일상적으로 우리는 수많은 존재자들 사이에서 살아가며 그것을 지극히 당연한 일로 여긴다. 그러나 문득 그러한 것들이 "있다"는 사실이 어떠한 놀라움(이미 아리스토텔레스가 언급한 Thaumazein)으로 다가

오기도 한다. 그때 우리는 비로소 존재자들이 존재한다는 것이 자명하고 무관심한 일이 아니라 엄청난 수수께끼와 같은 신비라는 것을 느끼게 된다. 그리고 우리는 존재자가 존재한다는 사실에 대하여 마침내 진지하게 질문한다. 바로 이것이 하이데거가 평생 추구했던 질문이었다. 이처럼 하이데거의 시선은 "존재자 전체"의 "존재의미"를 향하고 있다. 반면에 레비나스의 시선은 이와는 다른 곳을 향한다.

우리는 하늘에 떠 있는 많은 별들을 보고, 칸트와 같이 깊은 경외심에 빠질 수 있다. 그리고 질문할 수 있다. 저렇게 많은 별들은(존재자들) 왜, 어떻게 존재하게 되었으며, 그 의미는 무엇인가? 라고. 우리로 하여금 경탄케 하는 것은 밤하늘의 별들이 전부는 아니다. 엄청난 규모를 자랑하는 나이아가라, 이구아수, 빅토리아 폭포를 볼 때도 우리는 벅찬 감동을 느낀다. 즉 이러한 존재자들을 보면서, 우리는 자연의 아름다움과 위대함에 대하여 경외심과 숭고함을 느끼게 되는 것이다. 이런 예는 수없이 많을 것이다. 높이를 가늠할 수 없는 맑고 푸른 낮의 하늘이나, 깊이를 알 수 없는 짙고 어두운 밤의 하늘, 투박하지만 한결같이 수확을 제공하는 대지, 누가 보든 상관없이 한결같이 오고 가는 파도 등. 이러한 것을 보고 하이데거는 "도대체 왜 어떤 것이 존재하고 오히려 무가 아닌가?"라고 질문했던 것이다.

그런데 우리의 시야를 좁히면 어떤 일이 일어날까? 길가에 이름모를 작은 꽃이 피었다. 누구도 관심을 갖지 않는다. 그러나 그 꽃은 그렇게 피었다. 며칠 지나서 보니 꽃은 지고 말았다. 꽃은 슬퍼하는 기색이 없다. 며칠 만에 져 버린 꽃을 보는 우리의 마음이 즐겁지는 않다. 그 옆을 보니 작은 벌레들이 기어 다닌다. 도대체 무슨 의미로 살아가는지 의심스러울 정도로 미천하고 한심해 보이는 벌레들이다. 그러나 열심히 움직이고 있다. 아마도 살기 위해서일 것이다. 이러한 미물도 생명은 소중한 것이다. 이렇게 생각하고 있는데 갑자기 새가 날아와 그 벌레를 물고 간다. 벌레는 순간 꿈틀거리지만 이내 새의 뱃속으로 사라진다. 벌레의 갑작스러운 죽음은 안타까운 일이며, 이에 대하여 우리는 측은한 생각을 가질 수 있다. 그러나 우리의 시선을 새로 향하면 상황은 전혀 달라진다. 새는 살기 위해 최선을 다했을 뿐이다. 새가 벌레 사냥에 성공한 것은 그 새를 위해서는 다행스러운 일이고, 그 먹이로 인해 새는 더 많은 삶의 힘을 얻게 될 것이다. 이렇게 자연은, 언뜻 보면 외면적으로는 평화롭고 아름다워 보이지만, 먹고 먹히는 먹이 사슬 관계로 얽혀 있다. 우리는 결코 벌레를 잡아먹은 새를 향하여 "악하다"라고 말하지 않는다. 왜냐하면 바로 이것이 자연의 무심한, 혹은 냉엄한 법칙이기 때문이다. 그런데 우리는 인간 사회에 대해서도 이렇게 말할 수 있을까?

아리스토텔레스가 말한 것처럼 인간은 사회적(정치적) 생명체zoon politikon, 언어를 가진 생명체zoon logon echon이다.[2] 인간은 공동체를 구

---

[2] 여기서 아리스토텔레스의 politikon이란 단어는 현대적인 의미로 이해해서는 안 된다. 오히려 politikon(정치적)이란 단어는 공동체(polis)에서 벌어지고 요구되는 여러 행동들과 삶의 방식 등을 뜻한다.

성하고 공동체에 따르며, 공동체를 위해 행동하고 살아가는 존재이다. 서로 다른 생각을 갖는 인간들이 하나의 공동체를 이루기 위해서는 서로에 대한 이해와 소통, 배려가 필요하며 이를 위해서 가장 중요한 것이 "이성"이다. 이러한 인간을 아리스토텔레스는 zoon logon echon라고 표현했다. 이때 logos는 이성, 법칙, 언어 등으로 번역된다. 결국 아리스토텔레스가 말하고자 하는 것은 "인간은 이성적 인간이 되어야 하며, 언어를 통해 이성적인 공동체를 이루어야 한다"는 의미인 셈이다. 그러나 이것은 쉬운 일이 아니다. 왜냐하면 인간은 생명체zoon, 즉 동물이기도 하기 때문이다. 이런 점을 염두에 두고 다시 우리의 생각을 진행해 보기로 한다.

우리의 시선을 인간 사회로 돌리면, 그곳에서 무엇을 볼 수 있을까?

인간은 홀로 살아가는 동물이 아니며 무리를 이루고 살아간다. 그것이 살아가는 데 유리하기 때문이다. 인간은 작게는 가족, 크게는 국가의 일원으로 살아간다. 이런 공동체를 구성한다는 것은, 동시에 낯선 자들(타자들)을 분리시키는 일이기도 하다. 한 가족에 대해 다른 가족은 이질적인 구성원이다. 그런데 이들을 모두 국가라는 공동체 안으로 끌어들이면 서로 다른 가족들 간의 긴장과 이질감은 다소 해소된다. 이때 도움을 주는 것이 모두에게 적용되는 국가 법칙이나 제도, 가치, 그들이 공통적으로 사용하는 모국어이다. 그럼에도 이들 간에는 긴장과 갈등이 항상 존재했다. 이러한 갈등은 한 국가와 다른 국가의 구성원들 사이에서도 존재한다. 국가 간의 갈등은 가족 간의 갈등보다 해결하기 어려운 경우가 많다. 왜냐하면 가족은 이보다 넓은 단위인 국가라는 가치 안에서 해결할 수 있지만, 국가 간에 갈등이 벌어졌을 때, 우리는 국가보다 더 큰 가치를 발견하기 어렵기 때문이다. 비록 인류애라는 보편적 가치가 있지만 그것은 지나치게 추상적인 개념이다. 반면에 국가라는 가치는 역사를 통해 쉽사리 민족주의, 인종주의, 맹목적 애국주의로 빠져들고 폭력성을 띠게 된다.

역사를 통해 일련의 인간들은 서로의 고귀함이 존중되는 보편적인 공동체를 추구해 왔다. 그러나 동시에 다른 인간들은 자신만의 이익을 위해 또 다른 인간들을 수단으로 여기고 지배하기도 했다. 이와 같이 인간 사회 안에는 인간을 목적으로 대하려는 태도와 수단으로 지배하려는 태도가 혼재되어 있다. 그런데 인간을 수단으로 여기는 사회가 지배적이 된다면 그때 무슨 일이 벌어지겠는가?

이렇게 끔찍한 일이 현실로 되었던 사건이 바로 제1차, 제2차 세계대전이었다. 그것은 이성적 인간과 이성적 사회가 무너지고, 전쟁의 광기가 지배했던 시기였다. 도처에 살육의 광기가 벌어지고 사람들이 공포 속에서 움츠러들고 두려워하고 있을 때, 그들이 본 것은 무엇이었을까? 그것은 다름 아닌 "악"의 모습이 아니었을까? 구체적이고 현실적이며 압도적인 악의 모습! 이 시기에 사람들은 악이 얼마나 강력하고 잔인한지 몸서리치게 경험했을 것이다. 이때 "아름다운 존재자 전체", "전체로서 존재자의 존재 의미"에 대한 질문과 같은 것은 얼마나 한가하고 사치스러운 꿈으로 여겨졌을까?

　이러한 상황에서 이러한 질문을 한 철학자가 바로 레비나스이다. 모순적이고 야만적인 시대적 상황에서 그는, "도대체 왜 존재자가 존재하며, 오히려 무가 아닌가?"라는 하이데거의 질문과 달리, "도대체 왜 악이 존재하며, 오히려 선이 아닌가?"라고 질문했던 것이다.

　하이데거와 레비나스의 질문이 이렇게 달랐던 결정적인 이유는, 그들이 처한 역사적 상황과 그들의 삶의 자리가 너무도 상이했기 때문이다. 그리고 이러한 차이점으로부터 하이데거의 질문은 "존재론"으로, 레비나스의 질문은 "윤리학"으로 나타나게 된 것이다.

4
하이데거와 레비나스의 사유의 여정

1) 하이데거의 사유의 여정: 고향으로 돌아가는 길

　언젠가 노발리스는 한 단편에서: '철학은 본래 향수이며, 어디에서나 고향을 만들려는 충동이다'라고 말했다.[3]

---

[3]　M. Heidegger, *Grundbegriffe der Metaphysik: Welt - Endlichkeit - Einsamkeit*, Vittorio Klostermann, 1983 GA., 29/30, 7쪽.

혼히들 인생의 길을 흙으로부터 와서 흙으로 돌아가는 여정에 비유한다. 이때 흙이 인간 존재의 근거, 혹은 고향에 대한 비유라고 한다면, 하이데거 철학은 고향에서 출발해 고향으로 돌아가는 여정이라고 볼 수 있다. 이러한 특징은 그의 삶과도 밀접하게 연결되어 있다.

그는 독일 남서부의 작은 도시 메스키르히에서 태어났고, 인근 도시 프라이부르크에서 일생의 대부분을 보냈으며, 말년엔 다시 토트나우에 있는 산장으로 돌아와 삶을 마감했다. 메스키르히나 토트나우는 같은 마을이라고 보아도 좋을 정도로 지척에 있다.

그가 프라이부르크 대학에 있을 무렵 베를린 대학으로부터 초빙 제의를 받았다. 그러나 그는 거절했다. 그에게 있어 베를린이라는 거대도시는 자본주의의 모순과 정치적인 독재가 이뤄지던 곳이고, 현대기술을 상징하는 도시였기 때문이다. 그곳은 권력과 욕망, 유혹이 난무하며, 독재 정권에 의해 장악된 언론이 진실을 오도하는 곳이며, 수많은 사람들이 있지만 진정한 인간, 인간다운 인간을 찾아보기 힘든 곳이었다. 그곳은 한마디로 "정신이 죽은 곳"이었다. 그런데 이런 현상은 대도시에 그치지 않고 전 세계적으로 확대되고 있었다. 따라서 하이데거는, 전 지구적으로 대지는 황폐화되었고 정신은 타락했으며 거대도시가 제공하는 선정적이고 흥분시키는 것에 홀려 있다고 비판했다. 또한 그 안에서 일상인은 방향을 잃은 채 퇴락적 삶을 살아가고 있으며, 언어 역시 그 자체의 본질을 상실한 채 권력의 선동 구호로 전락하고 말았다고 비판한다.

당시 정치 현상과 관련해 그는 나치 독재나 파시즘은 근원(고향)을 상실한 근대 형이상학의 필연적인 결과라고 판단한다. 즉 나치즘과 파시즘은 점증하는 형이상학적 주관주의와 연관된 인간의 지배 욕망이 전 지구적으로 나타난 위기 현상이라는 것이다. 그는 이런 점을 극단적으로 말해 "지구는 불길에 휩싸였다. 인간의 본질은 와해되었다",[4] "문화는 절뚝거린다",[5] "현대인은 사유로부터 도피하고 있다"[6]라고 표현하며, 현대사회의 위기는 "존재의 떠남", "존재 망각"에서 비롯되었다고 주장한다. 그리고 망각된 존재를 회상하고, 다시 사유하는 일이 무엇보다 중요하다고 강조하는 것이다.

그런데 하이데거에 의하면 시골이야말로 "창조적 풍경"을 유지하고 있는 곳이며 혼탁한 시대 속에서 좌우전후를 인지할 수 있는 곳, 즉 존재에 대하여 진지하게 사유할 수 있는 곳이다. 이런 점을 그는: "깊은 밤 오두막 주위를 때리는 광포한 눈보라가 빠르게 그리고 모든 것을 가리고 덮는 그때가 철학하기 위한 최고의 시간이다"라고 말하고 있다. 여기서 하이데거는 그가 살던 시대가 눈보라 치는 위기의 시대였다는 점, 눈보라가 진실을 왜곡하고 은폐하고 있다는 점, 그리고 이때야말로 역설적으로 철학이 가장 필요할 때라는 점에

---

[4]   M. Heidegger, *Heraklit.. Der Anfang des abendlaendischen Denkens*, Vittorio Klostermann, 1987, GA., 55, 123쪽.

[5]   G. Seubold, *Heideggers Analyse der neuzeitlichen Technik*, Alber, Freibug/Muenchen, 1986, 232쪽.

[6]   G. Seubold, *Heideggers Analyse der neuzeitlichen Technik*, Alber, Freibug/Muenchen, 1986, 232쪽.

대하여 말하고 있다. 그리고 그러한 철학이 이루어지는 장소를 산골의 "오두막", 즉 "고향"이라고 부르고 있다.

고향은 대도시적인 흥분과 자극, 구역질로부터 안전한 곳, "대지와 피의 힘들이 보존되어 있는 곳"[7]이다. 고향의 나무와 목초지, 숲, 개울의 재잘거림, 산의 무거움과 원석의 견고함, 꽃피는 목장의 화사함은 대도시가 제공하는 쾌락주의Hedonism와는 거리가 멀다. 오히려 고향에서 맞이하는 폭우와 눈보라, 번개는 신들의 언어이자 하늘과 대지를 이어 주는 힘을 뜻한다.

하이데거에게 고향은 모든 존재 가능성과 본질이 간직되어 있는 근원과 같은 곳이다. "근원"은 도도히 흘러가는 강물을 가능케 한 샘에 비유할 수 있다. 강물의 근원인 샘은 강물이 마를 때에도 계속해서 솟구쳐 오른다. 또한 강물은 흘러가는 도중에 오염되기도 하지만, 샘은 항상 청정하고 순수한 것으로 남는다.

또한 고향은 집의 중심에 놓여 있는 화롯불과 같은 것이다. 그것은 집 중앙에 놓여 있어 집 전체에 온기를 제공하고, 그 주위로 사람들이 모이고, 사람들의 대화가 이루어지는 곳이다. 이곳은 그리스 신화에서 헤스티아베스타 여신이 주관하는 곳으로 묘사되고 있듯이, 신적인 존재와 인간들이 만나는 성스러운 곳이다.[8] 따라서 고향을 간직하고 있는 인간은 시인 헤벨의 묘사대로 "고향 대지의 깊이로부터

7   W.v.Reijin, *Der Schwarzwald und Paris*, 29쪽.
8   M.Heidegger, *Erlaeuterungen zu Hoelderlins Dichtung*, 23쪽.

에테르 안으로 솟구치는 인간"을 의미한다. 이때 에테르는 "높은 하늘의 자유로운 공기와 정신의 열린 영역"(Gel., 14쪽)을 뜻한다. 이런 의미에서 고향은 인간과 세계를 전적으로 바꿀 수 있는 능력이며, 이런 점을 시인 횔덜린은 "근본부터 달라지리라! 인간 본성의 뿌리로부터 새로운 세계는 움트리라! 새로운 신성이 그들을 지배하며, 새로운 시대가 그들 앞에 밝아오리라"[9]라고 노래하고 있다.

헤벨과 횔덜린을 인용하면서, 하이데거는 고향이야말로 근원적인 "혁명"을 가능케 하는 곳이라고 주장한다. 이때 "혁명"이란 표현은 정치적인 의미가 아니라 존재론적으로 이해되어야 한다. 즉 하이데거에게 혁명이란, 익숙한 것을 전복시키고, 순수한 고향인 존재의 근원으로 돌아가는 것을 뜻한다.[10]

이와 같이 고향은 본질이 간직되어 있는 근원이며, 모든 것을 전적으로 새롭게 바꿀 수 있는 혁명의 장소이고, 결국엔 모든 사람이 다시 돌아가야 할 목적지인 것이다.

그러나 하이데거에 의하면 현대인은 고향을 상실한 인간이다. 그들은 고향을 떠났고, 고향을 망각했고, 고향으로 돌아가는 길을 잃어버렸다. 더 나아가 그들은 고향으로 돌아가기를 스스로 거부하고 있다. 왜냐하면 그들은 이미 고향이 무엇인지, 고향이 어떤 의미를 지니는지조차 알지 못하기 때문이다. 이런 점을 하이데거는 "고향

---

9   F. Hoelderlin, *Hyperion*, 99-100쪽.

10 m.Heidegger, *Grundfragen der Philosophie. Ausgewaehlte 《Probleme》 der 《Logik》*, GA., 45, 40-41쪽.

상실이 세계의 운명이 되었다. 따라서 이러한 역운을 존재사적으로 사유하는 것이 필요하다"[11]라고 표현한다.

이와 같이 하이데거는 고향 상실에 처한 현대인에게 근원적이고 시원적인 고향을 찾아가기를 촉구하고 있고, 이런 의도로 쓰인 첫째 작품이 바로 『존재와 시간』이며, 고향을 찾아야 된다는 그의 주장은 마지막 작품인 『시간과 존재』까지 이어진다.

말하자면 고향 상실에 대한 하이데거의 주장은 『존재와 시간』에서는 인간 현존재 분석을 통해, "비본래성으로 퇴락한 인간 현존재가 자신의 본래성(고향)을 찾아야 한다는 주장으로 나타나며, 후기 작품에서는 서구 형이상학의 역사에 대한 분석을 통해, 존재 망각(고향 상실)으로부터 시원적 고향인 고대 그리스 정신으로 돌아가야 하며, 그것을 다시 미래적 독일 정신과 연결시켜야 한다는 주장으로 나타나고 있다.

이처럼 하이데거에게 고향은 그의 삶뿐 아니라 그의 철학과 연관된 고향이며, 현대의 위기를 극복하기 위해 반드시 다시 돌아가야 할 근원적 장소를 의미하는 것이다. 그러나 존재 망각을 일깨우는 것은 쉽지 않은 일이다. 그럼에도 불구하고 하이데거는 자신의 철학이 안내자가 될 수 있기를 기대하고 있다. 이러한 어려움과 기대를 그는 자신의 작품에서 다음과 같이 묘사하고 있다:

11 M. Heidegger, *Wegmarken*, 336쪽.

숲속에 길들이 있으나, 이 길들은 대부분 밝히지 않은 데서 갑자기 끝난다. 이 길들은 숲길이라 불린다. 각각의 길은 따로 나 있지만, 모두 같은 삼림 안에 있다. 흔히 이 길과 저 길이 같은 것처럼 보인다. 그러나 그렇게 보일 뿐이다. 나무꾼과 산지기는 그 길을 안다. 그들은 숲에 길이 있다는 것이 무슨 뜻인지 알고 있다.(숲길들)

"들길의 말 건넴이 말을 하는 것은 단지 들길의 바람 안에서 태어나고, 그것을 들을 수 있는 인간이 존재하는 한에서이다"라고 묘사하고 있다.(들길)

2) 레비나스의 사유의 여정: 고향을 떠나가는 길

고향으로 돌아가려는 하이데거의 열망은 그의 생애와 작품 전체를 관통해 흐르는 중요한 주제로서, 인간 현존재가 처한 '비본래성으로부터 본래성으로', 서구 형이상학이 처한 '존재 망각으로부터 존재 사유로의 전회'라는 형태로 나타난다.

반면 레비나스의 경우, 그에겐 고향이 없다. 더 정확히 표현하면 그는 고향을 떠났고, 고향으로 돌아가지 않았다. 그에게 고향은 하이데거와 달리 돌아가야 할 곳이 아니라, 항상 떠나야 할 곳이다. 현실적인 역사적 상황을 고려할 때, 당시 유대인들은 모두 디아스포라, 즉 고향이 없는 자들이었다. 그들에게 돌아갈 공간으로서 고향은 없었다. 그렇다고 "고향"에 대한 모든 논의가 부정된 것은 아니었다. 왜냐하면 그들에게 돌아갈 고향은 없었지만, 그들의 삶을 이끌어줄 "종말론적 희망"이란 의미의 고향은 절실했기 때문이다. 이와 같이 레비나스에게 고향은 공간이 아니라 시간적인 고향, 즉 미래적이고 종말론적인 희망, 무한자에 대한 희망을 뜻한다. 따라서 그는 종말론적 고향을 위해 특정한 시-공간을 항상 떠날 것을 강조하고 있는 것이다.

그리고 그는 고향을 찾으려는 하이데거와, 고향을 떠나려는 자신의 입장을 자신의 고향인 이타카로 돌아가는 오디세우스와, 신의 명령에 따라 자신의 고향을 떠나 미지의 곳으로 향하는 아브라함 이야기를 통해 대비시키고 있다.

오디세우스는 트로이 전쟁이 끝난 후 자신의 고향 이타카로 돌아가려 한다. 그 과정에서 그는 여러 유혹과 위험을 만나게 된다. 오디세우스는 그에게 '늙지 않고 죽지 않는 영원한 삶'과 온갖 재물과 권력을 주겠다는 칼립소의 유혹을 거부한다. 사실 칼립소가 제시한 유혹은 거의 대부분의 인간이 굴복할 만한 내용이었다. 그러나 오디세우스에겐 고향으로 돌아가는 일이 더 중요했다. 그 후 그는 선원들을 산 채로 먹어 치우는 폴리펨을 만나게 된다. 폴리펨은 카오스와 무법성이 판치는 야만의 시대를 상징한다. 이에 대하여 오디세우스는 자신의 이성을 통해, 그보다 우월한 신체적 힘을 지닌 폴리펨으로부터 탈출한다. 로토파고스 섬에서는 환각제를 먹고 집으로 돌아갈 생각을 잊어버린 선원들을 강제로 배에 태워 함께 고향으로 향한다. 여기서 로토스를 먹은 선원들은 더 이상 불행 의식과 노동을 하지 않은 채, 환각과 가상의 세계에 빠져 있는 인간의 모습을 표현하고 있다.

키르케가 사는 섬에서는 선원들이 돼지로 변하는 위험을 겪기도 한다. 이것은 "자아 해체"를 의미하며, 오디세우스는 선원들에게 다시 자아를 회복시켜 주고 있다. 마지막으로 달콤한 노래로 유혹을 하는 세이렌의 섬을 지나가면서 오디세우스는 자신의 이성을 통해 아름다운 노래를 즐기고, 동시에 그 노래에 빠져 자기 자신을 잃는 일을 극복한다. 결국 오디세우스는 자아를 해체시켜 고향으로 향하지 못하게 하는 유혹과 위험으로부터 자신을 지키고 고향으로 향하여 결국엔 가장 소중한 부인 페넬로페를 구출하고 다시 가정을 이루게 된다. 이와 같이 고향은 그가 돌아가야 할 이유이고, 그가 지켜야 할 모든 것을 뜻한다. 이런 의미에서 고향으로 돌아가려는 오디세우스의 노력은 하이데거의 존재론적 열망에 해당된다.

그런데 레비나스에게 오디세우스는 자신의 "자아"를 통해 타자(유혹과 위험들)를 정복하고 소유하려는 인물, 이 모든 것들을 자신의 세계, 즉 전체성 안으로 집어넣으려는 인물을 뜻한다. 그에게 오디세우스는 서구 철학의 전형이며, 하이데거 철학의 모습이기도 한 것이다. 이에 반해 레비나스는 아브라함의 이야기를 제시한다.

아브라함은 신의 명령에 따라 고향과 집, 가족을 떠난 사람이다. 고향, 집, 가족은 모두 자신을 안전하게 해 주는 장소이자 공동체이다. 이곳은 질서가 있고, 익숙하며, 조화로운 곳이다. 반면 고향을 떠난다는 것은 불확실하고 위험하고 안전이 보장되지 못한 곳으로 나가는 것이다. 그리스적 개념으로 표현한다면, 고향과 가족이 있는 곳은 코스모스이고, 그 밖은 카오스이다. 카오스로 나간다는 것은, 그리스적 정신에 따르면 추방되는 것이다. 그런데 아브라함은 추방되기 전에 스스로 카오스를 향해 떠났다. 그것은 소유를 포기하고, 모든 것을 버리는 일이다. 이것이 바로 고향을 떠나는 아브라함의 태도이다. 이것은 결코 쉽지 않은 일이다.

물론 아브라함은 신의 명령을 따르고 있다. 그러나 그것이 신의 명령인지 어떻게 확신할 수 있겠는가? 설령 그것이 신의 명령이라 하더라도, 불안전한 곳을 향해 모든 소유물을 버리고 떠난다는 것은 쉬운 일이 아니다. 따라서 신의 명령을 따른다는 것은 신을 믿고 신뢰한다는 의미도 지니지만, 동시에 알 수 없는 결과에 대해 단지 아브라함 혼자 모든 것을 책임져야 한다는 것을 뜻한다. 이것이 바로 아브라함의 고독이다. 그러나 이 고독을 통해 아브라함은 절대적으로 스스로 책임을 감당하는 "성숙한 인간"이 되는 것이다. 그의 고독은 아들 이사악을 제물로 바치라는 신의 명령에서 절정에 이른다.

호메로스의 작품에서도 그리스 총사령관인 아가멤논 왕이 트로이 출정에 앞서 포세이돈의 진노를 달래기 위해 자신의 딸 이피게니아를 제물로 바치는 장면이 묘사되고 있다. 그런데 아가멤논과 아브라함의 입장은 매우 다르다. 아가멤논이 이피게니아를 제물로 바칠 때, 그에게는 개인의 가치보다 앞서는 보편적인 가치가 있었다. 그는 그리스라는 국가를 위해 자신의 딸을 바칠 수 있었던 것이다.

반면에 아브라함은 자신의 아들 이사악을 제물로 바치는 일을 정당화해 줄 수 있는 아무런 보편적 가치도 갖지 못하고 있었다. 단지 그는 신의 명령을 들었을 뿐이다. 그 명령에 대해 의논할 상대는 없었다. 신 앞에 선 외로운 "단독자"로서, 그에게는 이사악을 제물로 바치거나, 혹은 신을 부정하는 둘 중 하나만 있는 것이다. 그런데 어느 쪽을 선택하든, 그는 자신의 모든 것을 걸어야 하는 상황이었다. 이렇게 선택 불가능한 상황에서 아브라함으로 하여금 이사악을 제물로 바칠 수 있게 한 것은, 역설적이게도 그가 신이라는 무한자를 향해 자신의 전 존재를 열어 놓았기 때문이었다. 그는 무한자를 위해 자신에게 가장 소중한 아들을 포기했던 것이다. 그리고 포기를 통해 무한자로부터 다시 그 아들을 돌려 받을 수 있었던 것이다. 이것은 아브라함이 무한자라는 타자를 향해 자신을 포기하고, 자신의 존재로부터 떠났기 때문에 가능했던 것이다. 그리고 떠남을 통해 비로소 그는 자신의 존재를 확인할 수 있었던 것이다.

아브라함에게 자신의 존재, 가장 소중한 아들, 집은 고향을 뜻한다. 그는 고향을 떠났다. 마찬가지로 레비나스의 철학은 무한자가 지시하는 미지의 세계를 향해, 고향을 떠나가기를 시도하는 철학이다. 이런 의미에서 레비나스의 철학은 명사 중심의 그리스 철학, 서구 철학으로부터 벗어나는 동사적인 철학이다. 물론 하이데거의 철학도 서구 철학에 비하면 동사적인 특징을 지닌다. 그러나 레비나스의 철학은 하이데거의 동사적인 특징을 넘어선다. 왜냐하면 하이데거의 동사적인 특징은 망각한 고향을 찾기 위한 운동성이라고 한다면, 레비나스의 철학은 언제라도 떠나는 철학, 고향에 정주하지 않는 철학이기 때문이다. 이런 의미에서 그의 철학은 동사적 철학일 뿐만 아니라, 항상 떠나가는 유목민적 철학노마디즘이다. 특히 레비나스에 의하면, 인간은 자신의 "주체성"으로부터 떠나야 한다. 왜냐하면 자신에게 갇혀 있는 주체성으로부터 벗어나 타자를 향할 때, 그때 그는 타자를 통해 자신이 누구인지 비로소 알 수 있기 때문이다. 따라서 레비나스에게 진리는 더 이상 주체가 중심이 되어 주체에 의해 구성된 세계의 전체성 안에 놓여 있는 것이 아니라, 이 전체성으로부터 벗어나 "무한자"를 향할 때 드러날 수 있는 것이다.

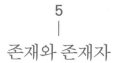

5
존재와 존재자

1) 하이데거의 입장: 존재자로부터 존재로

『존재와 시간』에서부터 하이데거는 존재의 의미에 대하여 질문하고 있다. 이미 위에서 우리는 하이데거의 질문이 전통 서구 철학과 연결되어 있지만, "존재자"에 관심을 갖는 서구 철학과 달리, 하이데거의 질문은 "존재" 자체를 향하고 있다는 점을 언급하였다. 그렇다면 존재자가 아니라 존재에 대한 질문은 어떠한 차이점을 갖고 있는가?

우리는 주변에 있는 나무, 산, 하늘, 구름, 공기, 망치와 같은 도구들 그리고 다른 사람을 바라본다. 더 나아가 신에 대하여 생각할 수도 있다. 하이데거는 이러한 모든 것들을 "존재자"라고 규정하였다. 일상적으로 우리들의 눈과 생각, 관심은 존재자들을 향하고 있다. 이것은 당연한 일이다. 왜냐하면 존재자야말로 우리가 우선적으로 만나고 생각할 수 있는 대상이기 때문이다. 이에 반해 하이데거는 존재자들이 아니라 존재자들의 "존재"에 대하여 생각하기를 요구하고 있다. 그렇다면 존재자를 생각하는 것과 존재를 생각하는 것은 어떻게 다른 것인가?

예를 들어 나무라는 "존재자"가 "존재한다"고 할 때, 우리는 나무가 있다는 것, 즉 나무의 "존재"를 나무라는 존재자와 분리해서 생각할 수는 없다. 그러나 그때 나무의 "존재"가 곧 나무라는 "존재자"를 뜻하지는 않는다. 즉 하이데거는 "존재는 존재자가 아니다"라고 강조하고 있는 것이다. 그런데 그 나무 옆에 꽃이 있다면, 우리는 "나무라는 존재자" 옆에 "꽃이라는 존재자"도 "존재한다"고 말할 것이다. 이때도 꽃이 있다는 것존재은 꽃이라는 존재자와는 다른 의미를 지닌다.

그런데 우리가 "나무라는 존재자가 존재한다", 그리고 "꽃이라는 존재자가 존재한다"고 동시에 말한다면, 이 표현 안에는 ① 나무라는 존재자는 나무의 존재(나무의 있음)와 다르며, ② 꽃이라는 존재자도 꽃의 존재(꽃의 있음)와 다르지만, ③ 나무의 존재는 나무라는 존재자 없이는 생각할 수 없고, ④ 꽃의 존재도 꽃이라는 존재자 없이 생각할 수 없다는 의미가 포함되어 있다. 이렇게 존재는 존재자 없이 생각할 수 없지만, 그럼에도 불구하고 존재와 존재자는 다르다는 점을 하이데거는 "존재론적 차이ontologische Differenz"라고 부른다. 존재는 항상 특정한 존재자의 존재이지만, 그럼에도 존재는 존재자가 아니라는 뜻이다.

그런데 위의 예에서, 우리는 나무라는 존재자가 "있다(존재)"라고 말하면서 동시에 그 옆엔 꽃이라는 존재자가 "있다(존재)"라고 말했다. 우리는 나무라는 존재자와 꽃이라는 존재자가 서로 다름에도 불구하고, 그것들은 모두 "존재한다"고 말하고 있는 것이다. 즉 나무도 존재하고 꽃도 존재한다는 것이다. 그렇다면 하이데거가 표현하는 "존재"는 나무와 꽃이라는 존재자 모두를 포괄하는 상위개념인 것인가? 그러나 이러한 규정은 서구 형이상학이 제시했던 주장이다.

반면에 하이데거가 주장하는 "존재"라는 개념은, 먼저 "무"에 대한 반대개념이다. 나무도 존재하고 꽃도 존재한다고 말할 때, 우리는 나무와 꽃이 존재하지 않는 것이 아니라는 점, 즉 나무도 꽃도 무가 아니라는 점에 대하여 표현하고 있는 것이다. 이런 의미에서 하이데거는 라이프니츠의 정식 "도대체 왜 어떤 것이 존재하며, 오히려 무가 아닌가?"에서 존재는 무가 아니라고 말하는 것이다.

동시에 하이데거는 그러한 "존재"는 존재자가 아니라는 것, 즉 비-존재자와 같은 것이라고 말하고 있다. 그런데 "비-존재자"는 곧

"무"를 뜻하기도 한다. 이런 의미에서 하이데거는 역설적이지만 "존재는 무가 아니다"라고 말한 후, 곧바로 존재는 비-존재자와 같은 것, 즉 무와 같은 것이라고 말하는 것이다. 그렇다면 무가 아닌 존재, 그럼에도 불구하고 무와 같은 존재라는 하이데거의 주장은 어떻게 이해되어야 하는가?

'나무라는 존재자가 존재한다'는 사실에 대하여 좀 더 엄밀하게 생각해 보자. 일반적으로 우리는 나무가 존재한다는 점에 대하여 무관심하게 살아간다. 그리고 우리의 시선은 나무의 존재가 아니라, 나무라는 존재자를 향한다. 우리는 저 밖에 있는 나무를 볼 뿐이다. 그런데 황사가 심할 때, 또는 뜨거운 햇볕이 작렬하는 사막에 고립되었을 때, 우리는 나무가 "있다"는 사실에 대하여 새삼 다시 생각하게 된다.

우리가 매일 사용하는 컵을 예로 들어보면, 일상적으로 우리는 컵이라는 존재자의 존재에 별 관심을 갖지 않는다. 오히려 우리의 시선은 컵이라는 존재자를 향한다. 그 컵의 외형은 어떤지, 질감은 어떤지 살펴본다. 또 다른 사람들은 그 컵이 명품인지 여부에 관심을 가질 수도 있다. 그러나 그 컵이 금으로 장식되었다고 하더라도 만약 빈 컵이 아니라면 우리는 그 컵을 가지고 음료수도 마실 수 없을 것이다. 황금을 원했던 마이다스가 손을 대는 것마다 황금으로 변했을 때 결국 아무것도 먹을 수 없었던 것처럼, 컵에서 중요한 것은 형태와 질료, 명품 여부가 아니라, 무언가를 담을 수 있는 빈 공간이다. 빈 공간으로 인해 우리는 컵에 물을 담을 수 있고, 그 물로 갈증을 해소할 수 있다. 이런 의미에서 컵이라는 존재자의 존재 의미는 "빈 공간"에 있는 것이다. 즉 무와 같은 빈 공간이 바로 컵의 존재 의미인 것이다.

그런데 현대인들은 컵의 존재 의미에 대해서는 거의 생각하지 않고, 단지 그 컵이 어떤 컵인지, 즉 존재자로서의 컵에 더 많은 관심을 쏟고 있다. 이러한 경향은 후기 자본주의 시대로 갈수록 가속화되고 있다. 이러한 현상을 하이데거는 "존재 망각"이라고 부르며, 이제 우리의 관심과 생각이 존재자로부터 존재로 향하기를 강조하고 있는 것이다.

2) 레비나스: 존재로부터 존재자로

하이데거의 경우, 존재는 존재자와 다르지만 그럼에도 불구하고 항상 존재자의 존재이다. 존재는 존재자들을 통해 그 의미를 드러낸다. 예를 들어 물레방아, 방앗간, 볍씨를 뿌리는 농부가 있는 경우, 이들이 어우러져 드러내는 세계는 바로 그러한 존재자들을 통해 목가적인 세계라는 "존재 의미"로 나타난다.

반면에 경운기, 트랙터, 비행기로 볍씨를 뿌리는 농부가 있을 때 그들이 함께 드러내는 세계는 기술의 세계라는 "존재 의미"이다.

이와 마찬가지로 16세기 계몽주의 시대 서구 사회는 나침반, 인쇄기, 망원경과 같은 존재자들을 통해 역사가 발전하리라는 낙관적인 세계관(존재 의미)을 가졌던 반면, 19-20세기에는 핵무기와 같은 존재자를 통해 허무주의와 이에 대한 불안이 지배적이었다. 또한 현대사회에서 스마트폰이란 존재자는 그 자체로 볼 때 하나의 도구에 지나지 않지만 현대인의 삶은 스마트폰을 조정하고 지배하는 시스템에 의해 통제되고 제한되는 것이다. 이처럼 한 사회가 어떠한 사회인지는 그 사회에 적합한 존재자들이 만들어 내는 의미의 관계망, 즉 존재자들을 통해 자신을 드러내는 존재로부터 확인할 수 있는 것이다. 이런 맥락에서 하이데거는 각각의 존재자가 아니라 그 배후에서 드러나는 존재에 주목할 것을 강조하며, "존재가 말을 건넨다"라고 표현하고 있다. 반면 레비나스는 존재보다 존재자에 더 큰 의미를 부여한다. 그리고 그가 말하는 "존재"는 하이데거의 "존재"와 전혀 다른 의미를 지닌다.

하이데거에게 존재는 존재자와 다르지만, 동시에 항상 존재자의 존재인 반면, 레비나스에게 존재는 존재자와 다를 뿐만 아니라, 심지어 '아직 존재자가 아닌 상태'를 뜻하기도 한다. 그렇다면 아직 존재자가 아닌 존재라는 주장을 우리는 어떻게 이해해야 하는가?

위에서 우리는 하이데거는 존재론에 레비나스는 윤리학에 관심을 두고 있다고 말했다. 따라서 "존재자가 존재한다"는 하이데거와 달리, "인간들이 존재한다"는 표현을 통해 레비나스에게 존재가 무엇을 뜻하는지 살펴보자.

예를 들어서 바쁜 출근길에 만나는 사람들은 "나"의 보행을 방해하는 사람들로 여겨질 수 있다. 물론 그들 중 잘 아는 사람이 있다면 나는 그 사람이 나를 방해한다고 여기지는 않을 것이다. 그러나 그들이 "익명의 사람들"이라면, 그들의 "존재"는 나를 귀찮게 한다. 그들은 바쁘게 가야 하는 나의 길을 가로막는 자들이며 이들에게 가로막힐수록, 그들의 "존재"는 더욱 강력히 귀찮게 느껴질 것이다. 이런 상황을 사르트르는 그의 저서 『구토』에서, 주인공 로캉탱의 말을 빌어 "왜 오늘은 이토록 많은 존재자들이 자신들의 존재를 주장하는 것인가?"라고 표현하고 있다. 이때 존재자들, 특히 익명의 존재자들이 존재한다는 것은 나에게 구토를 유발하는 일이다. 존재에 대한 레비나스의 입장은 사르트르의 입장과 유사하다.

레비나스에게 존재는 아직 특정한 존재자가 아닌 것, 즉 익명의 존재자와 같다. 그러한 존재는 우리에게 구토를 유발하고 공포를 준다. 존재의 익명성에 대하여 레비나스는 "비가 온다il pleut, 밤이다 il fait nuit"와 같은 표현으로 설명하고 있다.[12] 이 표현을 통해 레비나스는 존재는 익명적이고 비인격적인 상태라는 점을 강조하고 있다. 특히 레비나스의 il y a 라는 표현은 하이데거의 Es gibt와 전혀 다른 의미를 지닌다. 하이데거에게 존재는 Es, 즉 무언가를 주고 선사하는 주어이다. 반면 레비나스에게 존재는 알 수 없는 익명의 il(es) 그것에 불과하다. 익명의 존재는 아직 특정한 존재자라는 형태를 지니지 않는다. 마치 갈 길 바쁜 나의 출근길을 가로막는 익명의 사람들처럼, 존재는 나를 숨막히게 하고 속박한다. 내가 항의하더라도

---

12   E. Levinas, 『존재에서 존재자로』, 서동욱 옮김, 서문 10쪽(이후로 "존재"라는 약호로 본문에 기입함).

존재는 대답하지 않는다. 이러한 존재의 특징을 레비나스는 "존재의 악"이라 부른다.(『존재』, 30쪽)

이런 경우, 존재를 레비나스는 '어두운 밤 속에서 형태를 상실한 것'으로 비유하기도 한다. 그는 "모든 사물이 사라지고 자아가 사라진 뒤에는 사라질 수 없는 것이 남는다. … 익명적인 … 존재의 사실 자체가 남는다"(『존재』, 94쪽)라고 표현한다. 이때 익명적인 존재는 나에게 다가오는 밤의 어둠 자체처럼 여겨지기도 하며, 이런 의미에서 익명의 존재는 "유령"(『존재』, 101쪽)과 같은 것이며, 이러한 점을 레비나스는 "존재의 카오스"(『존재』, 96쪽)라고 부른다. 그리고 밤, 유령, 카오스가 만들어 내는 가벼운 소리가 곧 "공포"이다:

> 있음(존재)이 만들어 내는 가벼운 소리가 공포이다.(『존재』, 97쪽)

존재가 드러내는 밤의 공포 소리에는 출구가 없다. 이런 점을 레비나스는 셰익스피어의 작품을 통해 보여 주고 있다:

> 그 전에는 뇌가 터져 나오면 그 사람은 죽고, 거기서 끝장나고 말았다. 그러나 지금은 다시 살아나서 … 사람을 의자에서 밀어내 버리는구나. 이것은 살인보다 더 괴이한 것이다.(맥베스 3막 4장)

이와 같이 익명의 존재에는 출구가 없고, 존재의 공포는 유령과 같이 끊임없이 회귀한다. 레비나스가 인용하고 있는 라신의 작품

『페드로』에는 다음과 같은 표현이 있다:

> 하늘과 우주가 온통 나의 조상들로 가득 차 있다. 나는 어디로
> 숨어 버릴 수 있단 말인가? 지옥의 밤 속으로 달아나 버릴까! 그런
> 데 내가 무슨 말을 하고 있지? 거기 지옥에는 나의 아버지가 나의
> 운명을 좌우하는 항아리를 들고 기다리고 있는데.(페드로 4막 6장)

나는 익명의 존재로부터 달아날 수 없으며, 존재의 밤을 뜬눈으
로 지새워야 한다. 존재는 나로 하여금 "불면증"에 시달리게 한다.
이때 불면 속에서 깨어 있는 것은 "나"가 아니라 밤 자체이다. "이 익
명적인 깨어 있음 속에서 나는 완전히 존재에 노출되어 있다."(『존
재』, 110쪽)

나는 존재가 내는 공포의 소리와 "형상 없는 우글거림" 앞에서 완
전히 무력하게 벌거벗겨지게 된다. 이러한 존재로부터 나는 달아날
수 없다.

그런데 왜 레비나스는 존재를 이토록 끔찍하고 절망적인 것으로
이해하는 것일까?

레비나스의 관심이 윤리학에 있다는 점을 생각하면서, 이제 사람
들 사이에서 존재가 어떻게 이해될 수 있는지 살펴보기로 한다.

수많은 사람이 "존재하는" 장면을 떠올려 보자. 그런데 그들 모두
죄수복을 입고 있다. 그들은 모두 똑같다. 그들은 익명의 사람들이
다. 더 나아가 이들이 군복을 입은 사람들 ─그들도 똑같다. 그들도

익명의 사람들이다— 앞에서 벌거벗겨져 있다고 해 보자. 그들에겐 자신들을 공격하는 익명의 군복들이 눈앞에 있고, 그 앞에서 자신들은 벌거벗겨져 있다. 그들의 몸은 더 이상 인간의 몸이 아니라, 단지 육체에 불과할 뿐이다. 군복이 내는 작은 소리들은 그들에게 공포이며 이 밤의 공포로부터 벗어날 수 없다. 그들은 단지 존재할 뿐이다. 이렇게 존재한다는 것은 숨막히는 일이다.

또한 삶과 죽음이 지척에 놓여 있을 때 이때 중요한 것은 나와 너, 그 누구든 "존재한다"는 것이 아니라, 바로 "나"가 존재한다는 사실에 놓이게 된다. 또한 더 이상 '추상적 인간(인류)'이나 하이데거가 말하는 "현존재das Dasein"가 아니라 구체적인 나, 즉 갑돌이, 을돌이인 것이다. 왜냐하면 하이데거의 현존재는 갑돌이, 을돌이 그 누구도 구체적으로 포함하고 있지 않기 때문이다. 여기서 레비나스는 하이데거의 "존재"와 철저하게 결별한다. 그리고 레비나스는 "존재자로부터 존재로"를 외쳤던 하이데거와 달리 "존재로부터 존재자로"를 강조하고 있는 것이다.

제2장

하이데거와 레비나스 철학의 주요 주제들

1

하이데거와 레비나스의 인간론

"인간이 누구인가?" 라는 질문은 인간이 자신을 돌아볼 수 있을 때부터 시작된 가장 오래되고 중요한 질문이다. 자신을 돌아본다는 표현은 인간이 '생각하는 자신'과 '생각된 나'를 구분하고, 자신에 대하여 질문하고 반성한다는 의미이다. 유아의 경우, 자신과 사물이 다르다는 것을 구분하지 못한다. 그 후 사물과 자신의 몸이 다르다는 것을 인식하지만 자신의 몸과 몸에 대한 생각이 다르다는 것은 알지 못한다. 그 후 직접적이고 구체적으로 주어진 자신의 몸 외에 그 몸을 생각하는 또 다른 자신이 있다는 것을 알게 된다. 이 순간 유아는 인간에 대하여 서구 철학이 내린 정의, 즉 "이성적 동물"에 도달한다. "이성적 동물"이라는 표현 안에는 인간은 단순히 생각하는 능력을 지닌 동물이 아니라, 자신을 돌아보고 반성할 수 있는 동물이라는 의미가 포함되어 있다. 말하자면 인간은 그 자체로 통합된 완성체가 아니라 분리되어 있는 자이다. 이런 의미에서 인간은 아픔을 지니고, 그 아픔을 인지하는 슬픈 동물이다.

그런데 서구 철학은 여기에 그치지 않고 그러한 슬픔과 아픔을 어떻게 극복할 수 있는지 질문해 왔다. 그리고 내린 결론이 육체는 사멸하고 한정되고 불완전하지만 생각하는 능력은 불멸하고 무한하며 완전하다고 규정하였다. 이러한 능력을 서구 철학은 "영혼"이라 불렀고, 영혼을 인간의 "본질"이라고 주장하였다. 이 주장은 그리스 플라톤 철학과 그리스도교를 통해 전승되었다. 다만 근대 철학 이후 "영혼"이란 개념은 "이성적 주체", 혹은 "선험적 주체"라는 표현으로 바뀌었을 뿐이다.

데카르트는 "인간이 누구인가?"라는 질문에 대하여, 인간은 "생각하는 나주체"라고 정의 내렸다. 이것을 그는 "나는 생각한다. 고로 존재한다cogito, ergo sum"라고 정식화하였고, 인간의 본질을 "생각하는 나cogitans ego"에서 확인하고 있는 것이다. 그런데 "나는 생각한다"라는 표현 안에는 "나는 내가 생각한다는 것을 생각한다cogito me cogitare"라는 의미가 포함되어 있다. 내가 나를 생각한다는 뜻이다. 여기서 인간의 본질은 "생각된 나"가 아니라 그러한 나를 "생각하는 나"에 놓이게 된다. 이렇게 "생각하는 나"가 인간의 본질이라는 주장은 데카르트뿐 아니라 후설에 의해서도 주장되고 있다. 그렇다면 우리는 "선험적 주체"라는 표현을 어떻게 이해해야 할까?

하루하루 살아가는 우리들은 일과를 마친 후 그날 있었던 일, 그때 자신이 했던 행동과 판단 등에 대하여 돌이켜 생각하고 그것을 일기에 기록한다. 이 경우, 일기를 쓰는 "나"는 그날 행동하고 판단했던 "나"에 대하여 돌아보고 있는 것이다. 이때 일기를 쓰는 "나"는 그날 실제로 살았던, 즉 경험했던 "나"보다 우월하다. 경험적 "나"가 실수를 범하고 오류에 처하기도 하는 반면, 그것을 돌이켜 보고 반성하는 "나"는 그것이 실수와 오류였음을 안다. 이러한 "나"가 바로 "선험적 주체"이다. 이런 의미에서 선험적 주체는 경험적 주체보다 완전하다. 물론 우리는 하루 일과를 반성하는 "나(선험적 주체)"의 판단도 오류에 빠질 수 있지 않느냐고 반문할 수 있다. 그렇다. 그러한 주체도 오류에 빠질 수 있다.

이와 달리 데카르트나 후설이 말하는 "선험적 주체"는 경험적 주체를 반성함에 있어 명석하고 판명하게clara et distincta 혹은 엄밀한 방법론을 거쳐 모든 오류 가능성을 제거한 "순수한 주체"를 의미한다. 이들은 이러한 순수한 주체, 선험적 주체를 인간의 본질이라고 주장하고 있는 것이다.

그런데 이러한 주장은 인간에 대하여 실체론적으로 접근하며 인간을 중심으로 세계를 이해하려는 태도를 취한다.[1] 우리는 이러한 철학적 태도를 "주체 중심주의"라고 부른다. 주체 중심주의에 의하면, 경험적 주체가 '순수하고 선험적인 주체'에 이르면 자신과 다른

---

[1] 이것은, 마치 외과 의사가 인간을 해부하고 인간이 누구인지 알 수 있다는 것과 마찬가지다. 그러나 한 인간을 해부하고 분석한다고 해서 그가 누구인지 드러나지는 않는다. 이것은 선험적 주체를 주장하는 철학적 입장에도 적용된다.

인간, 그리고 세계를 진실 그대로 알 수 있다는 것이다. 그러나 어떻게 선험적 주체에 이를 수 있는지, 그러한 선험적 주체가 존재하는지는 질문거리로 남는다. 그리고 주체 중심주의의 가장 큰 문제점은 중심으로서 주체가 주체 이외의 모든 것을 객체로 여기고 있다는 점이다. 이러한 태도는 철학뿐 아니라 현실적 역사를 통해 객체에 대한 주체의 "지배"라는 형태로, 즉 사물에 대한 지배를 포함하여 다른 인간들에 대한 지배로까지 나타났다. 인간의 존엄성을 주장하려던 주체 중심주의 철학이 역설적으로 다른 인간들에 대한 사물화와 지배라는 결과로 이어졌던 것이다.

이런 의미에서 하이데거와 레비나스는 모두 주체 중심적 철학에 비판적인 입장을 보인다. 그들은 모두 인간에 대한 실체론적, 주체 중심적 철학을 부정하고 인간에 대한 관계론적 해명을 시도하고 있는 것이다. 그러나 그 방법과 범위에 있어서 하이데거와 레비나스는 큰 차이점을 보인다.

1) 하이데거의 인간론

하이데거는 "나는 생각한다, 고로 존재한다"라는 데카르트의 주장에서 중요한 것은 "생각하는 나cogitans ego"가 아니라 "존재하는 나sum"라고 강조한다. 즉 데카르트에게 인간의 본질은 실체론적으로 파악된 "생각하는 주체"인 반면, 하이데거에게 중요한 것은 관계론적으로 존재하며 살아가는 인간인 것이다.

하이데거에 의하면 인간(현존재)[2]은 홀로 살아가는 존재자가 아니라, 세계-내-존재이다. 그는 태어나자마자 이미 특정한 세계 속에 던져졌다. 이 세계는 그가 선택한 것이 아니다. 그 세계 속에서 그는 살아가고, 새로운 세계를 기획(던져 나감)하기도 한다.[3]

모든 인간 현존재는 태어나서 살아가고 죽는다. 그는 부모에 의해 태어나고 일정한 세계 안으로 던져진다. 그 세계는 그가 선택한 것이 아니라, 부모가 만든(기투한) 세계이다. 인간 현존재는 부모가 만들어가는 세계 속에서 부모와 함께 그들의 존재 방식을 배우고 따르며 살아간다. 이를 통해 세계에 대하여 부모와 공통의 이해를 갖게 된다. 그런데 시간이 흐르면 부모는 죽고 인간 현존재는 홀로 현재를 살아간다. 살아가는 동안 그는 여러 가지 선택, 결단을 해야 한다. 혹은 선택하지 않고 남들 사는 대로 살아가기도 한다. 그러나 자신만의 고유한 삶을 원한다면 그는 스스로 결단하며 살아가야 한

---

2   하이데거 역시 인간이나, 인간의 본질에 대하여 말하지만, 『존재와 시간』에서는 "인간" 대신 "현존재"라는 표현을 쓰고 있다. "현존재(das Dasein)"가 곧바로 "인간"은 아니다. 현존재는 남성과 여성도 아니다. 또한 구체적인 갑돌이, 을돌이도 아니다. 오히려 "현존재"는 "존재의 의미"를 이해하는 인간, 존재와 관련되어 있는 인간에 대한 "존재론적 표현"이다. 하이데거가 "인간"이란 표현을 피한 이유는, "인간"을 "이성적 동물", 영혼과 육체의 통합체, 신의 피조물 등으로 규정해 온 서구 철학(그리스도교 포함)과 자신의 차이점을 명확히 하기 위해서이다. 하이데거에 의하면, "현존재(Dasein)"는 "존재의 의미(Sinn von Sein)"를 받아들여 간직하고 드러내는 존재자를 지칭하는 표현이다. 그럼에도 "현존재"라는 표현을 낯설게 여기는 독자들을 위해 여기서는 "인간 현존재"라고 쓸 것이다.

3   하이데거는 인간 현존재가 이 세계에 태어나는 것을, 세계 속에 던져졌다고 표현한다. 인간 현존재는 던져진 존재(Geworfenheit)이며, 그 세계 속에 빠져 살아가고, 또한 새로운 세계를 만들어 나가는 존재(기투하는 존재:Entwurf)이다.

다. 즉 그는 자신만의 세계를 기투해 나가야 한다. 그리고 인간 현존재가 결혼을 하고 아이를 낳으면, 그 아이는 부모 세대가 만들어 낸 세계 속으로 던져진다. 그 속에서 그와 그의 아이는 함께 살아가며 공통의 이해를 갖게 된다.

이렇게 3대를 거치는 동안 세계는 약간씩 변화한다. 왜냐하면 각 세대는 각각의 세계를 기투해 나가기 때문이다. 이와 같이 시간의 흐름 속에서 인간 현존재는 공동 현존재와 더불어 세계에 던져지고, 세계를 기투해 나가면서 살아가는 것이다.

이런 의미에서 인간 현존재는 시간적 존재, 역사적 존재로서 기재(과거)와 현재, 도래(미래)를 간직하고 경험하며 살아간다.[4]

또한 그가 살아가는 세계 안에는 돌, 나무와 같은 사물들(사물적 존재자)이나 인간이 만들어 낸 도구들(도구적 존재자), 다른 인간들이 존재한다. 이렇게 세계 속에서 같이 살아가야 할 또 다른 인간을 하이데거는 "공동 현존재"라고 부른다.[5]

이처럼 하이데거의 경우, 인간은 홀로 살아가는 주체가 아니라

---

4   서구 철학에 의하면 과거는 "지나가 버린 것", 현재는 "지금", 미래는 "아직 오지 않은 것"이란 의미를 지닌다. 그런데 하이데거는, 과거는 지나가 버린 것이 아니라, 아직도 현전하면서 인간 현존재에게 영향을 끼친다는 의미에서 "기재(Gewesenheit)"라고 표현하며, 현재도 물리적으로 흘러가는 "지금"이 아니라 결단하는 "순간"이란 의미에서 Augenblick라고 표현하고, 미래도 "아직 오지 않은 것"이 아니라 현재를 향해 다가오는 것이란 의미에서 "도래(Zukunft)"라고 표현한다. 즉 서구 철학에서 과거, 현재, 미래는 서로 끊어지고 분리된 시간인 반면, 하이데거에서 기재, 현재, 도래는 서로 합쳐지고 영향을 끼치는 시간을 뜻한다.

5   하이데거는 자연물들을 Vorhandensein(사물적 존재자), 도구들을 Zuhandensein(도구적 존재자), 현존재와 더불어 살아가는 또 다른 현존재를 Mitdasein(공동 현존재)이라고 표현한다.

세계 속에서, 시간 속에서 타자(공동 현존재)와 함께 살아가는 존재이다. 이때 인간 현존재와 세계, 시간, 공동 현존재는 서로 관계를 맺으며 "존재의 의미"를 드러낸다.

그런데 대부분의 경우, 인간 현존재는 자신이 왜 그러한 시간과 세계 속에 던져졌는지, 그때 만나게 되는 다른 현존재들은 누구인지 질문하지 않는다. 또한 일상적 습관과 가치에 따라 현재를 살아가면서, 새로운 세계와 시간을 결단하고 기투해 나가지도 않는다. 이러한 상태를 하이데거는, 인간 현존재가 자신의 고유한 존재를 망각하고, 비-본래적인 존재로 소외된 채 살아가고 있다고 말한다. 또한 그들은 자신의 본래적인 존재를 망각했을 뿐만 아니라, 망각했다는 사실 자체마저 망각한 채 살아가고 있다는 것이다. 따라서 하이데거는 인간 현존재는 자신이 망각한 존재, 즉 자신의 존재의 고향을 찾아가야 한다고 강조하고 있는 것이다. 그렇다면 하이데거가 주장하는 비-본래적인 존재의 일상인들은 어떠한 세계 안에서, 어떠한 방식으로 살아가는가? 그들은 누구인가?

인간 현존재는 세계 안으로 던져진 존재이다. 그런데 하이데거가 묘사하고 있는 세계는 기존의 철학이 다루어 왔던 세계와 여러 면에서 차이점을 보인다.

그가 제시하는 세계는 그리스도교에서 주장하듯이 신에 의해 창조된 세계가 아니며 돌, 나무, 하늘, 강물과 같은 자연적 존재자들로 이루어진 세계도 아니다.

오히려 하이데거가 주장하는 세계는 도구들로 가득 찬 세계, 즉 기술적 세계, 문명화된 세계이다.[6] 물론 우리가 살아가는 세계 안에 산, 바다, 나무, 꽃과 같은 자연적 존재자들이 없는 것은 아니다. 그러나 대부분의 경우, 우리가 일상적인 삶 속에서 만나는 것은 여러 가지 도구들이다.

예를 들어 우리는 닭의 울음소리나 새의 지저귐 대신, 자명종이나 스마트폰의 알람 소리를 듣고 일어난다. 그리고 전기밥솥이나 토스터를 이용해 아침 식사를 한다. 커피포트로 커피를 마시고 자동차나 지하철을 타고 출근한다. 이어폰을 꽂고 스마트폰으로 검색하고 음악을 듣는다. 출근해서 컴퓨터로 작업한다. 이러한 예를 더 이상 들지 않더라도 우리가 하늘과 대지, 바람, 물과 같은 자연물보다 인공적으로 만들어진 도구의 세계 속에서 살아가고 있다는 점은 분명하다.[7]

그렇다면 도구란 무엇인가?

도구에는 필기도구를 비롯해 재봉, 작업, 운전, 측량도구 등이 있다. 연관성이 없어 보이는 도구들 같지만 전혀 무관한 것은 아니다. 우리는 망치를 들고 작업하면서 측량하기도 하고, 그 수치를 메모하기도 한다. 필기를 하기 위해서는 펜, 잉크, 종이, 책받침과 같은 도구들을 필요로 한다. 그리고 편리하게 필기를 하기 위해 책상과 같

---

6 세계를 이렇게 파악하는 것은 하이데거만의 독창적인 공로이다.

7 『존재와 시간』에서 하이데거가 묘사하고 있는 도구의 세계는 "현대기술 시대의 세계"는 아직 아니다. 그러나 여기서 묘사되고 있는 도구들은 이미 현대기술 시대의 모습을 반영하고 있다고 볼 수 있다.

은 도구도 필요하다. 이때 필기도구들은 가구와 연결된다. 그런데 책상이 방 안에 놓여 있다면, 그리고 그 방이 어둡다면, 필기도구는 가구뿐 아니라 집, 전기 제품과 연결된다. 이러한 방식으로 도구적 존재자들의 가치는 각각 그 자체로 있을 때보다 그것들이 함께 어우러질 때, 더 나아가 "도구 전체"와 연결될 때, 더 분명해진다. 그렇다면 도구 전체의 존재 의미는 무엇인가?

하이데거에 따르면, 망치는 못을 박기 위한 도구이고, 신발은 발을 보호하기 위한 도구이고, 시계는 시간을 보기 위한 도구이다. 망치는 못을 박기 편리해야 하고, 신발은 발을 잘 보호해야 하며, 시계는 정확한 시간을 가리켜야 한다. 이럴 때 이 도구들은 유용한 도구, 사용하기 편리한 도구로 평가받는다. 이와 같이 모든 도구들은 항상 인간을 위한 도구이며, 그것들이 인간 현존재를 위해서 존재할 때, 의미가 있는 것이다.

"인간을 위한 도구"로서 도구들은 인간의 모습을 반영하고 있다. 포크레인은 인간의 손, 돋보기와 망원경은 인간의 눈, 보청기는 인간의 귀, 자동차는 인간의 발과 같다. 이처럼 모든 도구들 안에는 인간의 정신과 육체가 담겨 있고, 이런 의미에서 도구는 의인화된 기계들이라고 볼 수 있다.

예를 들어 펜은 기록하기 위한 도구이고, 기록하는 이유는 기억하고 보존하여 그것을 후세에 전승하기 위해서이다. 전승하려는 이유는 그것이 인간의 삶에 유의미하고 중요하기 때문이다. 이와 같이 펜이라는 필기도구 안에는 기억, 보존, 후세로의 전승, 인간의 유의미한 삶이라는 의미, 즉 인간의 정신이 담겨 있는 것이다. 또한 펜은 인간이 손으로 잡기에 편리한 형태를 띠고 있다. 만약 인간이 손이 없거나 다른 형태였다면 펜의 모습도 달라졌을 것이다.

결국 하이데거에 의하면, 모든 도구들은 다른 도구들과 연관되어 있으며 그것들은 모두 인간 현존재를 위해 존재한다. 그리고 도구들 전체에는 인간이 부여한 의미가 반영되어 있었고, "의미연관성 전체"가 "세계의 존재 의미"를 드러내는 것이다.

도구들은 인간 현존재가 자신의 삶을 위해 고안하고 제작한 것들이다. 도구들 안에는 인간이 부여한 의미가 반영되어 있으며, 이러한 방식으로 인간은 자신에게 유용한 도구들을 만들어 낸 것이다. 따라서 도구들로 이루어진 세계는 인간 현존재를 위한 세계이다. 그러나 여기에 놀라운 반전의 가능성이 있다. 그 세계는 인간이 자신에게 유용하도록 만들어 낸 세계이지만, 그 세계 속에 내던져진 인간 현존재는 세계 속에서 살아가는 동안 그 세계에 익숙해지고 빠져들게 된다. 이를 통해 인간의 존재 방식도 달라지게 된다.

개울가에서 물고기를 잡고 산을 뛰어다니며 노는 인간들과, 도구들 속에서 살아가는 인간들은 얼마나 다른가? 친구들과 어울려 놀이에 몰두하는 인간과, 게임기 앞에서 홀로 게임을 하고 있는 인간은 또 얼마나 다른가? 인간이 도구를 만들었음에도 불구하고 현대인들은 자신이 만든 도구의 세계 속에서 이전과는 다른 형태의 존재 방식으로 살아간다. 그렇다면 이런 세계 속에서 살아가는 인간 현존재는 누구인가?

하이데거가 묘사하는 세계는 인간 현존재가 "생존"하기 위해 먹을 것, 입을 것, 거주할 집에 대하여 염려하고 걱정하는 세계가 아니다. 또한 그 세계는 전쟁이나 테러, 인간에 대한 위협과 같은 극단적인 사건이 벌어지고 있는 세계도 아니다. 그 세계는 대부분의 인간 현존재가 경험할 수 있는 평범하고 일상적이며 매일 같은 일이 반복되는 지루한 세계이다. 현재 우리가 살아가는 세계와 다르지 않고, 그 세계 속에서 살아가는 인간 현존재 역시 우리의 모습과 다르지 않다. 이런 의미에서 "도구적 세계"와 그 안에서 살아가는 "일상적 현존재"에 대한 하이데거의 묘사는 현대기술 사회와 현대인에 대한 비판이기도 하다. 그렇다면 일상적 현존재는 누구이며, 그들은 어떠한 방식으로 살아가는가?

대부분의 경우, 일상인들은 자신을 타인과 매우 다른 중요한 존재라고 생각한다. 그들은 자신을 삶의 주인공으로, 타인을 자신의 삶에 대한 조력자나 반대자, 혹은 엑스트라 정도로 생각한다. 그들은 타인과 경쟁하고 승리하길 원한다. 그들은 타인보다 좋은 옷과 음식, 집을 갖길 원하며 이런 것을 통해 자신이 우월하다고 생각한다. 그러나 이것은 단지 그들의 생각일 뿐이다.

일상인은 타인을 지배하길 원하지만, 실제로는 타인의 시선을 의식하며 살아간다. 또한 일상인은 타인에 의해 자신의 존재를 빼앗기거나 지배당하면서 살아간다. 이것은 타인의 경우도 마찬가지다. 타인 역시 또 다른 타인에 비해 자신이 우월하다고 여기지만, 일상적 삶에서는 그 자신과 타인은 모두 비슷한 존재로 살아갈 뿐이라는 것이다. 그들은 모두 "평균적"인 삶을 살아가며 이런 과정에서 자신들의 고유한 존재를 상실한다. 그들은 자신의 이름을 갖고 있지만 익명의 인간처럼 이름 없는 자로서 "거대한 무리"를 이루며 살아간다. 그들은 자신의 존재를 주장하는 "모두"이지만 동시에 아무 차이도 없는 "아무도 아닌 자들"이기도 하다. 그들은 더 이상 "자율적 인간"이 아니다.

이러한 피상성과 평균성에 빠져 살면서 일상적 현존재는 자신의 "존재 의미"에 대하여 질문하지 않는다. 왜냐하면 자신의 존재에 대하여 진지해지고, 책임을 지는 것은 번거롭고 귀찮은 일이기 때문이다. 그들은 자신만의 고유한 비밀을 갖지 못하며 자신만의 "고귀함"을 망각하게 된다. 그들은 존재의 무거움을 견디지 못하고 가벼운 존재를 선택한다. 이런 일상적 인간을 하이데거는 "소외된 인간"이라고 부른다. 그들은 자신이 고유한 존재로부터 소외되고, 자신을 상실하고 망각한 자들이다. 더 심각한 문제는 자신들이 이와 같은 처지에 놓인 것조차 알지 못한다는 점이다.

그러나 그 책임이 단지 일상인에게만 있는 것은 아니다. 왜냐하면 일상인을 그렇게 만든 것은 특정한 세계가 제공한 "공공성"이라는 구조이기 때문이다.

일상인도 질문하고 대화를 나눈다. 그러나 대부분의 경우, 그들은 삶에 유용한 정보에 대하여 질문할 뿐이고, 그들의 대화는 문제 자체를 향해 진지하게 이루어지지 않는다. 그들이 갖고 있는 정보나 지식은 이미 누구나 알고 있는 것에 불과하다. 그들은 타인들이 보는 것을 보고, 읽는 것을 읽고, 듣는 것을 듣는다. 그들의 말은 평준화된 말이다.

물론 평준화된 말일수록 더 잘 이해되며, 보편적인 이해를 가능하게 한다. 그러나 많은 사람들이 동일하게 이해한다고 해서 그것이 곧바로 어떤 문제에 대한 올바른 이해를 뜻하지는 않는다. 왜냐하면 올바른 이해는 얼마나 많은 사람들이 동의하느냐에 달려 있는 것이 아니라 문제 자체를 직시하고 그 본질을 파헤치고 드러내는데 있기 때문이다. 그런데 사람들로 하여금 문제 자체로부터 시선을 돌리게 하고, 그들에게 잘못된 정보를 반복적으로 제공한다면, 사람들은 그 정보를 점차 믿게 되고, 결국엔 그 정보에 의한 판단이 보편적인 이해로 나타나게 되는 것이다.

이러한 일들이 행해지고 지배적이 되는 세계의 특징을 하이데거는 "공공성"이라고 부른다. "공공성"은 이미 정치 권력과 문화 산업에 의해 조작되고 왜곡된 이데올로기가 지배하는 곳이다. 이러한 조작과 지배가 효율적이고 지속적일수록, 일상인은 그러한 이데올로기를 "올바른 이해"라고 여기게 된다. 이러한 하이데거의 주장은 당시 독일을 비롯한 서구 사회의 이데올로기에 대한 비판, 또는 이데올로기를 만들어내는 나치 정권과 파시즘에 대한 비판이라고 볼 수 있다.

한편 경제적인 측면에서 볼 때, 일상인은 자본주의에 의해 익숙해진 인간형을 가리킨다. 이러한 일상인의 특징을 하이데거는 "호기심"이라 부른다. 호기심Neugierigkeit이란 독일어 단어 안에는 새로운 것에 대한 욕구라는 의미가 담겨 있다. 욕구는 충족되지 않는 특징을 갖고 있다. 설령 우리가 원하는 어떤 욕구가 이루어졌다 하더라도 욕구는 거기서 그치지 않고, 새로운 것을 다시 욕구한다. 이런 의미에서 욕구는 특정한 것을 향한 욕구가 아닌, 욕구를 위한 욕구라고 볼 수 있다.

욕구가 갖는 위험을 플라톤은 이미 잘 알고 있었다. 그가 묘사하고 있는 두 말과 마부의 비유는 인간(마부)이 이성을 통해 자신에게 덮쳐 오는 욕구와 정욕(의지와 감정)을 잘 제어해야 한다는 의미를 갖는다. 물론 이런 일이 쉽지는 않다. 왜냐하면 이성은 인간 주체가 지배할 수 있지만, 감정과 욕구는 주체의 통제를 벗어나는 경우가 허다하기 때문이다. 따라서 우리는 이성에 대해서는 "이성적이 되어라"라고 말하는 반면, 감정이나 욕구에 대해서는 "감정이나 욕구에 사로잡혔다"라고 표현하는 것이다. 이러한 위험을 잘 알기 때문에 서구 철학은 전통적으로 이성을 강조하고, 감정과 욕구는 자제하라고 주장했던 것이다. 그러나 자본주의는 이러한 서구 정신을 부정하고 있다. 오히려 자본주의는 이전까지 억제되고 갇혀 있던 욕구를 풀어 놓고 있다. 우리는 이러한 모습을 하이데거가 묘사하는 일상인의 호기심에서 발견할 수 있다.

일상인은 항상 새로운 상품에 대한 욕구를 갖고 살아가는 인간이다. 그들에게 오래된 것은 이미 지루한 것이다. 지루해진 상품은 그들의 욕구를 자극하지 않는다. 따라서 그들은 또 다시 새로운 것을 원한다. 그들은 소비하는 인간이다. 소비한다는 것은 자본주의가 유지되고 확대되기 위해 반드시 필요한 과정이다. 경제적 권력은 일상인에게 '소비는 아름다운 것'이라고 광고하며 새로운 상품으로 유혹한다. 이제 일상인은 정치적, 문화적, 경제적으로 권력이 제공하는 이데올로기에 의해 지배당하게 된다. 이와 같이 하이데거가 말하는 일상인은 일상이라는 공공성에 의해 노예 상태가 된 인간을 가리킨다. 일상인은 자신의 고유한 존재, 본래적인 존재를 상실하고 망각한 인간이다. 이러한 하이데거의 비판은 그가 살았던 당시의 인간과 세계에 대한 비판이지만, 그것은 현대인과 현대사회에도 적용될 수 있다. 이런 상황에서 하이데거는 인간 현존재가 자신의 고유한 존재를 찾아야 된다고 주장하고 있는 것이다.

2) 레비나스의 인간론

하이데거와 마찬가지로 레비나스도 데카르트의 "사유하는 나(자아)"에 대해 비판적인 입장을 취한다. 그는 『전체성과 무한』에서 사유하는 자아와 이를 넘어서서 무한자를 향하는 자아를 구분한다. 사유하는 자아가 이성적 자아이고, 내재적이며 차안적인 자아인 데 반해, 무한을 향하는 자아는 끝없이 벗어나는 목적 대상을 향해 초월하는 자아이다. 이때 무한자는 결코 도달될 수 없고, 항상 사유의 배후로 물러서는 목적 자체, 혹은 이념으로서 목적을 뜻한다. 따라서 무한자에 대한 사유는 기계론적, 인과율적 사유가 아닌, 단지 목적에 대한 집착을 포기하고 무한자가 남긴 흔적을 좇아가는 사유를 통해 가능할 뿐이다. 이러한 사유 방식을 레비나스는 "무관심, 무욕의 사유", "인내와 수동성으로서 사유", "자신으로부터 밖으로의 사유", "비스듬히 가로지르는 흔적의 사유"라고 부른다.[8] "무한자를 향한 사유"는 인간의 이성적 사고를 통해서는 이해될 수 없다. 오히려 그것은 무한자를 향해 자신을 열어 놓을 때, 비로소 이해 가능한 사유이다. 물론 이성적 인간은 무한자에 대한 사유를 피하고 부정할 수 있다. 그럼에도 불구하고 레비나스에 의하면 인간은 무한자를 향한 사유, 무한자에 의한 사유로부터 도망칠 수도 없다. 이러한 무한자에의 사유를 레비나스는 데카르트의 철학에서 발견하며 긍정적으로 평가한다. 다른 한편으로 데카르트의 "사유하는 자아"를 통해 인간이 누구인가? 라는 질문은 해명될 수 없다고 부정적으로 평가한다. 그렇다면 레비나스는 인간을 어떠한 방식으로 이해하고 있는가? 레비나스에 의하면 인간은 "존재자"이다. 그런데 그 이전에 익명의 "존재"가 있었다. 익명의 존재는 아직 존재자들 사이에 구별이 없는 상태, 주체와 객체들이 출현하기 이전의 상태를 뜻한다:

모든 사물의 부재는 하나의 현존으로 돌아간다. 모든 것이 무너짐의 장소로, 대기의 밀도로, 텅 빔의 가득 참으로, 침묵의 중얼거림으로 돌아가는 것이다. 모든 사물과 존재들이 파괴된 후 존재하

---

8   E. Levinas, *Wenn Gott ins Denken einfaellt. Diskurs ueber die Betroffenheit von Transzendenz*, 17, 19쪽(이후 'Gott'란 약호로 본문 안에 기입함).

는 것들의 비인칭적인 "힘의 장"이 있을 뿐이다.[9]

    단순히 있을 뿐인 il y a로서 존재로부터 인간이라는 존재자가 등장하는 것은 "의식"을 통해서이다. 인간은 의식을 통해 존재라는 밤의 어두움으로부터 각각의 존재자들이 드러나는 빛의 세계로 들어서게 된다.(『존재』, 77쪽) 이처럼 의식을 통해 인간은 스스로를 인간이라고 정립(규정)한다. 이제 인간은 다른 객체들을 바라보고 이해하는자, "관조하는 자"가 된다.(『존재』, 74쪽) 대상들을 이해한다는 것은 그것들을 소유하고 지배하기 시작한다는 것을 뜻한다. 인간은 의식을 통해 대상들을 객체로 파악하기 시작하고 자신을 "의식하는 주체"로 확인한다. 이렇게 다른 대상들과 구별해 자기 자신을 확인하는 인간을 레비나스는 "실체화한 인간hypostase"[10]이라고 부른다.

    실체화한 인간을 통해 시간적인 "현재"와 공간적인 "여기"가 정립되고, 인간은 자신이 혼자라는 사실, 고독한 존재자라는 사실을 알게 된다. 이러한 인간의 특징을 레비나스는 이성, 고독, 비극, 물질소유 등으로 표현하고 있다.

    인간을 의식과 연결시킨다는 점에서 레비나스는 데카르트로 이

---

9   E. Levinas, 『시간과 타자』, 강영안 옮김, 40쪽(이후 '시간'이란 약호로 본문 안에 기입함).

10   레비나스의 표현 hypostase는 그리스어(hypostasis, 라틴어substanz)에서 유래하였고, 철학
    사적으로 "기체", "실체"로 번역되었다. 레비나스의 경우 hypostase는 익명의 존재로부터
    스스로를 존재자로 확인하고 드러내는 인간을 가리킨다. 그러나 전통적인 철학적 개념
    과의 연관성을 고려해 우리는 hypostase를 "실체화한 인간", 혹은 "실체성"이라고 번역하
    고자 한다.

어지는 프랑스 철학이나 후설의 의식의 현상학을 따르고 있지만 실체화된 인간의 존재 방식에 대하여 다룰 때는 하이데거를 따른다.

하이데거와 마찬가지로 레비나스도 인간을(실체화된 인간이지만) 동사적으로 파악한다. 인간은 세계 속에서 태어나고 살아가며 죽음에 이르는 존재자이다. 하이데거의 "현존재Dasein"와 레비나스의 "실체화된 인간Hypostase"이란 표현 사이엔 유사한 측면이 있다. 하이데거가 현존재를 세계-내-존재로 규정하는 방식에 따라 레비나스도 "실체화한 인간"을 던져지고(피투성) 빠져 있고(퇴락 존재) 던져 나가는 존재자(기투성)로 보고 있다. 그러나 하이데거의 "던져진 존재"를 레비나스는 "버림받음dereliction", "저버림delaissenment", 혹은 "던져져 있는 사실"(『시간』, 39쪽)이란 의미로 해석한다. 이것은 하이데거의 "던져진 존재"가 세계-내-존재로서 현존재의 현사실성을 의미하는 것과 달리, 레비나스의 "실체화한 인간"은 이미 "세계와 타자로부터 버림받은 존재자"라는 뜻을 지닌다. 그리고 하이데거의 "던져 나감(기투성)"이란 표현은 현존재가 자신의 존재와 세계를 기획하고 결단하는 실존성이란 의미를 지니는 반면, 레비나스에게 기투성은 실체화한 인간이 자신의 존재로부터 떠나 타자를 향해 초월을 감행하는 것을 뜻한다. 이러한 차이는 일상적, 현재적 삶에 대한 평가에서도 뚜렷하게 드러난다. 일상적 삶을 비본래성으로 평가한 하이데거와 달리 레비나스에게 일상적 삶은 그 자체로 중요한 의미를 지닌다. 그렇다면 그가 보는 일상적 삶의 모습은 무엇인가?

하이데거는 일상적 현존재가 살아가는 세계를 '도구들로 이루어진 세계'라고 규정한다. 이러한 세계는 의, 식, 주와 같이 인간의 생존을 위해 가장 기본적인 문제들이 어느 정도 해결된 세계, 문명화된 세계이다. 하이데거의 논의는 바로 이런 세계로부터 시작된다. 그리고 그의 관심은 도구들로 가득 찬 세계에서 존재의 의미는 무엇이며 어떻게 드러나는가에 집중되고 있다.

반면 레비나스는 하이데거보다 원초적인 세계에서부터 자신의 논의를 시작한다. 이러한 차이점은 세계를 보는 두 철학자의 사상뿐 아니라, 그들의 삶의 자리에서 비롯된 것이기도 하다.

세계가 무엇인지는 그 안에서 살아가는 인간이 어떤 처지에 있는가에 따라 다르게 보일 수 있다. 부유하고 권력을 가진 사람에게 세계는 향유하고 즐길 수 있는 곳으로 보이지만, 가난하고 힘없는 사람에게 세계는 먹을거리를 구하고 잠잘 곳을 찾아야 하는 고통스러운 곳으로 보일 것이다. 그 중간층인 소시민의 경우, 그들은 먹을거리를 위해 노심초사할 정도는 아니지만, 그렇다고 마음껏 향유할 처지도 아니다. 그들은 자신의 생계를 위해 주어진 노동에 충실해야 한다. 이를 위해 질문하지 않고, 하루를 반복적으로 살아간다. 이와 같이 경제적, 정치적, 사회적, 문화적인 위치에 따라 동일한 세계도 각각 다르게 보일 수 있다.

레비나스는 이들 중 어떤 특정한 계층, 혹은 계급의 입장에서 세계를 해명하지 않는다. 물론 이러한 점은 하이데거의 경우도 마찬가지다. 하이데거가 볼 때, 세계 안에는 먹을거리를 위해 애써야 하는 사람이나, 이러한 걱정 없이 여유 있게 향유하는 사람이 있다. 그러나 그들은 모두 "도구"라는 존재자들로 구성된 세계 안에서 살고 있다. 따라서 하이데거는 도구의 세계 안에서 살아가는 인간 현존재의 존재 방식과 세계의 의미가 무엇인지 질문하고 있는 것이다.

반면에 레비나스는 먹을거리를 찾는 사람들, 향유하는 사람들 모두가 살아가는 세계 안에서 가장 기본적이고 구체적으로 어떤 일들이 벌어지는지 밝히고 있다.

이런 의미에서 레비나스는, "하이데거 이후 우리는 세계를 도구들의 집합으로 보는 일에 익숙해졌다. … 그런데 하이데거가 보지 못한 것은 세계는 도구들의 체계를 이루기 전에 먹거리들의 집합이라는 사실이다"(『시간』, 64쪽)라고 말하는 것이다.

레비나스에 의하면 모든 인간은 육체를 지닌 존재자들이다. 그들은 —부유하든 가난하든, 권력을 갖든 힘이 없든— 모두 먹어야 산다. 살기 위해 먹을 수도 있고 먹기 위해 살 수도 있다. 생존을 위협받는 "포로"와 같은 인간들의 경우, 더 좋은 날이 올 것이라는 희망을 갖고 살아남기 위해 먹을 수 있다. 반면에 맛있는 음식을 찾는 인간의 경우, 그들은 더 맛있는 것을 먹기 위해 산다고 말할 수도 있다. 그러나 이 모든 것은 인간이 음식을 욕구하기 때문이다. 풍미가 좋은 음식을 대했을 때 인간의 육체는 그 음식을 원한다. 그것은 살기 위해서도 먹기 위해서도 아니다. 단지 음식이 인간의 욕구를 자극하고 인간은 그 욕구에 따를 뿐이다.

이런 예는 공기의 경우도 마찬가지다. 우리는 왜 숨을 쉬는가? 살기 위해서인가? 혹은 오염된 공기보다 더 깨끗한 공기를 마시기 위해서인가? 아니다. 단지 인간의 육체가 숨쉬기를 욕구하기 때문이다. 인간은 숨쉬기 위해 숨쉬는 것이다. 인간은 왜 옷을 입는가? 추위를 피하기 위해서인가? 멋을 내기 위해서인가? 아니다. 인간은 부끄러워할 줄 아는 존재자이며, 옷은 벌거벗은 인간이 느끼는 창피함으로부터 벗어나게 해 주기 때문이다.(『존재』, 68쪽)

이런 일은 허다하다. 인간은 먹기 위해 먹으며, 숨쉬기 위해 숨쉬며, 볕을 쬐기 위해 볕이 비치는 곳을 찾으며, 아름다운 풍경을 보기 위해 그곳으로 간다. 또한 일하기 위해 일을 하고 쉬기 위해 쉰다. 피곤해지면 잠을 자기 위해 잠을 잔다. 이것을 넘어서는 이유나 설명들, 예를 들어 일을 더 잘하기 위해 쉰다든가, 쉬기 위해 일을 한다와 같은 주장들은 모두 부차적인 것이다.

이와 달리 '인간은 먹기 위해 먹는다'라는 표현은 육체를 가진 인간이라면 누가, 언제, 어떻게, 왜와 상관없이 누구에게나 해당되는 원초적 사실이다. 육체를 가진 모든 인간이 먹기를 욕구하는 이유는 단지 그가 육체를 지닌 인간이고 그렇게 먹는 일이 그의 삶 자체이기 때문이다. 이렇게 먹기를 욕구하는 것이 바로 삶의 "솔직성"이다:

먹는다는 것은 평온하고 단순하다. 먹는 일은 자기 지향의 솔직성을 충만하게 실현한다. '먹는 인간은 가장 정확한 뜻에서 인간에 속한다'.(『존재』, 70쪽)

이와 같이 레비나스의 경우, 세계 안에 존재한다는 것은 욕구할 수 있는 것을 향해 솔직하게 나아가고, 그것을 있는 그대로 받아들이는 일이다.(『존재』, 71쪽)

먹는 인간은 행복하다. 그의 욕구가 채워지기 때문이다. 먹는 순간 그는 음식을 향유하며 더 나아가 자신의 육체와 삶을 향유한다. 이런 의미에서 일상성 전체를 "비본래성"이라고 부정적으로 평가한 하이데거에 대하여 레비나스는 "하이데거는 일상성에서 마주하게 되는 '허기와 목마름의 솔직성을 잘못 이해하고 있다'"(『존재』, 72쪽)라고 비판하면서 일상성을 "삶의 솔직성", 즉 솔직한 삶의 모습이라고 긍정적으로 평가하고 있다:

그렇다면 일상성을 통해 인간이 어떠한 것을 향유한다는 것은 무엇을 뜻하는가?

향유한다는 것은 의식을 갖는 주체Hypostase로 등장한 인간이 물질들(하이데거식으로 존재자들)과 만나기 시작하고, 그것들을 자기의 것으로 소유하고 지배한다는 것을 뜻한다. 그것은 주체가 물질들(존재자들)과 분리되어 있다는 자각도 수반한다. 따라서 향유하는 인간은 행복하지만 동시에 고독하다.

향유하는 인간이 행복한 이유는 그가 물질을 소유하고 지배하고 자기의 것으로 만들 수 있기 때문이며 인간의 욕구가 성취되었기 때문이다.[11] 그런데 레비나스에게 욕구는 궁극적으로 성취되지 않는 것이다.

예를 들어 레비나스가 언급하듯이 사랑의 본질은 항상 완성될 수 없는 부정성 속에 있다. 플라톤에게 사랑은 부유한 아버지 포로스와 가난한 어머니 페니아의 자식이듯이 레비나스에게 사랑은 불을 피우면서도 결코 소진되지 않는 불꽃과 같다. 욕구는 항상 허기져 있으며 목말라 있는 것이다.

이런 까닭에 욕구하는 인간은 향유하는 순간에도 또 다른 욕구 때문에 괴로워한다. 이것이 바로 그가 고독한 이유이다. 어떠한 물질과 타인도, 심지어 자신마저도 스스로를 만족시켜 줄 수 없다. 왜냐하면 그는 물질과 타인, 자기 자신으로부터 분리되어 있는 존재이기 때문이다. 그런데 완전한 욕구를 충족할 수 없다는 사실, 자신이 다른 것들과 분리되어 있다는 사실을 그는 "인식"한다. 인식한다는 것은 아직 불명료하고 어두워 보이는 것들을 선명하고 명확한 "빛" 안으로 끌어들이는 일이다. "빛"을 통해 각각의 대상들은 자신들의 고유한 형태를 갖게 되며 이렇게 드러난 대상들이 세계를 이루게 된다. 이런 의미에서 인간이 마주하는 세계는 항상 빛을 통해 조명된 세계, 즉 이성을 통해 이해된 세계이다. 그 세계가 인간의 이성을 통해 구성되었기 때문에 빛에 비친 대상들과 세계는 마치 인간이 처음부터 잘 알고 있었던 것처럼 여기게 된다. 이때 인간은 자신과 대상들 사이에 간격이 있다는 것을 알지만 동시에 이렇게 분리되어 있는 대상들을 소유함으로써 하나가 되기를 원한다. 그러나 욕구를 통해

11 E. Levinas, *Totality and Infinity*, 111쪽(이후 'TI'란 약호로 본문 안에 기입함).

물질적 대상들에게 몰입하지만 대상들은 인간의 욕구 뒤로 물러난다. 이런 이유로 인해 물질을 향유하려는 인간은 고독한 것이다.

그러나 고독을 통해 그는 자신의 진정한 모습을 볼 수 있게 된다. 즉 그는 자신의 일상의 욕구로부터 물러서서 또 다른 자신을 향하게 된다. 이때 인간은 자신이 일상적으로 만나는 빛과는 또 다른 빛의 세계에 들어선다.[12] 그는 일상적 인식으로부터 벗어나 그를 초월의 세계로 인도하는 빛과 만나게 되는데, 그 빛은 일상의 빛과 다른 빛은 아니다. 단지 초월의 빛은, 물리적 대상들과 타인들이 자신과 분리되어 있다는 사실을 보여 주는 일상의 빛과 달리, 인간은 자신 안에 갇혀서 스스로의 주인으로 머물러서는 안 되고 바깥, 혹은 위를 향해야 한다는 것을 보여 주는 빛을 뜻한다. 따라서 초월의 빛을 통해 인간은 물질적 대상들을 넘어서게 된다. 그러나 초월의 빛은 물질적 대상들을 부정하지 않는다. 왜냐하면 레비나스의 초월은 물질적 대상들(하이데거의 존재자들)로 가득 찬 현실 세계를 부정하고, 이념이나 관념의 세계, 또는 종교의 세계로 넘어가는 것이 아니라 초월을 통해 현실 세계를 다시 돌아보는 것을 뜻하기 때문이다. 즉 인간은 현실 세계로부터 초월 세계로 넘어가야 하지만, 초월 세계를 통해 현실 세계를 다시 돌아봐야 한다는 것이다.

---

12 이러한 상태를 레비나스는 후설의 표현을 빌려 "판단중지"라고 부른다.(『존재』, 80쪽)

2

하이데거와 레비나스에게서
"나"와 "타자"의 관계

1) 하이데거에게서 "나"와 "타자"의 관계

하이데거에 의하면 인간 현존재는 세계-내-존재이다. 세계-내-존재로서 현존재는 도구들의 세계 안에서 살아간다. 그러나 그 세계엔 현존재(나)와 도구들만 있는 것이 아니라 공동 현존재, 즉 나와 다른 현존재들도 함께 살아간다. "나"라는 현존재의 시각에서 보면 "너"는 "나"와 함께 살아가는 공동 현존재이지만, "너"의 입장에서 보면 "너"가 "나"이고, "나"는 "너"가 된다. 이렇게 세계 안에는 각자 자신을 "나"라고 여기는 현존재들이 살고 있다. 그런데 이때 "공동 현존재"는 "나"라는 현존재보다 덜 중요하거나 부차적인 의미를 지니는 것은 아니다. 오히려 하이데거가 말하는 "공동 현존재"는 모두 자신을 "나"로 여기는 "현존재"이다.

예를 들어 많은 인물이 등장하는 영화의 경우, 감독은 어떤 한사람에 초점을 맞춰 이야기를 진행한다. 선택된 주인공이 다른 인물보다 뛰어난 것은 아니다. 오히려 그보다 주변 인물이 더 훌륭할 수도 있다. 그럼에도 한 인물을 주인공으로 선택한 것은 영화의 전체적인 이야기를 진행시키기 위해서이다. 이때 주인공은 하이데거의

"현존재"에, 주변 인물들은 "공동 현존재"에 해당된다.

일상적인 삶 속에서 현존재는 거의 매일 타인들과 마주치거나 만나면서 살아간다. 눈앞에 타인이 없을 경우에도 현존재는 타인을 심려하고 배려하면서 살아간다. 예를 들어 제화공이 신발을 만들 때, 그는 그것이 신발을 신는 사람에게 얼마나 편리할지, 그 사람의 발 크기가 어느 정도인지 생각한다. 신발을 만들면서 이미 타자에 대해서 마음을 쓰고 있는 것이다. 이런 점은 옷을 만드는 사람이나, 음식을 만드는 사람 모두에게 해당한다.

차를 타고 가다가 멋진 정원을 볼 경우, 우리는 그 정원뿐 아니라 그 정원을 가꾼 사람이 누구인지 떠올리고 정원이 잘 가꾸어져 있다면 그 사람이 부지런하고 성실한 사람일 거라고 추측한다. 알지 못하는 정원이나 집을 보는 경우에도, 우리는 단순히 정원과 집뿐 아니라, 그것을 가꾸는 사람을 떠올리는 것이다. 이와 같이 세계 안에서 만나는 존재자들을 통해서도 현존재는 이미 공동 현존재(타자)와 연결되어 있다. 왜냐하면 존재자들은 현존재를 "위해" 존재하며, 현존재는 항상 공동 현존재와 "함께 존재하기mit-dasein" 때문이다.

이런 의미에서 현존재와 타자는 서로 분리된 채 각자 자신만의 삶을 사는 것이 아니다. 그들이 서로 모를 때에도, 그들은 서로를 심려하고 배려하는 의미 연관성 전체 안에서 동시적으로 살아가는 것이다. 이러한 의미 연관성 전체 안에서 "나"라는 현존재는 "너"라는 공동 현존재보다 우위를 갖지 않는다. 오히려 그들은 동일한 세계 안에서 동일한 존재 의미를 갖고 있는 것이다.

그러나 이러한 세계 속에서 나와 타자의 관계는 다양하게 나타날 수 있다.

우선적으로 인간 현존재는 타자에 대하여 의도적으로 속이거나 해코지는 하지 않지만, 그렇다고 타자에 대해서 헌신적이지도 않은 채, 단지 자신만의 이익과 욕구를 충족하는 방식으로 살아갈 수 있다. 현존재의 이러한 모습을 일상인이라고 부른다. 그는 자신의 이익을 추구하며 이것을 위해 타자와의 경쟁에서 이기고 그들을 지배하길 원한다. 그런데 현존재가 타자(공동 현존재)를 지배한다는 것은, 동시에 그들이 "현존재(나)"를 지배한다는 것을 뜻하기도 한다. 이렇게 일상인들로서 "나"와 "타자"는 서로에 대한 지배라는 형태로 함께 존재한다.

더 나아가, 인간 현존재는 사회의 가치나 법을 의도적으로 악용하거나 서로 간의 배려를 무시한 채 자신만의 이익을 추구하기도 한다. 이때 "나"와 "타자" 간의 갈등은 심각해질 수 있다. 이런 갈등은 사회뿐만 아니라, 인간 현존재 개인들 사이에서 벌어지기도 한다.

그러나 부정적인 관계 외에 인간 현존재는 타자를 배려하는 방식으로 살아가기도 한다. 이러한 사회는 인간 현존재와 공동 현존재가 서로를 배려하는 "시민사회"의 특징을 보여 준다. 이때 인간 현존재는 타자를 "나와 같은 타자"로 여길 수 있다. 이것은 "감정이입"을 통해서 가능하다. 그런데 감정이입은 "타자"를 "나"와 같은 존재자로 여기는 것, 즉 자신의 존재를 타인에게 투사하는 것이다. 이 경우 "타자"는 결국 "나의 복사"와 같은 인간이 된다. 이때 타자는 타자 자신이 아니라 "나"에 의해 투사된 인간, 즉 "나"의 생각과 판단에 의해 제한되고 때로는 왜곡된 타자인 셈이다.

마지막으로 타자를 "나"와 다른 타자로 여기며 살아가는 경우가 가능하다. 이때 타자는 나의 생각과 판단을 벗어난 자이다. 따라서 중요한 것은 타자를 타자 자체로 대하는 일이다. 이렇게 현존재는 타자로 하여금 타자 자신의 본래적인 존재를 찾아가도록 하는 것이 가장 중요하다. 이때 "나"라는 인간 현존재는 타자(공동 현존재)보다 우위에 있지 않다.

결론적으로 하이데거는 "나"와 "타자"의 관계를, ① 비본래적인 현존재들 사이의 관계, ② 본래적인 현존재와 비본래적인 현존재 사이의 관계, ③ 본래적인 현존재들 사이의 관계로 구분하고 있다. 이 중 ③의 경우를 가장 바람직한 관계로 평가한다. 이런 의미에서, '인간 현존재는 자기 자신의 고유한 존재(본래성)를 찾아가야 한다'는 하이데거의 주장은 "나"(인간 현존재)에게만 해당하는 것이 아니라, 또 다른 "나"인 타자(공동 현존재)에게도 해당되는 것이라고 보아야 한다. 따라서 레비나스의 비판은 하이데거에 대한 오해나 부정확한 이해에서 비롯된 것이라고 볼 수 있다.

2) 레비나스에게서 "나"와 "타자"의 관계

흔히 우리는 자신에 대해서는 관대하고, 타자에 대해서는 비판적 태도를 취한다. 그 이유는 간단하다. 예를 들어 "나"가 어떤 잘못을 저질렀을 경우, 나는 이렇게 "나"를 변호한다: 나는 지금 잘못을 저질렀다. 그러나 그것은 나의 진정한 모습이 아니다. 비록 잘못은 나의 행동으로 나타났지만, 나의 마음은 그것이 잘못되었다는 것을 안다. 지금 나는 잘못했지만 전적으로 잘못한 것은 아니다.

반면에 타자가 "나"와 똑같은 잘못을 저질렀을 경우, 나는 타자의 행동만을 보고 그를 판단하며, 그가 속으로 어떤 생각과 후회를 하는지 따지지 않는다.

이와 같이 나 스스로를 평가할 때, 나는 나의 행동뿐 아니라 나의 생각도 포함시키는 데 반해, 타자에 대해서는 단지 그의 행동을 통해 겉으로 드러난 모습만을 보고 평가한다. 따라서 나는 타자보다 나에 대해서 항상 관대할 수 있는 것이다.

이와 달리 우리는 타인이 잘못했을 경우, 그의 행동뿐 아니라 그도 "나"처럼 자신이 잘못했다는 것을 알고 후회하는 인간이라고 생각할 수 있다. 이때 우리는 타자 역시 스스로 생각하고 반성하는 인간으로 대해야 하는 것이며 타자에 대해서도 "나"만큼 관대하게 평가하는 것이다.

그럼에도 불구하고, 이와 같은 경우에도 우리는 타자를 "나"와 비슷한 존재로 여기고 있는 셈이다. 즉 타자는 나를 반영하고 있는 것이다. 그런데 이러한 방식으로 타자를 이해하고 있는 서구 철학을 레비나스는 "존재론적 제국주의"라고 비판하며, 여기에 후설과 하이데거 철학을 포함시킨다. 후설이나 하이데거 모두 타자를 주체와 동일한 자로 여김으로써 타자의 타자성을 부정하고 있다는 것이다.

특히 "현존재는 그의 존재 속에서 자신의 존재가 문제가 되는 존재다"라는 하이데거의 주장을 거론하면서 레비나스는 하이데거의 관심이 주체만을 향하고 있다고 비판한다. 하이데거가 말하는 현존재는 자신의 존재에 복종하는_conatus esse_ 인간, 주체로서의 인간에 대한 표현이며 "공동 현존재"도 현존재가 구체적이고 경험적으로 만나는 개별적 타자가 아니라, 단지 존재론적 구조에 대한 표현에 불과하다는 것이다. 이런 맥락에서 레비나스는 하이데거의 공동 현존재는 결국 "나"와 유사한 또 다른 "우리"를 뜻한다고 비판한다. 이러한 레비나스의 비판이 정당한지는 질문의 여지가 있지만 여기서는 레비나스의 입장을 따라가기로 한다. 그렇다면 레비나스의 경우, "나"와 타자는 각각 누구이며 "나"는 타자와 어떻게 만나게 되는가?

일상적인 삶 속에서 인간 주체는 우선 "맛있는 수프를 먹고 신선한 공기와 온화한 빛, 아름다운 풍경" 등을 즐기며 살아간다. 주체는 이것은 욕구하고 향유하길 원한다. 향유는 대상들을 소유하고 지배하는 일, 대상들을 주체의 욕구 안으로 끌어들이는 일, "타자를 동일자로 변형시키는 일"이다.[13]

낯선 곳에서 집으로 돌아왔을 때, 나는 편안함을 느낀다. 집은 익숙하고 아늑하고 안전한 곳이다. 집은 태풍이나 혹독한 추위, 재앙, 외부적 위협으로부터 인간을 지켜 주는 곳이다. 이러한 집 안에서

13   데이비스, 콜린, 『엠마누엘 레비나스-타자를 향한 욕망』, 김성호 옮김, 85쪽.

맛있는 음식을 먹는 것은 행복한 일이다. 그는 세상 근심으로부터 벗어나 자신만의 행복을 누릴 수 있다. 이와 같이 향유는 항상 "나"를 위한 것이다:

> 향유 속에서 나는 절대적으로 나를 위해 있다. 타자와 관계가 없는 "나"는 고독 없이 홀로 있으며, 순전히 자아 중심적이고 홀로 있다.[14]

　그런데 일상적인 삶 속에서 "나"와 마찬가지로 타자 역시 자신만의 향유를 추구한다. 이때 나와 타자는 서로에 대해서 무관심한 채, 모두 자아 중심적인 형태로 살아간다. 그들은 자신만의 욕구를 충족시키기 위해 거주할 집과 먹을거리 같은 것을 소유하고 지배하려고 한다. 이렇게 구체적이고 현실적인 인간의 문제를 하이데거는 하찮은 것으로 비판했지만, 레비나스에 의하면 인간 존재 자체가 물질성이며 물질에 의해 유지되기 때문에 물질을 추구하는 일상성 역시 비본래적인 것으로 평가절하 되어서는 안 된다는 것이다.
　그런데 인간은 낙원에 있는 것이 아니다. 이것을 얻으려면 그들은 땀을 흘리며 노동을 해야 한다. 레비나스에 의하면, 선악과를 따 먹은 아담과 이브에게 내려진 신의 판결, 즉 "너희는 죽도록 수고해야 먹고 살 수 있으리라"는 판결은 모든 일상인에게 적용된다. 그들

14　앞의 책, 87쪽.

은 살기 위해 노동을 해야 하며 먹거리를 얻기 위해 서로 경쟁하고 투쟁해야 한다. 이런 의미에서 일상적인 삶은 고생스러운 것이다. 이것은 인간에게 내려진 유죄판결과 같다. 보들레르는 이런 인간의 처지를 끝없는 고통 속에서 신음하며 무거운 가래로 땅을 일구는 해골의 모습으로 묘사하고 있다.(『존재』, 52쪽) 여기서 인간의 존재는 영원한 고통 속에 던져져 있으며 약속된 휴식은 허락되지 않는다. 인간은 존재의 짐을 지고 감내해야 한다. 그럼에도 불구하고 인간은 폴 발레리의 표현대로 "살려고 해 봐야 한다".(『존재』, 40쪽)

그러나 너무 무거운 존재의 무게는 인간을 무기력la paresse 속에 빠지게 한다. 무기력한 인간에게 미래는 불가능하며 그는 현재의 피로와 고통 속에서 살아가게 된다.

레비나스는 이러한 인간의 상황을 카프카에서도 발견한다. 그는 카프카의 작품 안에서 죄를 짓지 않은 사람이 결국 자신을 죄인으로 인정하게 되는 역설적 상황을 발견한다:

> 카프카는 죄 없는 죄의식을 묘사하고 인간이 자신에게 가해지는 비난들을 결코 이해하지 못하는 세계를 기술합니다. 우리는 거기서 의미의 문제가 태어나는 것을 봅니다. 이 문제는 단순히 '나의 삶은 올바른가?'가 아니라 그보다는 '존재한다는 것이 올바른가?'입니다.[15]

15 드 생 쉐롱, 미카엘, 『엠마누엘 레비나스와의 대담』, 김웅권 옮김, 77쪽.

카프카의 작품 『율법 앞에서』에는 한 시골 사람이 묘사되고 있다. 그는 성문 앞에 도착해 성 안으로 들어가려고 하지만 문지기가 그를 가로막는다. 그는 문지기를 이길 가능성이 없다고 여기고 성문 앞에서 마냥 기다린다. 세월이 흘러 그는 죽을 때가 되었다. 그를 본 문지기가 다가오자, 그는 문지기에게 "왜 이 성문 앞으로 아무도 오지 않는가?"라고 묻는다. 이에 문지기는 "이 성문은 오직 당신만을 위한 것이기 때문"이라고 대답한다. 그리고 이야기는 끝난다.

시골 사람은 그 성문으로 들어가길 원했고, 들어가야만 했다. 그러나 그는 들어갈 수 없었다. 이와 같이 들어가야 하지만 들어갈 수 없는 상황은, 자신의 욕구를 충족하고 향유하길 원하지만 노동과 고통에 빠져 있는 인간의 모습을 가리킨다.

레비나스에 의하면, 일상적 삶 속에서 "나"와 "타자"는 모두 향유하고 싶은 욕구와, 노동과 고통의 현실 사이에 빠져 있는 사람들이다. 그들은 살기 위해 서로 경쟁하며 투쟁한다. 그들 사이에는 "노여움, 분노, 증오, 애착, 사랑" 등이 혼재되어 있다.

타자는 "나" 혼자 세계를 소유할 수 없다는 것을 깨닫게 해 주는 존재다. 타자는 나의 자유를 제한하는 자이다. 그들은 서로 경쟁하는 가운데 상대방을 해치고 심지어는 죽일 수도 있다. 왜냐하면 타자는 "나"가 아니기 때문이다. 나는 나의 권력에 포섭되지 않고 벗어나 있는 자에 대하여 불편함을 갖는다. 이런 의미에서 레비나스는 "타자야말로 내가 죽이고 싶은 유일한 존재이다"(TI., 198쪽)라고 말하는 것이다.

그런데 살해와 죽임이라는 사건은 "나"와 "타자" 모두 물질에 대한 욕구에 빠져 있을 때 나타날 수 있다. 그러나 타자가 나와 다르다는 점이 타자를 죽여야 할 이유가 될 수는 없다. 왜냐하면 타자 역시 고귀하고 소중한 그 자신의 "나"라는 존재로 살아가기 때문이다. 이렇게 타자를 경쟁과 정복의 대상으로 여기는 것으로부터 그의 타자성을 인정할 때, 타자는 "나"에게 말을 건네기 시작하며 나는 타자의 말을 들을 수 있는 것이다. 이러한 방식을 레비나스는 물질적 욕구와 달리 형이상학적 욕망이라고 부른다. 형이상학적 욕망을 통해 "나"는 "나" 안에 갇혀 있던 자신의 존재로부터 타자를 향해 떠날 수 있는 것이다.

3
진정한 나를 찾아가기

1) 하이데거: 본래적인 "나의 존재"를 찾아가기

(1) 현존재의 존재: 염려

나는 나 자신으로부터 우러나오는 그러한 삶을 살고 싶었다. 그런데 그것이 왜 그토록 어려웠던가? (헤르만 헤세, 『데미안』 서문)

일상적인 삶을 살아가면서 문득 우리는 "나는 누구인가?" "나는 잘 살고 있는가?" "지금까지 살아온 나의 삶 중에서 진정한 '나만의 삶'은 얼마나 되는가?" 라고 묻는다. 그리고 생각해 보면, 나만의 고유한 삶이 그다지 많지 않았다는 사실을 깨닫고 놀라워한다. 어떤 문제에 부딪쳤을 때 나는 스스로 고민하고 판단하고 결단하기보다 다른 사람들의 의견이나 사회적 통념의 가치에 따라 살았던 경우가 더 많았다. 이때 나는 나의 문제를 다른 사람들에게 양도한 것이고 나의 존재는 익명으로 남게 된다. 그 문제를 결정함에 있어 "나는 없었던" 것이다. 내가 없었다면 나의 삶도 없었던 셈이다.

나를 괴롭히는 문제로부터 피하고, 그 문제를 잊고, 그 문제에 대해서 내가 감당해야 하는 책임으로부터 도망치고 있다. 나는 나만의 고유한 삶에 대해 진지하지 않았고, 나의 본래적인 존재를 잊고 있었다. 나는 나의 존재와 문제를 항상 내일로 미루고 있었다. 오늘은 아니지만, 내일은 반드시 나의 문제를 스스로 해결하겠다고 다짐하지만 내일은 항상 또 다른 내일로 미끄러져 간다. 나는 그 내일을 결코 만나지 못한다.

이렇게 일상성 속에서 타인이나 사회의 의견에 따라 살아가는 인간, 자신의 고유하고 본래적인 존재를 망각한 채 살아가는 인간을 하이데거는 익명의 "일상인"이라 부른다. 나는 나로 살아가는 것이 아니라 이름 없이 "그들" 속에서 그들과 같이 살아갔던 것이다. 나는 나의 존재를 잊었고, 나는 나 자신으로부터 소외되어 있었던 것이다. 그런데 나는 내가 소외되었다는 사실을 진지하게 받아들이고 고민하지 않는다. 왜냐하면 그러한 일은 나를 불편하게 만들기 때문이다. 나는 나를 불편하게 하는 나의 음성 듣기를 거부한다. 그리고 불편한 나를 잊기 위해 다시 일상의 혼잡함 속으로 뛰어 들어간다. 하이데거는 이러한 인간을 일상에 "빠져 사는 존재Verfallen-sein", "비본래적 존재"라고 부른다.

　하이데거에 의하면 인간 현존재로서의 "나"는 일상적 삶 속에서 비본래적인 존재로 살아간다. 그러나 나는 나 자신만의 고유한 존재를 찾아나가야 한다. 왜냐하면 그것이 바로 "나"의 본래적인 모습, 나의 존재의 본질이기 때문이다. 그런데 나의 존재의 본질은 사변적인 사유를 통해 얻어질 수 없다. 후설과 달리 하이데거의 경우, 나의 본질은 "선험적 주체"가 아니다. 오히려 나의 본질은, 어떠한 상황 속에서도 나 자신의 존재로 살아가려고 결단하고 행동하는 "실존"에 있다. 하이데거는 이런 의미에서 "현존재의 '본질'은 실존에 있다"고 말하는 것이다. 특정한 세계와 시간 속에 살아가면서 나는 "이것인가, 저것인가?" 스스로 판단하고 자신의 입장을 선택하는 식으로, 즉 실존적으로 살아가야 한다. 이러한 존재 방식을 하이데거는 "매 순간-나-임Jemeinigkeit"이라고 부른다. 그런데 그때마다 나는 나로 살아야 한다는 표현 안에는 아직 나는 내가 아니며, 본래적인 나의 존재가 되어야 한다는 점이 포함되어 있다. 이것을 그는 "존재해야-함Zusein"이라고 부른다. 결국 인간 현존재는 어떤 상황 속에서도 "매 순간 나 자신"으로 "존재해야 하는" 것이다. 따라서 일상성 속에서 자신의 본래적인 존재를 망각하고 살았다면 그 책임은 바로 현존재 자신에게 있다. 그에겐 자신의 본래적인 존재를 찾아야 할 책임이 있다. 그는 자신의 존재에 빚을 진 자이다. 이러한 현존재의 특징을 하이데거는 "빚진 존재Schuldigsein"라고 부른다. 그렇다면 나는 어떻게 일상성 속에서 망각하고 잃어버린 나의 본래적인 존재를 다시 찾을 수 있을까?

플라톤 이래 데카르트, 후설에 의하면 인간은 순수한 이성을 통해 선적 주체(나)가 될 수 있으며 선험적 주체가 인식한 세계의 모습은 세계 자체와 동일하다고 주장해 왔다. 후설의 경우, 선험적 주체는 경험적 주체가 가졌던 판단의 오류로부터 자유롭다. 경험적 주체는 세계가 부여한 잘못된 가치를 아무런 질문 없이 따르거나 자신의 선입견을 통해 세계를 바라보기도 한다. 이때 그는 오류에 빠질 수 있다. 오류로부터 벗어나기 위해서는 기존의 일상적이고 관습적인 가치들과 판단들을 일단 보류하는 일이 필요하다. 이러한 작업을 후설은 "판단중지(판단을 괄호 속에 넣음)"라고 부른다. 일단 기존의 가치들을 부정하고 무화시킨 후 세계를 순수하게 다시 보자는 것이고 이때 주체는 세계의 진정한 모습을 볼 수 있다는 것이다. 이러한 판단중지는 후설에 의하면 주체 스스로가 능동적으로 할 수 있는 일이다. 그런데 일상인들은 질문하지 않는 존재들이다. 그렇다면 그들이 "판단중지"를 수행하고 순수하게 자신의 존재와 세계를 돌아본다는 것은 불가능하다.

여기서 하이데거는 후설의 주장으로부터 떠난다. 하이데거에 의하면, 일상인은 스스로의 판단중지를 통해 자신의 본래적인 존재를 찾을 수 있는 것이 아니다. 오히려 일상적 현존재로 하여금 자신의 본래적인 존재를 향하여 초월하도록 하는 근거는 후설이 주장하는 순수의식이 아니라 인간 현존재를 덮쳐 오는 기분이다. 불안과 같은 기분에 사로잡힐 때 일상인은 자신과 세계가 갑자기 무화되는 것을 경험하게 되는 것이다. 그렇다면 인간 현존재는 언제, 어떻게, 왜 불안에 빠지게 되는 것일까?

전통적으로 서구 철학은 인간의 본질을 "이성"이라고 규정해 왔다. 이성은 빛과 같이 모든 것을 밝게 볼 수 있는 능력을 일컫는다. 이성적인 한에 있어 인간은 밝음 속에서 살아가는 존재이다.

반면 하이데거는 인간의 존재를 "염려Sorge"라고 규정한다. 그에 의하면, 인간은 이성이라는 천상적인 밝음 속에서 모든 것을 명석하고 판명하게 인식하며 살아가는 존재가 아니다. 오히려 그의 존재 안에는 빛과 어둠, 명료함과 불명료함, 하늘의 가벼움과 대지의 무거움이 혼재되어 있다. 인간 현존재는 끊임없이 염려하면서 살아간다. 이러한 이유를 하이데거는 쿠라 비유를 통해 보여 주고 있다:

쿠라 여신이 강을 건너다 진흙을 발견했다. 쿠라 여신은 진흙을 떼어내 인간의 형태를 만들기 시작했다. 그때 제우스 신이 다가왔다. 쿠라 여신은 제우스 신에게 자기가 만든 작품에 영혼을 불어넣어 달라고 간청한다. 제우스 신은 승낙한다. 이렇게 생기를 갖게 된 자신의 작품에 어떤 이름을 붙일까 쿠라 여신은 고민한다. 그때 제우스 신이 나서서 작품에 생기를 불어넣어 준 것은 자신이니, 이름은 자신이 주어야 한다고 주장한다. 이렇게 이름을 가지고 쿠라 여신과 제우스 신이 다투고 있을 때, 대지의 신이 나타난다. 그는 그 작품의 재료가 흙이라는 점을 들어, 이름은 자신이 붙여야 한다고 주장한다. 그들은 누구의 주장이 옳은지 시간의 신에게 묻는다. 시간의 신은 세 신들에게 다음과 같이 판결한다: 제우스 신은 영혼을 주었으니, 그 작품이 죽으면 혼을 다시 가져가고, 대지의 신은 흙을 주었으니, 흙을 다시 가져가시오. 그러나 살아 있는 동안 그 작품은 쿠라 여신의 것이오. 그리고 그 작품이 흙후무스으로 만들어졌으니, 그 이름은 인간호모이라고 하시오.[16]

하이데거에 의하면 인간 현존재의 존재는 염려이다. 살아가는 동안 인간에게는 근심, 걱정거리도 많고, 마음 써야 할 것도 많다. 인간은 매일 먹을 것, 입을 것, 거주할 집 때문에 걱정하며, 자신의 문제가 잘 풀리지 않을 때나, 타인에 의해 상처받았을 때, 가까운 가족의 건강이 나빠졌을 때도 근심에 빠진다. 어느 곳으로 여행을 할지, 여행할 때 날씨는 좋을지, 어떤 음식이 맛있는지 고민한다. 이와 같이 살아가는 동안 인간이 감당해야 할 고민거리는 너무도 많다. 그러나 이런 고민거리가 많다는 이유 때문에, 인간 현존재의 존재가 염려인 것은 아니다. 오히려 반대이다. 인간 현존재의 존재 자체가 염려이기 때문에 근심과 걱정, 고민거리가 생기는 것이다. 그렇다

---

[16] M.Heidegger, *Sein und Zeit*, 198쪽(이후 'SZ'란 약호로 본문 안에 기입함).

면 인간 현존재의 존재가 염려인 이유는 무엇인가?

하이데거에 의하면 인간 현존재는 세 가지 존재 구조로 구성되어 있다. 위에서 언급했듯이, 현존재는 이미 세계 안으로 던져진 존재이다. 던져진 존재피투성 Geworfenheit라는 것은 현존재가 감수해야 하는 그의 현사실성Faktizitaet이다. 또한 현존재는 이 세계 안에서 수많은 존재자들과 공동 현존재와 함께 살아가며Sein-bei, 대부분의 경우 세계 속에 빠져서 살아간다Verfallensein. 하이데거는 이러한 모습을 퇴락 존재라고 부른다. 또한 현존재는 기존의 세계와 다른 자신만의 세계를 기투해 나가기도 한다. 이렇게 자신의 존재를 던져나가는 것기투성 Entwurf을 그는 실존성Existenzialitaet이라고 부른다. 이와 같이 인간 현존재의 존재는 현사실적 피투성, 빠져 있음, 기투성이란 세 구조로 구성되어 있다.

그런데 현존재의 존재가 피투성, 빠져 있음, 기투성인 이유는 그가 시간 속에서 살아가는 존재이기 때문이다. 그의 탄생은 과거에 속한다. 그러나 그것은 지나가 버린 과거가 아니라 현재에도 작용하고 영향을 끼친다. 이러한 시간성을 하이데거는 "기재Gewesenheit"라고 부른다. 또한 그가 세계 속에 빠져 살아가는 것은 그가 매일 현재적으로 살아가기 때문이다. 이러한 "지금"은 물리적인 시간의 흐름 속 지금이기도 하지만, 자신의 존재를 결단하는 현재일 수도 있다. 이러한 현재를 그는 "순간Augenblick"이라고 부른다. 또한 현존재는 자신만의 존재를 미래적으로 기투해 나가기도 한다. 이때 미래는 아직 오지 않은noch nicht 시간이 아니라, 결단을 통해 현재적으로 다가오는 미래를 뜻한다. 이러한 미래를 하이데거는 "도래Zukunft"라고 부른다.

이처럼 현존재의 던져져 있음, 빠져 있음, 던져 나감이란 존재 구조는 기재, 현재, 도래라는 시간성에 근거하고 있다. 그런데 이러한 현존재의 존재가 염려인 이유는 무엇인가?

모든 인간은 한 번 태어나고, 한 번 살아가고, 한 번 죽는다. 인간의 삶은 유한하고 유일회적이다. 탄생은 인간 삶의 시작점이고, 죽음은 종착점이다. 인간의 삶 양쪽 끝엔 탄생과 죽음이 놓여 있고, 그 "사이"에서 그는 살아간다. 그런데 탄생과 죽음은 내가 선택한 것이 아니다. 오히려 나는 태어나게 된 것이고, 죽게 되는 것이다. 반면 삶은 내가 선택할 수 있다. 그 삶은 "나의 삶"이다. 그런데 내가 선택한 것만이 나의 존재에 속한다면, 탄생과 죽음은 나의 존재가 아니어야 한다. 탄생도 나의 탄생이고, 죽음도 나의 죽음이다. 그렇다면 인간은 탄생과 죽음을 뺀 그 "사이"가 아니라, 탄생과 죽음도 포함하는 사이에서 살아가는 존재인 셈이다.

그러나 한 인간의 삶은 백지와 같은 상태에서 시작되는 것이 아니다. 오히려 그의 탄생 안에는 이미 수많은 잠재적 능력들dynamis이 주어져 있다. 이 능력들은 그가 선택한 것이 아니다. 이 능력들은 그의 탄생보다 앞선다. 이처럼 한 인간의 존재 안에는 이미 그의 부모, 부모의 부모 등 존재의 메아리가 담겨 있는 것이다. 이러한 존재의 메아리들 중 어떠한 것을 자신의 것으로 선택하느냐에 따라, 그는 비로소 그 자신이 되는 것이다. 이런 존재의 메아리를 하이데거는 현존재의 "근거"라고 부른다. 그런데 이 근거는 인간 현존재가 선택하거나 지배할 수 있는 것이 아니라 그에게 주어진 것이다. 이 근거들이 그를 구성하며 이 근거에 대하여 그는 무력하다. 이런 의미에서 하이데거는 "현존재는 자신의 힘으로 자신으로서 존재하는 것이 아니다"라고 말하는 것이다. 인간 현존재의 삶은 탄생과 더불어 시작하는 것처럼 보이지만, 탄생 안에는 과거(기재적) 존재의 메아리들이 이미 존재하는 것이다. 그러나 이 존재의 메아리들은 지나간 과거가 아니라 인간 현존재의 삶 전체에 걸쳐 현재까지 영향을 끼친다. 또 다른 끝인 죽음의 경우도 마찬가지이다. 죽음은 인간 현존재의 삶이 끝나는 지점이다. 죽음은 인간 현존재의 삶이 유한하다는 것을 알리는 조종의 울림이다. 그 울림은 아직 오지 않은 미래의 시점이 아니라, 어느 때라도 울려 온다. 이처럼 죽음을 지시하는 조종의 울림은 그의 삶 속으로 울려 퍼지지만, 그는 이것을 지배할 수 없다. 탄생 이전의 존재의 메아리같이 조종의 울림도 인간 현존재가 선택할 수 있는 것이 아니다. 오히려 알 수 없는 시점에 그에게 갑자기 덮쳐 오는 것이 조종의 울림이다. 인간 현존재는 탄생 이전의 존재의 메아리와 죽음으로부터 들려오는 조종의 메아리와 더불어 살아가는 것이며 그의 존재 안에는 항상 이러한 "무"의 메아리가 맴돌고 있는 것이다:

현사실적 현존재는 태어나서 실존하며, 또한 죽음을 향한 존재의 의미로 태어나면서 이미 죽고 있다. 그 두 '끝'과 그 '사이'는 현

존재가 현사실적으로 실존하는 한, 있다.(SZ., 374쪽)

이렇게 두 "끝"으로부터 들려오는 "무"의 메아리가 인간 현존재를 불안하게 하며 이런 의미에서 하이데거는 인간 현존재의 존재를 "염려"라고 규정하고 있는 것이다.(SZ., 285쪽)

(2) 근본 기분으로서 불안

기분은 '사람이 어떤 상태에 있으며, 어떤 상태로 되는가'를 드러낸다.(SZ., 134쪽) 기분은 인간이 사유나 반성을 통해 확인하는 것이 아니다. 오히려 그 이전에 인간을 덮쳐 온다. 이 기분은 인간의 내부에서 나오는 것이 아니다. 오히려 어떤 기분이 인간을 덮쳐 오면, 그때 비로소 그 기분이 인간의 내부에 자리 잡게 되는 것이다. 그런 의미에서 기분은 인간의 "내면적인 상태"(SZ., 137쪽)가 아니다. 또한 기분은 인간의 밖에서 오는 것도 아니다. 기분은 저 멀리 떨어져 있다가, 어느 날 갑자기 인간에게 들이닥치는 것 또한 아니다. 기분은 항상 인간의 존재와 연관되어 있다. 이와 같이 기분은 인간의 내면이 만들어 내는 것도 아니고 인간과 무관하게 밖에 존재하는 것도 아니다.

예를 들어 기쁨이나 슬픔과 같은 기분은 스스로 노력해서 얻을 수 있는 것이 아니다. 그렇다고 그 기분은 나와 무관하게 존재하는 것도 아니다. 오히려 내가 기쁘거나 슬퍼지는 것은 기쁘거나 슬픈 사건을 경험할 때이다. 그 사건은 나의 외부에서 벌어지는 것이다.

다만 나와 전적으로 무관하다면 그 사건은 나를 기쁘게 하거나 슬프게 하지 않는다.

결국 기분은 내가 관계를 맺고 있는 세계를 통해 밖으로부터 덮쳐 와서 나의 내면을 지배하는 것이다. 이런 의미에서 하이데거는 인간 현존재가 자신을 덮쳐 오는 기분에 젖어들고 빠져들게 되는 이유가 세계-내-존재이기 때문이라고 말하는 것이다.(SZ., 137쪽)

세계-내-존재로서 인간은 여러 기분에 사로잡힐 수 있다. 기쁨, 희망, 감격, 즐거움, 유쾌함 같은 기분이나 반대로 권태, 비애, 우울함, 절망과 같은 기분, 혹은 회색빛과 같은 빛바랜 무기분에 빠져들 수 있다. 어떤 기분은 잠시 우리를 휩쓸고 지나간 후 곧바로 잊혀지기도 하고, 어떤 기분은 꽤 오랫동안 우리를 지배하기도 한다. 어떤 기분은 몇몇 개인들에게, 어떤 기분은 좀 더 많은 인간에 의해 경험되기도 한다. 이렇게 다양한 기분들 중에서 하이데거가 관심을 갖는 기분은 인간 현존재로 하여금 존재자 전체와 그것의 무화 앞으로 끌어들이는 기분이다.[17] 하이데거는 이것을 근본 기분Grundstimmung이라고 규정한다. 근본 기분은 세계-내-존재로서 인간 현존재에게 예외없이 덮쳐올 수 있고, 인간 현존재와 세계 전체를 근본적으로 지배하고 흔들어 댈 수 있는 기분이다. 이러한 기분을 그는 "불안"이라고 부른다. 그렇다면 불안은 어떤 기분이고 인간 현존재와 어떻게 관계하는가?

[17] M. Heidegger, *Was ist Metaphysik?*, in: *Wegmarken*, 110쪽.

불안은 인간 현존재를 두렵게 하는 기분이다. 우리를 두렵게 하는 것은 많다. 거친 파도, 엄청난 위력의 번개, 폭풍, 한여름의 작열하는 더위나 한겨울의 추위, 한치 앞을 볼 수 없는 칠흑 같은 어둠은 우리를 두렵게 한다. 분노, 시기, 미움과 같이 우리 안에서 일어나는 편치 않은 감정들이 흉흉한 꿈마저 두렵게 한다.[18] 울타리에서 풀려난 맹수나 불의한 힘을 휘두르는 타자도 우리를 두렵게 한다. 이러한 것들 앞에서 우리는 겁먹고 경악과 전율을 느끼며, 당황하고, 절규하며 도망치려고 한다. 이때 우리를 두렵게 하는 대상이 무엇인지는 분명히 드러나 있다. 이처럼 특정한 "대상"에 대하여 느끼는 두려움을 하이데거는 "공포Furcht"라고 부른다.

다가오고 있는 태풍은 공포의 대상이다. 바람이 점차 거세어질수록 태풍이 가까이 오고 있으며, 태풍이 가까워질수록 피해도 커질 수 있다는 공포가 확산된다. 다행히 태풍의 경로가 바뀌어 다른 곳을 향하고 비바람도 잦아든다면 공포는 사라진다. 왜냐하면 공포의 대상이 사라졌기 때문이다. 이처럼 공포는 세계 내부적으로 만나는 존재자로부터 발생하는 것이다.(SZ., 185쪽)

그런데 우리가 공포를 느끼는 이유는 그것이 우리에게 유해하고, 위협을 가하며, 심지어 해칠 수 있기 때문이다. 공포에 사로잡힌 인간은 당황하고 심지어는 정신을 차리지 못하는 상태가 된다. 이때

---

[18] 이러한 것들은 모두 인간의 통제력을 넘어서는 우월한 힘이란 특징을 지닌다. 따라서 이러한 현상과 존재자들이 신화 속에서 "신"으로 묘사되고 있는 것은 우연이 아니다.

그는 스스로를 망각하고 자신이 무슨 일을 하는지 모르게 된다.(SZ., 342쪽) 그는 공포 속에서 자신을 상실하는 것이다.

반면에 불안은 공포와 달리, 아무런 대상을 갖지 않는다. 불안은 특정한 존재자로 인해 발생하는 것이 아니다. 그런데 대상이 없는데 불안하다는 것은 무슨 의미일까?

우리는 갑자기 불안에 빠지는 경우가 있다. 이때 우리는 질문하게 된다. 도대체 왜 나는 지금 불안해 하는 걸까? 나를 불안하게 하는 것은 무엇인가? 그런데 곰곰이 생각해 봐도 알 수 없는 경우가 있다. 분명한 것은 지금 나는 불안해 하고 있고, 불안 속에서 불편해 하고 있다. 그러다 깜빡 잠이 든다. 밝은 햇살에 잠이 깨고 주위를 둘러본다. 모든 것이 그대로 있다. 나는 편안함을 느낀다. 그러다 문득 질문하게 된다. 왜 그때 나는 불안해 했고, 나를 불안하게 한 것은 무엇이었을까? 그리고 결론을 내린다. 나를 불안하게 했던 것은 "아무것도 없었다"고.

이것은 하이데거의 주장을 따라 구성한 예이다. 하이데거에 의하면, 공포와 달리 불안의 대상은 세계 내부적인 존재자가 아니다. 불안의 대상은 비규정적이다. 따라서 그것이 무엇인지 알 수 없다. 또한 불안이 어디에 있는지도 알 수 없다. 우리를 숨막히게 할 정도로 불안이 가까이 와 있지만, 우리는 그것이 어디에 있는지 발견할 수 없다. 이런 의미에서 하이데거는, 우리를 불안하게 하는 것은 "아무것도 아니며 아무 곳에도 없다"(SZ., 186쪽)라고 말하는 것이다. 그리고 불안이 지나갔을 때 우리는 "그것은 본래 아무것도 아니었어"라고 말한다. 대상은 "무"였고 인간 현존재는 불안 속에서 무를 경험한 것이다. 그런데 무를 경험한다는 것은 무슨 뜻인가?

불안은 인간 현존재를 섬뜩하게 만든다. 익숙했던 것들이 갑자기 낯설어지고, 인간 현존재로부터 미끄러져 사라진다. 물론 지금 인간 현존재가 보고 있는 것들, 예를 들어 책상이나 필기도구, 의자 등은 그대로 눈앞에 존재한다. 그러나 섬뜩함 속에서 그것들이 지녔던 의미는 사라진다. 이런 상태를 하이데거는, "불안 속에서 세계 내부적인 존재자 전체가 가라앉아 버린다"라고 표현한다.(SZ., 187쪽)

불안은 일상성 속에서 살아가는 인간 현존재가 느끼는 확실성과 친숙함도 파괴해 버린다. 이와 같이 불안은 존재자 전체와 인간 현존재 모두를 무의미 속으로 미끄러져 사라지게 한다:

불안이 존재자 전체를 미끄러져 빠져나가게 하기 때문에, 불안
이 우리를 공중에 떠 있게 한다.(Weg., 111쪽)

불안은 익숙했던 세계의 의미 연관성을 거부하고 부정하는 특징을 지닌다. 이렇게 존재자 전체를 거부하고 사라지게 하는 것을 하이데거는 "무화Nichtung"라 부른다. 불안이 무를 드러내고, 무는 존재자 전체를 무화시키는 것이다.

무화 작용을 통해 불안은 일상적 현존재로 하여금 자신의 본래적인 존재를 향하게 하고, 세계 자체의 모습으로서 보게 한다. 여기에 불안과 무화의 긍정적인 작용이 있다. 왜냐하면 "불안이라는 무의

밝은 밤"(『형이상학』, 89)은, 그때까지 숨겨져 있던 본래적인 존재의 모습을 드러내기 때문이다. 이런 의미에서 하이데거는 불안을 "근본 기분", 즉 감춰지고 망각된 본래적인 존재를 드러내는 기분으로 파악하고 있는 것이다. 이러한 불안과 무를 통해 현존재는 일상적 자신으로부터 본래적인 자신으로 "초월"할 수 있는 가능성을 갖게 된다. 이런 의미에서 불안과 무는 인간 현존재가 자신을 찾기 위해 반드시 겪어야 할 경험이라고 볼 수 있다. 그러나 여기에 문제가 있다. 왜냐하면 인간 현존재가 불안을 경험하는 일은 드물기 때문이다. 만약 불안의 경험이 흔치 않은 현상이라고 한다면, 인간 현존재가 자신의 본래적인 존재를 찾는 일은 더욱 쉽지 않아 보이기 때문이다. 그렇다면 불안은 언제 현존재에게 덮쳐 오는 것인가?

일상적 현존재는 불안에 휩싸이지 않은 채 살아간다. 이때 모든 존재자들은 그에게 익숙하고 선명하며 이해 가능한 것으로 여겨지지만, 이 상태에서 그는 편안하게 지낸다. 그러나 이때 현존재는 자신의 비본래적인 존재로 살아가고 있는 것이며, 그가 파악하고 있는 존재자들 역시 그 존재자들 자체가 아니라 기존의 가치와 의미에 의해 덧칠되어 있는 것이다. 따라서 현존재와 존재자 전체의 본래적인 존재와 만나려면 인간 현존재는 필연적으로 불안을 경험해야 한다. 그러나 일상적 삶에서 그는 불안을 별로 경험하지 못한다. 그렇다면 불안은 가끔씩 일어나는 기분인가? 그렇지 않다.

키르케고르는 『죽음에 이르는 병』은 인간의 죄를 설명하기 위해 기차를 예로 들고 있다. 하이데거가 말하는 불안은 키르케고르의 죄와 전혀 다른 의미를 지니지만, 그 예는 불안을 해명하는 데 적용할 수 있다. 키르케고르에 의하면, 증기기관차는 달리면서 연기를 뿜어낸다. 그런데 기차는 연기를 뿜어낼 때에만 달리는 것은 아니다. 오히려 기차는 항상 달리고 있으며, 그 결과 가끔씩 연기가 뿜어져 나오는 것이다. 이때 연기는 기차가 달린다는 것에 대한 결과이고 증거일 뿐, 기차가 달리기 위한 원인이나 조건이 아닌 것이다. 마찬가지로 하이데거가 말하는 불안도 인간 현존재 안에 항상 잠복되어 있다. 단지 일상의 삶 속에서 현존재는 불안을 느끼지 못할 뿐이다. 그러다 가끔 불안에 휩싸였을 때, 그는 불안을 경험하게 된다. 그러나 불안은 이때에만 존재하는 것이 아니다. 오히려 인간 현존재가 불안을 경험할 수 있는 이유는, 그 안에 항상 불안이 도사리고 있기 때문이다. 그렇다면 불안은 왜 드물게 경험되는 것일까?

하이데거는 불안은 인간 현존재 안에서 언제든지 일어날 수 있으며 특별한 자극 없이도 사소한 동기에 의해 깨어날 수 있다고 한다. 그런데 인간 현존재가 단지 불안을 드물게 경험하는 이유는, 일상성 속에서 항상 "존재자"에 몰입해 있기 때문이다. 그는 다양한 존재자 속에서 불안을 잊으려 하며 불안을 잊기 위해 더 존재자에 몰두한다. 눈에 잘 보이는 존재자에 몰입하면 할수록, 그는 "무"로부터 멀어지고 무를 망각하게 된다. 그는 무를 잊으면서 "무"가 수반하는 불안도 잊게 된다. 그러나 불안은 억압되어 잠들어 있을 뿐 이때도 불안은 존재하는 것이다. 그렇다면 이렇게 잠들어 있는 불안은 언제 일깨워질 수 있는가?

인간 현존재는 자신의 의지와 결심에 의해 불안을 일깨울 수 없다. 단지 불안이 먼저 찾아올 때 불안을 경험할 수 있는 것이다. 그렇다면 불안은 언제 인간 현존재에게 찾아오는가?

그것은 일상성 속에서 자신을 망각한 채 살아가는 현존재가 자신이 "죽음에의 존재"라는 사실을 확인할 때이다.

(3) "죽음에의 존재"

인간 현존재는 유한하다. 그는 언젠가 죽는다. 그에게 죽음은 알 수 없는 것이다. 삶과 달리 인간 현존재는 죽음 자체를 경험할 수 없다. 알 수 없고 경험할 수 없는 것이기에 죽음은 하나의 신비이다. 그중에서도 두려운 신비이다.

현대사회에서 병원 응급실에 가 보면, 하루에도 수많은 사람들이 죽어 가는 것을 볼 수 있다. 삶과 죽음은 찰나이다. 바로 직전까지 살아 있던 사람이 죽은 자가 된다. 이제 그는 죽은 자로 분류된다. 삶과 죽음의 차이는 지하 통로로 연결되어 있는 응급실과 영안실의 거리만큼이나 가깝다. 그러나 삶과 죽음을 가르는 찰나적 시간은 되돌릴 수 없고, 응급실에서 영안실로 향했던 방향도 마찬가지다. 이러한 죽음의 길로부터 누구도 피할 수 없다. 그러나 죽음의 방식은 다양하게 구분될 수 있다.

생명이 쇠잔하게 꺼져 가면서 맞게 되는 자연스러운 죽음이 있다. 대부분의 경우 살 만큼 산 노인의 죽음이 여기에 속한다. 어린 나이에 요절하는 안타까운 죽음도 있다. 질병에 의한 고통스러운 죽음도 있고, 전쟁이나 살인, 처형, 학살에 의해 이루어지는 잔인하고 무자비한 죽음도 있다. 모든 사람이 죽는다는 것은 진리이지만, 왜 이들이 이렇게 안타까운 죽음을 겪어야 하는지는 또 다른 문제이다. 왜냐하면 이러한 죽음은 모든 사람에게 찾아오는 자연스러운 죽음이 아니기 때문이다.

그럼에도 불구하고 모든 죽음은 정도의 차이를 무시한다면 불가해한 사건이며 모든 인간을 압도하는 절대적인 위력이라고 볼 수 있다. 죽음 앞에서는 권력자도, 영웅도, 소시민도, 거지도, 용감한 자도, 비겁한 자도, 의인도 악당도 없다. 사르트르의 표현대로 죽음 앞에서 모든 인간은 영원한 패배자이다.

삶과 죽음은 비록 한순간에 벌어지는 사건이지만 그 차이는 절대적이다. 에피쿠로스는 "살아 있는 동안 나는 죽지 않았고, 죽었을 때 나는 살아 있지 않았다"고 말하고 있다. 그의 의도는 살아 있는 동안 죽음에 대하여 두려워하는 대신 삶에 충실하고 삶을 즐기라는 데 있다. 물론 에피쿠로스의 의도와는 다르지만 사르트르나 레비나스도 삶과 죽음을 서로 분리된 두 사건으로 보고 있다.

반면 하이데거의 입장은 이와 다르다. 그는 죽음이 종말이라는 해석에 대하여, 종말이 무슨 의미인지를 질문한다. 예를 들어서 과일의 종말은 잘 익은 상태를 뜻한다. 그전에 과일은 설익은 상태였다. 설익었다는 것은 "아직-익지 않은" 상태를 뜻한다. 과일이 충분히 익었을 때 그것은 더 이상 "아직-아님"이란 특징을 갖지 않는다. 이 예에 따르면 삶은 "아직-죽지 않았음"이고 죽음과 동시에 "아직"

이란 표현은 사라지게 된다. 왜냐하면 죽음은 종말이기 때문이다.

그러나 하이데거는 "과일의 설익음(아직-아님)과 충분히 익음이 서로 분리된 상태인가?" "과일이 익어가는 과정엔 설익음뿐 아니라 충분히 익음도 포함되어 있는 것이 아닌가?"라고 반문한다.

하이데거의 질문처럼 우리는 덜 익은 사과를 먹으면서 "아직은 떫지만 벌써 사과 맛이 들었네"라고 말하기도 한다. 물론 우리는 설익은 과일을 먹지 않는다. 그렇다면 과일의 종말은 잘 익은 상태라는 것은 정당해 보인다. 이런 식으로 본다면 과일은 종말에 가야 충분히 잘 익은 상태가 되는 것이 분명하다. 그러나 인간의 경우도 이와 같은가? 오히려 종말에 가서 완전히 익는 과일과 달리 인간은 삶의 종말에 이르러 비로소 익는 것은 아니다. 인간 현존재는 대부분의 경우 설익은 상태로 살아가지만 잘 익은 상태를 추구하면서 살아가기도 한다. 이때 그의 설익은 삶 속에는 이미 잘 익은 삶의 모습이 들어와 있는 셈이다.(SZ., 243쪽) 그런데 죽음이 '완성된 종말'은 아니라고 해도 죽음은 결국 삶이 중단되는 것 아닌가?

이에 대하여 하이데거는 "비가 그치다", "길이 중단되다"라는 예를 통해 중단이라는 의미가 무엇인지 묻는다. 비가 그치는 것과 마찬가지로 죽음은 삶이 그치는(중단되는) 것인가? 비가 내리는 것과 그치는 것은 서로 다른 현상이지만 인간의 경우 살아가는 것과 삶이 그치는 것은 무관한 사건이 아니다.(SZ., 244쪽) 왜냐하면 인간은 살아가면서 죽음을 떠올리고, 심지어 죽음의 흔적을 느끼기 때문이다. 이런 의미에서 하이데거는 "인간은 태어나자마자 이미 죽기에 충분히 늙어 있다"고 말한다. 즉 인간은 살아 있는 동안에 이미 죽음(삶의 그침)을 향하고 있으며, 삶 속에 죽음이 들어와 있고, 죽음은 삶과 어떠한 식으로든 연결되어 있다는 것이다. 에피쿠로스의 주장과 달리 하이데거에 의하면 살아 있을 때 인간 현존재는 이미 죽음을 향하는 존재, 즉 "죽음에의 존재Sein zum Tode"이며 죽음은 삶의 존재 가능성 중 하나이다. 그런데 위에서 우리는 죽음은 알 수 없는 것, 경험할 수 없는 수수께끼 같은 것이라고 말했다. 반면에 하이데거의 주장처럼 삶이 이미 죽음에의 존재라고 한다면 우리는 죽음에 대하여 어느 정도 알고 있고 경험할 수 있어야 하는 것 아닌가?

우리는 죽음 자체가 무엇인지 알 수 없지만 타자의 죽음을 통해 간접적으로 죽음에 대하여 알 수 있다. 심장박동이 불규칙해지고 호흡이 약해지면서 결국 멈춰 버리는 과정과 그동안 타자가 얼마나 고통스러워하고 죽음과 단말마의 사투를 벌이며 결국엔 죽음에 의해 삼켜 버려지는지 그 모든 과정을 외부적으로 확인할 수 있다. 그리고 죽음 이후 움직일 수 없게 된 타자의 주검을 황망한 마음으로 돌아보고 그에 대한 애도를 표할 수 있다. 애도에는 죽은 타자에 대한 회상과 감사, 안타까움, 그리움 등이 섞여 있다. 혹은 죽어 가는 타자가 표현하는 고통스러운 표정을 보면서, 마치 자기 자신이 지금 겪고 있는 것처럼 감정이입을 통해 죽음에 대하여 이해하려고 하기도 한다. 그리고 타자가 매장되는 것을 보면서, 비록 그는 더 이상 살아 있지 않지만 살아 있는 자들의 기억 속에 함께 존재할 것이라고 생각한다. 죽은 자는 현사실적으로 더 이상 존재하지 않지만 또 다른 방식으로 산 자와 함께 존재한다고 생각하는 것이다. 이런 의미에서 그는 죽었지만, 죽지 않은 것이다.

그럼에도 불구하고 타자의 죽음은 살아남은 자들에게 커다란 상실감을 남겨 준다. 그러나 그들이 느끼는 상실감은 죽은 자 자신에 비할 수는 없다. 왜냐하면 산 자는 상실감 속에서도 살아 있지만, 고인은 죽었기 때문이다.

이런 점에 있어 타자의 죽음을 외부적으로 확인하는 것은 죽음 자체에 대한 이해에 미치지 못한다. 왜냐하면 타자의 죽음을 보면서도, 그때 타자 자신이 어떻게 죽어 가는지 알 수 없다. 누구도 그의 죽음을 대신할 수 없다. 죽음은 대리 불가능한 사건이다. 누군가가 타자를 위해 희생하고 대신 죽는 경우가 있다고 하더라도, 그는 타자의 죽음 자체를 대신할 수는 없다.(SZ., 240쪽) 이런 의미에서 하이데거는 "어느 누구도 타자에게서 그의 죽음을 빼앗을 수 없다"라고 말한 후, 모든 인간 현존재는 "각기 죽음을 그때마다 스스로 받아들여야 하며", "죽음은, 그것이 '있는' 한, 본질적으로 각기 그때마다 나의 죽음이다"(SZ., 240쪽)라고 말하는 것이다. 그러나 '나의 죽음'도 두 가지 방식으로 이해될 수 있다.

죽음은 모든 인간이 피할 수 없는 두려운 사건이지만 죽음에 대한 두려움에 사로잡힌 채 매일 살아갈 수는 없다. 따라서 일상인들은 죽음을 피하거나 잊어버리는 방식으로 살아간다. 일상인들은 "나만의 죽음"을 "모든 사람들은 죽는다"라는 식으로 평준화시킨다. 내가 죽는다는 것은 두려운 사실이지만, 그것은 나에게만 특별히 해당되는 것이 아니다. 일상인들은 자신만의 죽음을 '모든 사람들이 죽는다는 사실' 뒤로 숨겨 버리고, 그 사실로부터 위로를 얻는다. 그리고 나도 언젠가는 죽겠지만 지금 나는 건강하며 죽음은 아직 저 멀리 있다고 생각한다. 죽음은 언제라도 가능한 사건이지만, 적어도 지금은 아니라는 것이다. 이렇게 죽음의 시기를 비규정적으로 연기시킴으로써, 죽음은 아직 가까이 있지 않고 따라서 위협적인 것이 아니라고 여긴다. 그리고 일상인들은 서로에게 '당신은 아직 죽지 않을 거야'라고 말하며 안심시킨다. 이런 식으로 그들은 죽음의 두려움을 잊기 위해 서로에게 안정감을 제공해 준다. 이와 같이 일상인들은 자신의 고유한 죽음을 직시하지 않고 죽음으로부터 피하면서 살아간다.(SZ., 253쪽) 이러한 죽음을 하이데거는 "비본래적 죽음"이라고 부른다.(SZ., 259쪽)

반면 "나만의 죽음"이 피할 수 없는 사실이라면, 인간 현존재는 죽음을 직시하고 마주할 필요가 있다. '모든 사람은 죽는다'라는 사실은 나에게 아무런 위로가 되지 않는다. 왜냐하면 나는 나 자신의 죽음에 대하여 다른 사람들의 죽음과 같이 무심할 수 없기 때문이다. 그것은 나 홀로 감당해야 하는 일이다. 나는 다른 사람들의 죽음 뒤로 숨을 수 없으며, 그들의 죽음은 나의 죽음에 대하여 아무런 위로가 되지 않는다. 또한 '모든 사람이 죽고 나도 죽을 것이며 그 죽음은 언제라도 오겠지만 아직은 아니다'라는 주장도 확실한 것은 아니다. '죽음은 언제라도 가능하지만 지금은 아니다'라는 표현 안에는 '죽음은 언제라도 가능하며 지금도 가능하다'란 의미가 포함되어 있기 때문이다. 죽음의 시기가 비규정적이란 사실은 '지금'이라는 시간을 제외시키지 않는다. 따라서 '아직 당신은 죽지 않을 거야'라는 위로는 단지 인간 현존재로 하여금 일시적으로 죽음의 두려움으로부터 도피하도록 하는 구실에 지나지 않는다. 반면에 하이데거에 의하면 인간 현존재는 자기 자신의 죽음을 직시해야 한다. 그렇다면 "나의 죽음"은 어떠한 것인가?

하이데거는 "죽음"이란 단어를 이중적인 의미로 사용하고 있다. 그가 타인의 죽음에 대해서 말할 때 "죽음"은 신체의 죽음이라는 생물학적 사건을 뜻한다. 우리는 타자의 생물학적 죽음에 대해서 알 수 있다. 그러나 나의 생물학적 죽음에 대해서는 그렇지 못하다.

그러나 나는 내가 유한하고 죽을 존재라는 것을 미리 앞질러 사유해 볼 수 있고 '죽음을 미리 사유하는 나' 자신에 대하여 알 수 있다.

이처럼 하이데거는 죽음을 한편으로는 생물학적인 사건으로, 다른 한편으로는 인간 현존재의 극단적인 존재 가능성으로 이해하고 있다. 따라서 '인간 현존재는 자신의 죽음을 미리 앞서서 선취적으로 자신의 존재 가능성으로 받아들여야 한다', 혹은 인간 현존재는 "죽음에의 존재다"라고 하이데거가 주장할 때 그가 말하는 "죽음"은 생물학적 죽음을 뜻하는 것이 아니다. 따라서 인간 현존재는 자기의 고유하고 본래적인 죽음을 선취적으로 결단해야 한다는 하이데거의 주장은 마치 나치 정권을 위해 자신의 목숨을 초개같이 버리라는 식으로 죽음을 선동하거나 미화하고 있는 것이 아니다. 오히려 그가 강조하려는 것은 어차피 인간은 죽을 수밖에 없는 존재이고 인간의 삶이 반복될 수 없는 유일회적인 삶이라면 그는 자신의 삶을 좀 더 진지하고 후회 없이 살아야 한다는 것이다. 그런데 이러한 삶을 가능하게 하는 것은 인간 현존재가 자신의 죽음을 미리 앞당겨 사유할 때이다. 왜냐하면 죽음에 대한 앞선 사유는 인간 현존재로 하여금 자신이 선택할 수 있는 가장 소중한 삶을 살도록 하기 때문이다. 따라서 "죽음에의 존재", "죽음을 향해 자유로운 존재"라는 표현은 죽음이 아니라 삶을 향하고 있는 것이다. 이런 의미에서 하이데거는 "죽음은 삶의 한 현상이다"(SZ., 246쪽)라고 말하며, 죽음에 대한 분석은 '죽음이라는 현상이 어떻게 현존재의 존재 가능성이 되는가'를 보여 주기 위한 시도라는 점을 분명히 밝히고 있다.[19]

그런데 죽음을 미리 앞질러 선취적으로 받아들일 때 인간 현존재가 알 수 있는 것은 죽음 앞에서 자신은 전적으로 혼자라는 점이다. 주변의 존재자들에 몰두하고 있던 일상적 현존재는 자신이 죽음에의 존재라는 것을 받아들일 때 자신의 본래적이고 고유한 존재 앞에 서게 된다:

죽음은 현존재의 가장 고유한 가능성이다.(SZ., 263쪽)

이때 인간 현존재는 죽음 앞에 선 단독자로 개별화된다. 죽음 앞

---

[19] 이런 점을 하이데거는, "죽음은 존재론적 관점에서 염려에 근거한다"(SZ., 251쪽)고 표현한다.

에서 현존재는 다른 어떤 것의 도움도 받을 수 없다. 죽음은 현존재 자신의 죽음이며, 이런 점에 있어 그의 죽음은 "무연관적"이다. 그럼에도 자신이 죽을 존재라는 것은 "확실한 사실"이다. 물론 그 확실성이 "죽음의 언제"를 규정하지는 않는다. 죽음은 항상 비규정적으로 남는다. 그렇다고 그 죽음을 피하거나 건너뛸 수도 없다. 남은 일은 자신의 죽음을 향해 자신을 자유롭게 내주는 일, 즉 자신의 존재 가능성으로 받아들이는 일이다.

이와 같이 죽음을 자신의 존재 가능성으로, 선취적으로 받아들일 때 "현존재의 종말로서의 죽음은 현존재의 가장 고유하고 무연관적이고 확실하며 그리고 그 자체로서 무규정적이고 건너뛸 수 없는 가능성"(SZ., 258쪽)으로 드러나게 된다. 그리고 죽음을 자신의 극단적인 존재 가능성으로 받아들임으로써, 인간 현존재는 자신의 "본래적인 존재"와 "전체적 존재 가능성"(SZ., 264쪽)에 도달하게 된다. 이런 의미에서 하이데거는, "죽음은 현존재의 단적인 불가능성의 가능성"이라고 말하고 있는 것이다.(SZ., 250쪽)

이러한 죽음은 인간 현존재가 일상성 속에서 비본래적인 삶을 살고 있었다는 것을 드러내고 익명의 인간으로부터 자신만의 고유하고 본래적인 존재를 찾을 수 있게 한다:

> 미리 달려가 보는 것은 현존재가 '그들-자신'에 상실되어 있었
> 다는 사실을 드러내 보이며, 현존재를 … 그 자신의 가능성 앞으로
> 데려온다. 이때의 '자기-자신'은 '그들'의 환상으로부터 해방된 …

죽음을 향한 자유 속에 있는 자신이다.(SZ., 266쪽)

그런데 현존재로 하여금 일상적인 비본래성으로부터 자신의 고유하고 본래적인 존재로 돌아서게 하는 것은 "죽음에의 존재"를 결단할 때 들려오는 음성이다. 이 음성을 하이데거는 "양심의 소리"라고 부른다.

(4) 양심의 소리

유사 이래 인간은 크고 작은 공동체를 이루며 살아왔다. 그런데 인간은 서로 다르게 생각할 수 있고, 종종 옳지 않은 판단을 하기도 한다. 인간은 본질적으로 오류에 빠질 수 있는 존재이기 때문이다. 그런데 생각의 오류가 행동으로 이어지면 그것은 타인에게 해를 끼치는 실제적 사건으로 나타나며, 공동체는 갈등과 불화에 휩싸이게 된다. 이때 공동체의 안정과 질서를 위해 여러 가지 법칙들이 선택되고, 그 법칙들은 구성원들에 대하여 강제적인 힘을 갖게 된다. 이것들은 초월적인 신의 명령, 공동체의 객관적인 법이나 구성원 상호간의 윤리적 가치로 나타난다. 그리고 이러한 법칙(이념)들이 인간의 내면 안으로 스며들었을 때, 그것들은 양심이라는 형태로 나타나게 되며, 역사의 흐름을 통해 구성원 전체에게 전승되었을 때, 양심은 인간 누구에게나 "보편적인" 현상인 것처럼 받아들여지게 된다. 이것을 하이데거는 "공공의 양심oeffentliches Gewissen"이라고 부른다.

공공의 양심은 개인이 느끼는 주관적인 현상이 아니라 공동체 구성원 전체에게 보편적으로 작용하는 양심이라고 규정되어 왔다. 그러나 공공의 양심이 보편적이기 때문에 반드시 정당한 것은 아니다. 왜냐하면 어떠한 현상이 진실이 아니라고 하더라도 오랜 시간 동안 반복적으로 전승되고 강요될 때 사람들은 그것을 진실이라고 믿기 때문이다. 마찬가지로 공공의 양심이 보편적으로 여겨지는 것은 그것이 오랫동안 지속적으로 전승되었기 때문이다. 그러나 중요한 것은 무엇이, 어떤 내용이 전승되었는가 하는 점에 있다.

하이데거에 의하면, 대부분의 경우 인간 현존재는 일상적인 삶 속에서 무비판적으로 살아간다. 일상인들은 그들에게 전승된 가치들에 따라 살아간다. 그런데 일상적 가치들을 어겼을 때 그들은 양심의 가책을 느끼게 된다. 이런 의미에서 공공의 양심은 비판적인 기능을 갖는다. 그러나 공공의 양심은, 일상적 삶이 제시하고 요구하는 가치들 자체가 옳은지, 그른지, 선한지, 악한지 질문하기보다는, 그러한 가치들을 어겼다는 사실 자체에 대하여 비판적인 기능을 할 뿐이다. 그런데 일상적 가치들이 권력에 의해 기획되고 만들어지고 유포된 것이라면?

여기에 대해 일상적인 '공공의 양심'은 아무런 질문을 던지지 않는다. 이것은 양심이 인간에게 주어진 신적인 능력이라고 주장할 때도 마찬가지다. 인간 안에 들어있는 신적인 씨앗으로서 양심은 선험적이고 보편적이라고 주장하지만, 이 경우에도 신적 양심은 신의 법칙 자체에 대해 질문하지 않고, 단지 신의 명령을 어겼는지에 대하여 비판할 뿐이다.

이와 달리 하이데거가 주장하는 양심은 신적인 명령이나, 일상적인 사회적 가치들을 어겼을 때 가책을 느끼게 하는 공공의 양심과는 전혀 다르다. 오히려 하이데거가 주장하는 양심은 일상성 속에서 자신의 본래적인 존재를 망각한 채 살아가는 일상인에게 과연 그들은 그들 자신의 존재로 살아가고 있는지 질문하고 일깨우는 능력을 뜻한다. 그러나 이때 양심의 소리는 인간 현존재 외부에서 오는 소리가 아니라, 그 자신으로부터 울려 나오는 소리이다. 그렇다면 이것이 어떻게 가능할까?

인간 현존재는 대부분의 경우, 일상적 삶 속에서 자신을 망각한 채 익명의 인간으로 살아가지만, 이 모습이 그의 존재 전체를 뜻하는 것은 아니다. 그는 자신의 현재적인 모습보다 더 많은 존재 가능성을 지니고 있다. 그에게 주어져 있는 존재 가능성은 잠재적으로 머물러 있지만, 언제라도 그에 의해 실현될 수 있다. 다만 일상적인 삶 속에서 잊혀져 있을 뿐이다. 이렇게 잊혀진 채 잠재되어 있는 존재 가능성을 하이데거는 "무"와 같은 "근거"라고 부른다. (SZ., 284-285쪽)

그러나 일상인은 이러한 존재 가능성에 대하여 무관심하다. 이런 점에 있어 일상인은 자신이 "아닌" 채 살아가고 있는 셈이다. 그런데 일상적 존재가 자신의 본래적인 존재가 아니라는 점은, "무"를 경험할 때 알게 된다. 이렇게 망각되고 은폐된 자신의 본래적인 존재를 찾기 위해 무근거가 내는 소리가 양심의 소리이다.

양심의 소리가 가능한 것은, 인간 현존재가 던져진 존재일 뿐 아니라 던져 나가는 존재로서 죽음에의 존재이기 때문이다. 그가 죽음을 선취적으로 결단할 때, 죽음의 "무"는 그에게 무엇이 자신의 본래적인 존재인지 알려 준다. 이렇게 인간 현존재의 존재 안에 들어 있는 "무"가 현존재 안에서 꿈틀거릴 때 나타나는 현상이 바로 양심의 소리인 것이다.

하이데거에 의하면, 일상적 현존재에게 말을 건네는 양심의 소리는 염려의 소리이며(381), 인간 현존재가 잊고 있던 그의 본래적인 존재의 소리, 일상성에 빠져 있는 '익명의 나'에게 나의 본래적인 존재가 들려주는 소리인 것이다. 따라서 양심에 의해 불려지는 자도 나 자신이며(일상인으로서 나), 부르는 자도 나 자신(근거로서 나)인 셈이다.[20] 즉 양심의 소리를 통해 나는 자신을 부르는 것이고, 나는 자신에 의해 불려지는 것이다:

현존재가 양심 속에서 자기 자신을 부른다.(SZ., 275쪽)

[20] '인간 현존재가 망각하고 있는 또 다른 자기 자신의 존재'라는 하이데거의 표현을 이해하기 어렵다면, 프로이트가 주장하는 무의식을 떠올리면 좋을 듯하다. 물론 하이데거가 말하는 "근거로서의 존재"는 무의식도 리비도도 아니다. 그럼에도 인간이 무의식과 의식으로 구성되어 있다는 프로이트 주장을 받아들일 수 있다면, 우리는 인간 현존재가 일상적 존재와 그것에 의해 잊혀진 본래적 존재로 구성되어 있다는 것도 이해할 수 있을 것이다. 흥미로운 점은 이러한 존재를 하이데거는 그것(es)이라고 부르고 있다는 것이다. Es는 라틴어로 Id이다. 즉 잊혀진 무의식적 리비도를 프로이트는 Id라 부르고 있고, 하이데거는 잊혀진 본래적 존재를 Id라고 부르고 있지만, 그들은 모두 인간의 존재가 홑겹이 아니라, 다양한 구조를 가진다고 주장하고 있는 것이다.

그러나 양심의 부름은 인간 현존재가 이성이나 의지를 통해 의도적으로 계획하거나 준비할 수 있는 것이 아니다. 오히려 양심의 소리는 인간 현존재가 자신이 "죽음에의 존재"라는 것을 받아들이는 순간 불안 속에서 들려오기 시작한다. 이러한 불안 속에서 들려오는 양심의 소리를 통해 기존에 익숙했던 모든 가치와 의미들이 무화되고, 일상에 빠져 있던 인간 현존재는 자기 자신의 본래적 존재를 확인하게 되며, 다른 모든 존재자들을 존재자 본연의 모습으로 볼 수 있게 된다.

이런 하이데거의 주장은 어려운 것이 아니다. 우리는 일상적 삶속에서 자신의 고유한 존재로 살아가지 않는다. 그런데 일상적 모습보다 우리 안에 더 많은 존재 가능성이 있다는 것은 사실이다. 지금의 나는 나의 전부가 아니다. 나는 전혀 다른 삶을 선택할 수도 있으며, 지금과 다른 모습으로 살아갈 수도 있다. 그것은 불가능한 일이 아니다. 단지 편안하고 익숙한 일상에 머물러 그러한 선택을 주저하고 두려워할 뿐이다. 그럼에도 불구하고 우리는 문득 내면 깊은 곳으로부터 "이렇게 사는 삶이 옳은가? 이렇게 사는 내가 진정한 나인가?"라는 소리가 들려오는 것을 경험할 수 있다. 이러한 상태를 하이데거는, 인간 현존재의 본래적인 존재가 일상적 현존재에게 양심의 소리를 통해 말을 건넨다고 표현하고 있는 것이다. 이때 나의 존재가 나를 부르지만 그 존재는 일상적인 나를 넘어서 있다. 따라서 하이데거는 양심의 소리는 "나로부터, 나를 넘어서 온다"고 표현하는 것이다.(SZ., 275쪽)

그렇다고 양심의 소리는 특정한 내용을 갖지 않는다. 그것은 윤리적인 선한 내용을 강요하는 소리가 아니다. 오히려 양심의 소리는 무언의 소리로서(SZ., 273쪽) 아무 내용도 전달하지 않는다. 양심의 소리는 인간 현존재를 섬뜩함 속으로 몰아넣는 "낯선 소리"일 뿐이며, 이 낯선 소리, 혹은 낯섦 자체가 기존의 의미들을 무화시키는 것이다. 그리고 이때 인간 현존재는 자기 자신을 포함해 모든 존재자들을 있는 그대로의 모습으로 받아들이게 되는 것이다.

　결론적으로 하이데거에 의하면 양심의 소리는, 인간 현존재의 본래적인 존재를 일깨우는 소리이다. 이것은 우리가 의도적으로 들을 수 있는 것이 아니라 어느 순간 갑자기 우리에게 들려오는 소리이다. 그것은 무언의 소리, 무의 소리이다. 그것은 섬뜩한 소리이다. 따라서 일상인들은 그 소리가 들려오는 것을 불편하게 여긴다. 그들은 시끄러운 소음 속에서 양심의 소리를 피하려고 한다. 인간 현존재가 자신의 본래적인 존재로 살아가는 경우가 드문 것은 이런 이유 때문이다. 반면에 자기 자신의 고유한 존재로 살아가려면 인간 현존재는 양심의 소리를 들어야 한다. 즉 그는 양심의 소리를 "원해야 한다". 이렇게 양심의 소리를 원하고 선택하는 것을 하이데거는 "결단성"이라고 부른다. 양심의 소리를 결단할 때 그는 비로소 자신의 가장 고유한 실존 가능성을 선택하는 것이다.(SZ., 288쪽) "그는 그 자신을 선택하고 그 자신으로 존재하기 시작하는 것이다. 이런 의미에서 하이데거는 '결단성'이야말로 '실존론적으로 근원적인 진리'"(SZ., 296쪽)라고 말하고 있는 것이다.

이와 같이 인간 현존재는 죽음에의 존재, 불안, 염려의 소리인 양심의 소리, 양심의 소리는 결단을 통해 자기 자신의 본래적인 존재, 즉 자신의 진리에 도달할 수 있는 것이다. 이런 점에 있어 하이데거의 실존론적 진리는 '주체 중심적 진리'라고 볼 수도 있다. 그러나 엄밀히 말하면, 인간 현존재의 본래적인 존재는 주체가 아니라, 주체에 의해 은폐된 존재이다. 따라서 하이데거의 철학은 기존의 형이상학이 주장해 온 "주체 중심적인 철학"과는 구분되어야 한다. 이런 점은 하이데거가 결단성이라는 실존론적 진리를 말하면서 공동 현존재(타자)에 대하여 언급하는 데서도 확인할 수 있다. 즉 결단성은 인간 현존재가 자기 자신을 선택하는 것이지만 자기 자신을 선택한 인간 현존재는 타자로 하여금 타자 자신의 고유한 존재로 살아가도록 일깨우는 것이다. 따라서 하이데거는 "결단한 현존재는 타인의 양심이 될 수 있다"(SZ., 298쪽)고 강조하는 것이다.

2) 레비나스: "타자"를 통해 "나"를 찾아가기

(1) 타자를 향해 떠나는 나

하이데거에 의하면, 인간 현존재는 일상성 속에서 망각한 자신의 본래적인 존재를 찾아야 한다. 이러한 주장은 레비나스에 의해 주체 중심주의라고 오해받기도 한다. 그러나 그가 주장하는 것이 인간 현존재 자신의 "본래적인 존재"라는 점에서, 그의 철학은 '건강한 주체 중심주의'라고 평가할 수 있다.

모든 인간에게 중요한 것은 당연히 자기 자신의 존재이다. 누구도 나 자신의 삶과 존재를 대신할 수 없으며 나의 존재는 우주보다 중요하다. 이와 같이 모든 생명체는 자신의 생명을 추구하며 자신을 중심으로 세계와 타자를 본다. 그것은 이타주의자의 경우에도 해당된다.

그가 타자를 사랑하는 것은 만약 그 사랑이 신율이나 타율에 의한 것이 아니라면 궁극적으로 자기 자신에 대한 사랑 때문이다. 그는 타자에 대한 사랑을 위해 자기 자신을 희생하는 경우에도 그러한 희생을 통해 자기 자신을 주장하고 있는 셈이다. 이와 같이 자기 자신에 대한 애착은 부정할 수 없는 생명의 본질이다.

궁극적으로 모든 인간은 자기 자신을 위해 살아간다. 그것은 진실이다. 그러나 그러한 나 자신은 누구이며, 어떠한 방식으로 "나" 자신이 된 것인가?

철학의 역사를 통해 프로이트가 끼친 지대한 영향 중 하나는 "주체"가 허구라고 주장한 데 있다. 그에 의하면 주체는 선험적으로 그 자체로 존재하는 것이 아니라 인간이 살아가면서 형성한 것이다. "나"는 그 자체로 "완성된 존재"가 아니라 삶의 과정 속에서 형성된 것이다. 이러한 프로이트의 주장을 어떻게 이해해야 할까?

인간에게는 본능적으로 살려는 욕구가 있다. 이것을 프로이트는 리비도라고 부른다. 리비도는 매 순간 욕구를 따르고자 한다. 그러나 현실적으로 살아가면서 인간은 자신의 욕구를 다 성취할 수 없다는 것을 알게 된다. 그는 욕구를 연기하거나 줄여야 한다.

예를 들어 가난한 농부가 있다고 하자. 지금 그에겐 다음 해에 파종하기 위한 볍씨만 있다. 그의 본능적인 욕구는 그 볍씨를 먹으라고 한다. 그러나 농부는 먹지 않는다. 왜냐하면 그 볍씨를 먹을 경우, 하루 이틀은 만족할 수 있지만 그 이후 긴 시간 동안 굶주려야 한다는 사실을 알기 때문이다. 그는 배고픔을 견디며 볍씨를 파종하는 데 쓴다. 그로 하여금 본능적인 욕구(리비도)를 참게 한 것은 현실에 대한 인식 때문이다. 그러나 이것은 욕구에 대한 전면적인 부정을 뜻하지 않는다. 만약 볍씨를 파종하는 데 쓰더라도 수확이 없다면 그는 볍씨를 먹었을 것이다. 그런데 그가 자신의 욕구를 참은 이유는 더 큰 욕구를 기대하기 때문이다. 이런 점은 욕구와 현실 사이에서만 일어나는 것이 아니다. 그것은 그의 욕구와 세계 가치 사이에서도 일어난다. 당장 볍씨를 먹고 싶지만 다른 사람들이 그러면 안 된다고 말하는 경우, 나는 나의 욕구와 타자의 말 사이에서 고민하고 결정을 내린다.

이런 점은 우리의 일반적인 경험을 통해서도 확인할 수 있다. 우리는 태어나자마자 타인들과 더불어 살며 타인들로부터 영향을 받으며 성장한다. 타인들은 내가 태어나기 이전에 이미 존재하고 있으며 내가 죽은 후에도 존재할 것이다. 타인들은 나보다 앞선 존재들이다. 어린아이는 태어나고 성장하면서 부모와 함께 살고 부모로부터 가르침을 받는다. 그리고 부모의 모습과 가르침을 따라한다. 어린아이는 스스로의 힘으로 자신의 모습과 성품을 만들어 가는 것이 아니라 타인을 모방하고 영향을 받으면서 자신을 구성하게 되는 것이다. 따라서 나의 존재 안에는 이미 타인들의 존재가 들어 있다고 볼 수 있다. 그런데 이것은 하이데거의 주장이기도 하다. 그에 의하면 인간 현존재 안에는 이미 그에게 전승된 존재 가능성들이 주어져 있다. 다만 일상적 현실 속에서 이러한 존재 가능성들이 망각되고 있을 뿐이다. 따라서 하이데거의 강조점은 잊혀진 "나의 본래적인 존재"를 찾아야 하며 이를 위해 인간 현존재는 "그때마다-나의-본래적인-존재Je-meinigkeit"를 결단하고, 그렇게 "존재해야 한다Zu-sein"고 말하는 것이다.[21]

그러나 하이데거는 일상적 나를 떠나 본래적인 나를 향해야 한다고 주장하는 반면, 레비나스는 욕구하는 나로부터 떠나 타자를 향해야 한다고 강조하는 차이점을 보인다.

레비나스는 욕구에 사로잡혀 살아가는 인간을 "(자신의) 존재에 못 박혀 있는" 인간이라 부른다.[22] 그러한 인간은 대상을 자신의 것으로 흡수하고 지배하고 소유하는 인간, 자기 자신의 존재에 머물러 있는 인간, "나"로 귀환하는 인간을 뜻한다. 이러한 인간형의 대표적인 예가 성서 속 인물 "에사오"이다. 그는 사냥을 마친 후 배고픔을 이기지 못하고 야곱에게 자신의 장자권을 죽 한 그릇에 팔아넘긴다. 그

---

21 레비나스에 의하면 하이데거의 본래적 존재는 구체적인 인간이 아니라, 단지 인간의 존재론적 구조를 지칭하고 있는 것이라고 비판하면서, 하이데거가 주장하는 본래적인 존재는 구체적인 인간, 특히 자신에 앞서 타자로부터 가능한 존재이어야 한다고 강조한다.
22 레비나스, 엠마누엘, 『탈출에 관하여』, 김동규 옮김, 55쪽(이후 '탈출'이란 약호로 본문 안에 기입함).

는 세속적 욕구가 관심의 전부이며 그 욕구를 충족했을 때 만족하는 인간형을 뜻한다. 그는 욕구라는 자신의 존재에 빠져 있는 자이다. 반면에 야곱은 죽 한 그릇보다 장자권을 선택한 자이다. 죽 한 그릇을 포기함으로써 그는 신과의 관계 속으로 들어서게 된다. 그는 죽의 유혹과 자신의 욕망으로부터 떠나 절대적인 타자를 향하는 자이다. 아브라함이 고향과 가족과 집을 떠났던 것과 마찬가지로, 그는 자신에 갇혀 있던 아늑한 존재로부터 타자를 향해 떠나고 타자를 받아들이고 있는 것이다. 그렇다면 레비나스가 보는 타자는 누구이며, 타자들로 구성된 세계는 어떠한 세계인가?

타자는 나와 다른 자, 낯선 자, 하이데거의 용어를 빌리면 섬뜩한 자unheimlich이다. 친숙하지 않기에 알 수 없는 자이며, 알 수 없기에 두려운 자이다. 극단적으로 말해 그는 나를 위협하는 자, 나를 해칠 수 있는 자이다. 타자는 서구 철학이 주장해 왔던 로고스, 존재, 실체, 이성, 자아로부터 벗어난 자이다. 이런 의미에서 타자는 비로고스적, 비이성적, 비실체적, 비존재적인 자이다. 이러한 자를 서구 철학은 단적으로 "악마"라고 부르기도 했다. 그는 적대적인 자hostility이다. 타자에 대한 적대감은 곧바로 타인에 대한 멸시와 박해로 이어지기도 한다. 왜냐하면 나를 위협하는 타자에 대하여 취하기 쉬운 태도 중 하나는 그를 위협하고 제거하는 일이기 때문이다.

그런데 타자가 나를 위협하는 이유는 그가 나와 닮았기 때문이다. 예를 들어 거울 속에 비친 나의 모습은 경우에 따라 가장 친숙하기도 하지만 가장 섬뜩하기도 하다. 이때 나를 두렵게 하는 것은 바로 거울에 비친 나이다. 이렇게 나와 닮았지만, 동시에 다른 존재, 그래서 나를 위협하는 존재가 타자이며, 그는 악마적인 괴물이나 희생양의 모습으로 그려져 왔다. 그러나 막상 타자가 희생양이되었을 때 그는 나를 안전하게 해 주는 존재로 변하게 된다. 그가죽음으로써 나는 살게 된다는 역설이 일어나는 것이다. 이런 의미에서 희생양으로서 타자는 환대받아야 할 자hospitality이기도 하다. 이렇게 타자가 갖는 이중적인 의미는 레비나스의 경험과 사상에서도발견된다.

레비나스에 의하면, 타자는 나를 죽일 수 있는 자이며 동시에 내가 죽이고 싶은 자이다. 그는 나와 다른 존재이기 때문에 나는 그를지배할 수 없다. 따라서 타자는 내가 죽이고 싶은 존재이다. 반대로타자도 나를 죽이고 싶은 자로 나타난다. 레비나스가 이러한 주장을 할 수 있었던 이유는 "나와 타자" 모두 괴물로 변해 버린 광기의시대에 살았기 때문이다. 이러한 시대를 그는 비인간적인 "존재의야만의 시대"(『쉬롱』, 19)로 규정하고 있다. 그리고 그의 철학 안에는"인종적 반유대주의의 트라우마"가 상흔으로 깊게 새겨져 있다.(『탈출』, 56쪽) 이러한 상황에서 레비나스는 시몬 베유, 프란츠 로젠츠바이크 등과 같이 "인간의 광기에 무엇으로 어떻게 맞설 것인가?" 질문하고 있다. 이런 점에서 레비나스가 경험한 시대와 세계는 하이데거가 이해한 것보다 더 절실하고 더 처절했다고 볼 수 있다. 따라서 하이데거가 인간 현존재의 본래적인 존재, 즉 "나를 찾기"에 전념했다면, 레비나스는 나를 위협하는 타자가 누구인지, 타자를 어떻게

이해해야 하는가에, 즉 "나에게 너는 누구인가?"에 더 많은 관심을
보인 것이다.

유대인으로서 험한 시대를 살아온 레비나스는 자신이 "나를 위협
하는 타자"에 의해 볼모로 사로잡혀 있다는 경험을 했고, 이 경험은
레비나스 자신이나 유대인에 국한되지 않고 인간에 대한 보편적인
이해로 확대된다. 나치 정권 때 그는 이미 인간이 "볼모"일 수 있다
는 사실을 알고 있었다.[23] 볼모라는 개념 안에는 어떠한 인간이 죽음
에의 위협 직전에 놓여 있다는 절박함과 동시에 그가 희생양이 되어
타자를 위해 벌을 받고 있다는 역설적인 의미가 담겨 있다. 즉 "볼
모"라는 개념은, 자신도 죽음의 위협을 받는 가운데 죽음에 처한 타
자들에 대하여 염려하는 태도를 의미한다:

> 타자에 대해 책임을 진다는 것, 이것이 볼모가 된다는 것입니
> 다. 부당하게 볼모가 되는 것입니다. 그러나 이 부당하다는 것이
> 책임의 본질적인 요소입니다.[24]

이때 레비나스의 표현인 "볼모"는 하이데거의 용어 "염려Sorge"에
해당된다. 그러나 하이데거가 "염려"를 자기 자신의 본래적인 존재
를 위한 인간 현존재의 실존적 태도로 본 반면, 레비나스는 타자를

---

[23] 드 생 쉐롱, 미카엘, 『엠마누엘 레비나스와의 대담』, 30쪽.
[24] 앞의 책, 48-49쪽.

향해 자신을 열어 놓는 태도로 보고 있다. 그렇다고 레비나스가 주장하는 타자를 위한 염려는 "이타주의"를 뜻하는 것이 아니다. 왜냐하면 레비나스의 볼모 개념 안에는 나치 시대에 부당하게 죽은 600만 명 중에서 살아남은 자의 당혹스러움과 슬픔, 아픔이 들어 있기 때문이다. 이것을 레비나스는 "살아남은 자의 정당화되지 않는 특권"[25]이라고 표현한다. 그리고 이런 시대에 "내가 살아 있다는 것이 정당한가?"라고 묻는 대신, "도대체 존재한다는 것이 정당한가?"라고 질문하고 있다.[26] 즉 그는 단순히 이타주의를 주장하는 것이 아니라 인간으로서 존재한다는 것 자체에 대해서 질문하고 있는 것이다. 이러한 볼모적인 인간의 상황을 레비나스는 "에스더"에 비유하고 있다. 유대인인 에스더는 페르시아의 왕비가 된 여성으로서, 페르시아의 재상 하만이 유대인을 박해하려고 할 때마다 그들을 위기에서 구한 여성이다. 그녀는 유대인의 죽음 앞에서 피하거나 외면하는 대신, 그들의 죽음을 받아들이고 그들의 죽음에 대하여 스스로 책임을 떠맡은 인물이다. 그녀는 자신의 주체성을 중심으로 그들의 죽음을 바라본 것이 아니다. 이와 반대로 그들의 죽음은 그녀로 하여금 에스더 자신이도록, 즉 주체이도록 한 것이다. 이런 의미에서 주체성보다 앞선 것은 주체를 향해 "얼굴"로 말을 걸어오는 타자에 대한 책임이다:

[25] 앞의 책, 101쪽.
[26] 앞의 책, 101쪽.

타자에 대한 책임은 주체에게 일어나는 우연한 사건이 아니라 주체의 존재성에 앞서는 것이다. (이런 의미에서) 나는 볼모다. (그리고) '나'라는 말은 '내가 여기 있습니다me voice'를 의미한다.[27]

또 다른 예로 레비나스는 도스토옙스키의 『죄와 벌』에 등장하는 소냐를 들고 있다. 『죄와 벌』에서 주인공인 라스콜리니코프는 "모든 것이 허용되었다"고 외치면서 전당포 여주인을 사회에 무익한 기생충 같은 인간으로 규정하고 그녀를 살해한다. 그러나 자신의 범행 후 그는 양심의 가책을 받고 그의 행위를 소냐에게 고백한다. 그녀는 사회로부터 배척되고 거부당한 여성이다. 그러나 그녀는 그의 고백과 그의 존재를 받아들이고 그와 함께 시베리아로 떠난다. 이때 소냐는 라스콜리니코프의 범죄와 가책을 자신의 것으로 받아들이고 함께 책임을 지는 여성이다.

에스더나 소냐는 자신에 입각해 타자를 본 것이 아니라, 타자의 얼굴을 통해 자신의 존재를 발견한 인물이다. 이런 의미에서 그녀들은 자신만의 존재에 갇혀 있는 주체 중심적 인물이 아니라, 자신의 모나드적인 존재로부터 벗어난 인물이다. 이렇게 벗어나는 사건을 레비나스는 "탈출"이라고 부른다. 탈출은 주체 중심적인 서구 형이상학과 하이데거 철학에 대한 고발과 부정이며 자신의 존재를 "넘어서려는 욕망"(『탈출』, 14쪽)에 대한 표현이다. 이것은 폴 발레

---

27 데리다, 자크, 『아듀 레비나스』, 문성원 옮김, 110쪽.

리가 "결핍 없는 욕망"으로, 도스토옙스키가 (소냐의) "채워지지 않은 연민"이라고 표현한 것과 유사하다.

그녀들은 벌거벗은 타자, 무력한 타자, 가난한 과부이고, 고아인 타자의 호소와 이를 통해 현현하는 무한자의 소리를 듣고, 그것으로부터 자신이 누구인지, 무엇을 해야하는지 이해하고 결단한 인물이다. 이때 그녀들이 들은 타자의 소리는 "제발 나를 죽이지 마십시오"[28]라는 간절한 호소이며, 이 호소 앞에서 그녀들은 —레비나스는 도스토옙스키의 『카라마조프가의 형제들』 1절을 인용하고 있다— "우리는 모두 모든 것에 대해, 서로에 대해 죄를 짓고 있습니다. 그리고 나는 누구보다도 죄가 깊습니다"라고 고백하는 인물들이다.

이와 같이 그녀들은 타자의 상처 가능성과 죽음 가능성 앞에서, 이미 타자의 실존 안으로 뛰어든 자들이며, 원하든 원하지 않든 타자의 상처 가능성에 대하여 대답하고 책임지는 인물들이다. 즉 그녀들은 타인의 존재를 통해 비로소 자신의 존재를 확인하고 행동하는 인물인 것이다.

이러한 행위는 대가를 바라고 이루어지는 것이 아니다. 오히려 타자에 의해서 일깨워진 주체가 그것을 자신의 존재로 받아들이는 것이다. 왜냐하면 타자에 대하여 책임을 지는 것이 곧바로 자신의 존재에 대하여 책임을 지는 것이기 때문이다. 따라서 타자가 나를

---

[28] E. Levinas, *Humanismus des anderen Menschen*, XI쪽(이후 'Humanismus'란 약호로 본문에 기입함).

위해 무엇을 해 줄 것인가를 기대해서는 안 된다:

> 타자가 나를 위해 무엇을 할 수 있는지는 그의 일이다. 나의 일
> 은 나의 책임이고 나의 대리일 뿐, 타자는 그가 원하는 자를 위해
> 개입할 수 있지만, 나를 위해서는 아니다.(Gott., 120쪽)

이런 의미에서 레비나스는 "너 자신과 같이 이웃을 사랑하라"라
는 성서의 말씀을 "타인이 너인 것처럼 사랑하라", "이렇게 사랑하는
활동이 너 자신이다" 혹은 "이 사랑이 너 자신이다"(Gott., 115쪽 이하)
라고 해석하고 있다.

결국 레비나스가 주장하는 진정한 주체는 타자를 향해 자신의 존
재를 떠나는adieu 자이며, 이때 타자 안에서 무한자인 신을 발견하고,
신을 향하는a Dieu 자를 뜻한다.

(2) 불안, 수치심, 구토

하이데거는 공포와 불안을 구분한다. 공포는 구체적인 존재자나
사건에 의해 일어나는 감정이다. 공포는 항상 '어떤 것에 대한' 공포
이다. 반면에 불안은 그 대상이 없다. 하이데거가 주장하듯이, 불안
에 휩싸인 인간 현존재는 무엇 때문에, 무엇에 대하여 불안해 하고
있는지 알지 못한다. 그냥 불안할 뿐이다. 그리고 불안이 지나간 후,
인간 현존재는 안도하며 말하게 된다: 나를 불안하게 했던 것은 "아
무것도 없었다"고. 즉 불안의 대상은 "무", 혹은 잊혀지고 은폐된 현

존재의 본래적인 존재 자체이다. 그런데 공포와 불안은 이렇게 서로 분리된 두 기분인가? 오히려 인간 현존재가 공포를 느끼는 이유는 그 공포가 자신의 존재를 위협하기 때문 아닐까?

하이데거의 주장대로 모든 인간은 죽음에의 존재이다. 현존재가 죽음에의 존재이기 때문에 불안을 느낀다는 하이데거의 주장은 한편으로는 타당하다. 그런데 그의 주장은 사람들이 노화를 거쳐 자연스러운 방식으로 죽게 되는 시절에 한해 정당하다. 반면에 전쟁과 살육의 광기가 자행되는 시절이라면 우리를 두렵게 하는 것은 "인간이 본질적으로 죽음에의 존재"이기 때문이 아니라 그러한 폭력이 예측 불가능하게 언제라도 우리에게 가해질 수 있기 때문이다. 이때 우리를 두렵게 하는 것은 대상 없는 불안이 아니라, 구체적으로 나를 살해할 수 있는 타자가 불러일으키는 공포인 것이다.

이와 같이 레비나스의 경우, 불안과 공포는 모두 외부적인 어떤 것에서 비롯되고 나를 두렵게 하는 것이다. 또한 불안과 공포는 하이데거의 주장처럼 나의 본래적인 존재를 드러내는 것이 아니라 오히려 두려워하는 나, 고통스러워하는 구체적인 나를 드러낼 뿐이다. 따라서 그는 두려움에 대한 자신의 작업이 하이데거가 『존재와 시간』에서 주장한 것과 전혀 다르다고 강조하는 것이다.[29]

레비나스에 의하면, 불안이 "죽음에의 존재"로서 세계의 본래적인 존재를 드러낸다는 하이데거의 주장은 결국 불안이 죽음을 "위

---

29 드 생 쉐롱, 미카엘, 『엠마누엘 레비나스와의 대담』, 69쪽.

한"(『신죽음』, 74) 불안이며, 이때 불안과 죽음은 모두 인간 현존재를 위한 긍정적인 사건으로 해석되고 있다는 것이다. 그러나 레비나스는 불안과 죽음은 어떤 경우에도 미화될 수 없으며 불안이 "죽음에의 존재"를 드러내지도 못한다고 강조한다. 왜냐하면 불안 속에서든 불안을 통해서든 죽음은 사유되지 않는 것으로 남으며, 불안을 체험한다는 것이 죽음을 사유하게 허락하지는 않기 때문이다. 따라서 그는 하이데거의 주장을 죽음에 대한 과도한 긍정이라고 비판하는 것이다.

또한 하이데거가 주장하는 '불안이 드러내는 무'라는 표현은 인간이 더 이상 어떻게 할 수 없다는 것, 즉 인간의 무력함(『탈출』, 75쪽)을 뜻하며 죽음의 불안과 무는 인간이 죽음을 통해 자신이 해야 할 일을 완수하지 못하고 남겨 둔다는 것에 대한 두려움으로 해석되어야 한다는 것이다.[30]

이와 같이 불안은 더 이상 참을 수 없고 견딜 수 없는 인간의 존재 상황에 대한 표현이며, 인간을 불안하게 하는 근본적인 이유는 인간이 신체를 지니고 있기 때문이다. 연약하고 상처받기 쉬우며 고통을 견디지 못하는 신체가 인간으로 하여금 불안하게 하는 것이다. 이때 그의 신체는 불안이 닥치기에 앞서 이미 불안을 표현한다. 구체적으로 그를 위협하는 사건이 터지기 전에 이미 그의 신체는

---

[30] 레비나스, 엠마누엘, 『신, 죽음 그리고 시간』, 148쪽(이후 '신, 죽음, 시간'이란 약호로 본문 안에 기입함).

불안해하고 있는 것이다. 이런 의미에서 레비나스는 "신체는 사건을 표현하는 것이 아니라 그 자체가 사건이다"(『존재』, 120쪽)라고 말한 것이다.

따라서 인간을 두렵게 하는 것은 불안이 아니라 구체적인 공포이다. 즉 불안을 통해 자신의 본래적인 존재를 발견할 수 있다는 하이데거의 주장과 달리, 인간은 공포에 사로잡힐 때 자기 자신을 상실하게 되며 의식도 박탈당한다.(『존재』, 98, 100쪽) 공포는 인간이 달아날 길이 없을 때 나타나며 공포에 사로잡힐 때 그는 혼비백산하고 어쩔 줄 모르게 되는 것이다.

공포는 모든 것을 칠흑 같은 어둠으로 뒤덮은 밤과 같다. 출구 없고 대답 없는 밤의 공포 속에서 모든 존재자들은 익명의 존재 속으로 모습을 감춘다. 모든 것이 인간적인 온기를 잃어버리고 냉담하게 된 익명의 존재 안에서 살아야 한다는 것은 공포스러운 일이다.

이러한 레비나스의 주장은 차가운 눈초리로 총을 겨누고 있는 적군에 사로잡힌 인간의 모습에서 발견할 수 있다. 언제 죽을지 모르지만 살아야 하고 그럼에도 삶을 위한 희망은 없어 보일 때 그렇다고 죽을 수도 없을 때, 즉 키르케고르의 표현대로 삶이 고달파 죽고 싶지만 오히려 그 죽음이 유일한 희망이 되어 그 죽음을 죽을 수 없을 때 이것이 바로 밤의 공포가 주는 두려움이다. 이렇게 절망적인 공포를 블랑쇼는 "내일, 아! 여전히 살아야만 한다"라고 표현하고 있다.(『존재』, 104쪽) 이것은 극복할 수 없고, 피할 수 없고, 감당할 수 없는 공포 속에서 산다는 것이 얼마나 두려운 일인지 잘 보여 주고 있다.

밤의 어둠이 현전처럼 침범해 올 때 그 시간, 그 공간에서는 아무 이야기도 들려오지 않고 단지 응답 없는 침묵의 소리만이 우리를 전율케 만든다.(『존재』, 94-95) 밤의 공포가 시간, 공간, 말을 빼앗아 가기 때문에, 거기에는 단지 기괴한 우글거림과 웅성거림만이 남게 된다.(『존재』, 96쪽) 이러한 밤의 공포 속으로 인간은 침범 당하고 휩쓸려 버리고 비인격화되고 질식하기에 이른다.

이때 인간은 더 이상 잠을 잘 수 없게 된다. 밤의 공포 속에서 자신을 압도하는 익명적 존재가 누르는 중압감은 인간을 불면에 이르게 한다. 불면 속에서 의식은 깨어 있는 것 같지만 그때 유일하게 남아 있는 것은 불면에 시달리는 자신과, 불면에 대한 의식뿐이다. 공포에 사로잡힌 불면 속에서 주제와 대상, 안과 밖이 사라진다.

그렇지만 그것은 무에 대한 경험은 아니다. 왜냐하면 그가 경험하는 것은 무가 아니라 공포 속에서 불면에 시달리는 자신이고 불면에 대한 의식이기 때문이다. 그 의식이 드러내는 것은 피하고 싶고 피해야 하지만, 피할 수 없다는 무력감이다. 이런 의미에서 불면 속에서 깨어 있는 것은 나의 의식이 아니라 나의 의식을 두렵게 하는 밤의 공포이다:

밤에 불면 속에 나의 깨어 있는 상태가 있는 것이 아니다. 깨어 있는 것은 밤 자체이다. 그것은 깨어 있다.(『존재』, 110쪽)

이러한 불면의 의식을 통해 나는 더 이상 나를 지배하는 주체가 아니라 하나의 잉여적이고 익명적인 대상으로 전락하고 말았음을 알게 된다. 이런 의미에서 레비나스는, "우리는 밤의 공포, 어둠의 공포와 침묵을 하이데거적인 불안에 대립시키고 존재함에 대한 두려움을 무에 대한 두려움에 대립시킨다. 하이데거에게 '죽음에의 존재'를 성립하게 하는 불안은 어떤 점에서는 파악할 수 있고 이해할 수 있는 것인 반면, 출구 없고 대답 없는 밤의 공포는 용서할 수 없는 존재이다"(『존재』, 104쪽)라고 말한다.

이렇게 저항할 수 없는 공포와 불면 속에서 하나의 대상으로 전락한 자신에 대한 감정이 바로 레비나스가 말하는 "수치심"이다. 대상화된 나는 벌거벗겨진 나이다. 이때 인간은 스스로를 타인으로부터 감추고 자기 자신에게도 숨기고 싶어 한다.(『탈출』, 34쪽) 벌거벗겨짐에 대한 부끄러움과 감출 수 없고 잊을 수 없다는 절망감은 인간을 수치스럽게 만든다. 수치심이 드러내는 것은 인간이 자기 자신에게 못 박혀 있는 존재라는 사실, 자기 자신을 숨길 수 없으며 자신에게서 벗어날 수 없다는 사실(『탈출』, 34-35쪽)이다. 수치심은 마치 카프카의 소설에서 묘사되고 있듯이 알 수 없는 어떤 힘에 의해 무력하게 "체포당한" 상태에 있는 자신에 대한 수치심이며, 타인의 죽음 앞에서 살아남은 자신에 대한 수치심이기도 하다. 수치심으로부터 벗어날 수 없을 때 느끼게 되는 것이 구토이다. 인간은 벌거벗겨진 채 수치심에 사로잡힌 자신에 대해 구토를 느끼고 그것을 입 밖으로 뱉어내려 하지만 구토증은 사라지지 않는다.[31] 왜

나하면 구토증은 나의 한계상황에서 비롯되는 것이기 때문이다.[32] 즉 나는 단지 거기 있을 뿐 아무것도 할 수 없다는 것이 나로 하여금 구토를 유발시키기 때문이다. 이런 점을 카프카는 그의 소설 『소송』 마지막에서 "개 같구나. 죽어서도 부끄러움은 남는다"라고 표현하고 있다.

그런데 인간을 압도하는 수치심과 구토는 "죽음"과 연관되어 있다. 그렇다면 레비나스는 죽음을 어떻게 이해하는가?

(3) 죽음의 의미

하이데거에 의하면 인간 현존재는 죽음에의 존재이다. 죽음을 피하지 않고, 오히려 죽음을 앞서 자신의 존재로 끌어들임으로써, 자신의 삶을 종말론적으로 살아가라는 주장이다. 이런 의미에서 하이데거는 타인의 죽음보다 현존재 자신의 죽음을 강조하고 있다. 자신의 죽음은 누구도 대리해 줄 수 없는, 현존재 자신만의 가장 고유한 존재 가능성으로서, 그를 그 자신이도록 개별화시킨다. 현존재의 죽음은 비규정적이다. 그러나 가장 확실한 것이고 죽음을 건너뛸 수는 없다. 이러한 죽음에 대하여 하이데거는, 현존재는 자신의 고유한 죽음을 선취적으로 결단하여 자신의 극단적인 존

---

[31]　이런 점을 레비나스는, "우리는 구역질로부터 등을 돌릴 수 있지만, 구역질은 우리에게 들러붙어 있다"라고 표현한다.(『탈출』, 39쪽)

[32]　한계상황은 "더-이상-아무것도-할-것이-없음"이라는 인간의 절망적인 상태를 뜻하면서, 동시에 자신의 존재로부터 탈출을 가능케 하기도 한다.(『탈출』, 40쪽)

재 가능성으로 받아들이라고 말하고 있다. 이때 인간 현존재는 하루를 마치 종말인 것처럼 진지하게 자신만의 존재를 선택하고 실현하면서 실존적으로 살아갈 수 있다는 것이다. 따라서 하이데거는 인간 현존재를 "죽음에의 존재", "죽음을 향한 자유 속에 있는 자신"(SZ 266쪽)이라고 표현한다. 즉 인간 현존재는 자신의 죽음을 받아들일 때, 자유로운 존재가 되고, 진리 안에 설 수 있다는 것이다. 이때 하이데거가 말하는 "죽음"은 실제적이고 육체적인 죽음을 뜻하지 않는다.

그러나 죽음을 존재론적 사건이 아니라, 신체에 가해지는 폭력이라고 한다면 이때 하이데거의 주장은 질문이 될 수 있다. 왜냐하면 죽음은 "현존재의 극단적인 존재 가능성"이 아니라, 단지 두려워하고 있는 신체적 인간에 대한 살해에 불과하기 때문이다. 이것을 "존재 가능성"으로 받아들일 사람은 아무도 없다. 왜냐하면 이때 죽음은 구체적이고 개별적이며 육체적인 죽음, 즉 생명의 끝을 의미하기 때문이다.

따라서 우리는 하이데거의 주장은 평화가 유지되고 있는 일상적인 삶 속에서 살아가는 일상적인 인간들에게는 타당할 수 있지만 전쟁의 광기 속에서 그의 주장은 위험해 보인다고 말할 수 있다. 그런데 이런 하이데거의 죽음론을 비판하고 있는 철학자가 바로 레비나스다.

물론 하이데거는 실제적이고 육체적인 죽음을 찬양하고 나치 총독을 위해 죽자고 주장한 것은 아니다. 오히려 그의 주장은 그리스도교적 종말론과 유사하다고 볼 수도 있다. 그러나 레비나스는 이러한 하이데거의 주장이 전쟁과 학살이라는 광기에 대하여 너무도 한가하고 무관심하다고 비판하고 있는 것이다.

이와 같이 죽음을 "사유" 속에서 현존재의 "불가능성의 가능성, 혹은 극단적인 존재 가능성"으로 보는 하이데거와 달리, 레비나스는 죽음을 현실적이고 육체적인 죽음, 즉 "가능성의 불가능성"으로 보고 있다. 또한 레비나스는 죽음을 인간 현존재의 보편적인 사건으로 보고 있는 하이데거와 달리, 특수한 역사적 상황에서 발생한 부조리하고 이해할 수 없는 사건으로 평가하고 있다.

레비나스에 의하면, 죽음은 사유를 통해 접근할 수 있는 의미가 아니라 구체적 현실이다. 따라서 죽음은 어떤 경우에도 미화될 수 없고, 미화되어서는 안 된다. 그는 자신이 살았던 역사적, 시대적인 상황과, 이에 연관된 죽음에 대한 그의 철학적 입장을 다음과 같이 묘사하고 있다:

> 국가 사회주의자들에 의해 살해된 수백만 사람들 가운데 가장 가까운 존재들을 추모하고, 타자에 대한 동일한 증오, 동일한 반유대주의의 희생자인 모든 민족들과 모든 종파들의 수백만 사람들을 기리며.[33]

---

[33] 드 생 쉐롱, 미카엘, 『엠마누엘 레비나스와의 대담』, 115-116쪽.

그렇다면 죽음에 대한 하이데거와 레비나스의 입장의 차이점을 좀 더 구체적으로 살펴보기로 한다.

호메로스의 작품 『일리아스』에는 그리스 장군 아킬레우스와 트로이 왕자 헥토르 간의 결투가 묘사되고 있다. 아킬레우스는 자신의 친구이자 사촌인 파트로클로스의 죽음에 격분하여 트로이 성으로 달려가 헥토르에게 결투를 요구한다. 헥토르는 아킬레우스와의 결투에서 승리를 장담할 수 없지만 국민들과 가족들, 그리고 자기 자신으로부터 겁쟁이가 아니라 영웅으로 남기 위해 아킬레우스와 싸우기로 결정한다. 그는 결투에 앞서 둘 중에 누가 죽든지 죽은 자를 욕보이지 말 것을 부탁한다. 그러나 결투가 시작되고 헥토르는 죽는다. 이에 아킬레우스는 죽은 헥토르를 마차에 매단 채 끌고 다니며 시신을 욕보인다. 위대하고 아름다운 육체를 가졌던 헥토르는 아킬레우스의 조롱 앞에서 더 이상 반응하지 못한다. 그는 움직일 수 없기 때문이다.

이 장면에서 묘사되는 것과 같이 레비나스에 의하면 죽음은 더 이상 응답하거나 반응할 수 없게 된 상태를 뜻한다. "생명의 본질"이 "움직이는 능력"에 있다고 한다면, "죽음"은 더 이상 움직일 수 없는 상태를 뜻한다. 또한 죽음은 자신들의 가족이나 친구들로부터 이별하는 일이다. 죽은 자는 산 자들에게 아무런 주소도 남기지 않고 떠난다. 죽음은 알 수 없는 곳으로의 이별이고, 그것도 다시 돌아올 수 없는 영원한 이별이다.(『신, 죽음, 시간』, 19쪽 이하)

이처럼 죽음은 또 다른 의미의 존재의 시작이 아니라 종말이다.

죽은 자의 얼굴은 더 이상 아무 표현도 하지 못한다. 무수히 하고 싶은 말을 감춘 채 굳어 있는 것이 죽은 자의 얼굴이다. 그의 얼굴은 이제 데드 마스크, 즉 가면이 된다.(『신, 죽음, 시간』, 24쪽)

또한 죽음은 고통을 수반한다. 죽음은 고통으로부터의 해방이 아니라 고통의 정점이다. 고통스러운 죽음 앞에서 인간은 철저하게 수동적이 되며 죽음 자체는 접근할 수 없는 수수께끼, 신비로 남는다.(『신, 죽음, 시간』, 27쪽)

신비로서 죽음은 경험할 수 없고, 이해할 수 없다.[34] 자신의 고유한 죽음을 자신의 존재 가능성으로 선취해야 한다고 주장하는 하이데거와 달리, 레비나스에 의하면 인간은 자신의 죽음과 만날 수 없고 관계를 맺을 수 없으며 사유를 통해 이해할 수도 없다.(『시간』, 77쪽) 따라서 레비나스에 의하면, 하이데거의 "죽음에의 존재", "죽음을 선취하는 현존재의 결단성" 등은 불가능한 일이다. 또한 하이데거가 현존재를 "죽음에의 자유"라고 표현한 것에 대하여, 레비나스는 죽음은 자유가 아니라 "한계"라고 비판한다.(『시간』, 78쪽) 한계이기 때문에 인간은 죽음 앞에서 무력하고 주체로서의 힘을 잃어버린다. 인간은 결코 죽음을 지배할 수 없다. 이 무력함이 인간을 흐느끼게 만들며 흐느낌을 통해 죽음은 예고되는 것이다.(『시간』, 80쪽)

인간의 이해를 넘어서는 것으로서 죽음은 현존재의 한계이고 종

---

34 위의 책, 116쪽.

말이다. 따라서 죽음을 통해 인간 현존재가 자신의 존재의 "전체성"
을 확보할 수 있다는 하이데거의 주장을 레비나스는 거부한다.

하이데거에 의하면 죽음에는 항상 "아직-아님"이란 특징이 들어
있다. 죽음은 살아 있는 인간에게는 항상 "아직 아닌" 사건이다. 그
런데 하이데거는 "아직-아님"을 "앞서-이미"로 선취하고 결단해야
한다는 입장이다. 이러한 선취적 결단을 통해 죽음은 저 멀리 있는
사건이 아니라 지금 인간 현존재의 삶과 존재에 관여하고 영향을 끼
치는 사건이어야 하며, 이런 의미에서 인간 현존재의 "전체 존재"는
죽음을 자신의 존재로 받아들일 때 가능하다는 것이다.

이에 대하여 레비나스는: "시간은 죽어야 할 모든 존재 —폭력
에 노출된 존재— 가 죽음을 위한 존재가 아니라 '아직-아님'이라
는 바로 그 사실이다. 이 '아직-아님'은 죽음에 대항해 존재하는
방식이고, 죽음의 준엄한 접근 한가운데에서도 그것으로부터 한
발 물러서는 후퇴이다"[35]라고 비판한다. 즉 죽음은 인간의 전체 존
재 안으로 들어올 수 없으며, 현존재가 전체적인 존재를 확인할 때
는 "사망자 명부에 기입될 때이다"라는 것이다. 따라서 레비나스
는, 왜 죽음을 앞서서 선취적으로 결단해야 하는지 질문한다. 그리
고 죽음을 선취적으로 결단하고 받아들이는 존재를 "죽음에의 존
재Sein zum Tode"라고 표현한 하이데거에 반대해, 인간은 죽음을 향하
는zum 대신, 죽음에 저항하고 대항해야 한다고 강조한다. 즉 인간은

---

[35] 데리다, 자크, 『아듀 레비나스』, 21쪽.

"죽음에의 존재"가 아니라 "죽음에 저항하는 존재Sein gegen Tode"라는 것이다.[36]

　또한 하이데거에 의하면 현존재는 "존재해야 함Zu-sein"의 방식으로 "그때마다 나의 존재Jemeinigkeit"로 실존해야 한다. 그런데 이러한 실존의 방식은 결국엔 "죽음에의 존재"와 연결된다. 이에 대하여 레비나스는 하이데거의 "존재해야 함"이란 표현은 궁극적으로 "죽어야만 함"이란 의미를 지닌다고 비판하면서 인간의 삶은 "죽어가지 않음"(『쉐롱』, 99)이어야 한다고 강조한다. 레비나스에게 있어 최종적으로 승리를 거두어야 하는 것은 죽음이 아니라 삶이다. 이런 의미에서 "인간은 태어나자마자 이미 죽기에 충분할 만큼 늙어 있다"는 하이데거의 문장을 패러디해 레비나스는 우리는 '모든 죽어야 하는 인간은 죽기에는 항상 너무 젊다'라고 표현한다. 따라서 레비나스에게 죽음은 "존재론"이 아니라 "윤리학"의 문제가 되는 것이다.

　마지막으로 하이데거에 대한 레비나스의 비판은 "나의 죽음"뿐 아니라, '타자의 죽음'으로도 이어진다. 하이데거에 의하면 타자의 죽음은 현존재가 마음 써야 할 대상적 사건이다. 현존재는 타자의 죽음이 잘 치러지도록 배려하고, 고인을 위해 애도와 회상을 할 수 있다. 그러나 타자의 죽음은 "나의 죽음"으로 이끌지 못한다는 것이 하이데거의 주장이다.

---

[36]　레비나스는 하이데거가 주장한 공동 현존재도 이러한 인간에 속한다고 비판한다.

물론 레비나스도 인간이 타자의 죽음을 대신 떠맡거나 이를 통해 타자로 하여금 타자 자신의 죽음으로부터 벗어나게 할 수 없다는 것을 잘 알고 있다. 그러나 그의 죽음이 광기 어린 폭력에 의한 살해라고 한다면 그의 죽음은 단순히 '어느 누군가'의 죽음에 그칠 문제가 아니다. 왜냐하면 나도 타자와 동일한 위험과 죽음에 처할 수 있기 때문이다. 이때 우리는 '타자는 죽었고 나는 아직 살아 있지만 나 역시 그렇게 죽임을 당할 것'이라는 공포감과 무력감에 사로잡히게 된다. 그리고 아직 살아남은 자로서 죽은 자에 대한 죄책감을 느끼게 된다. 바로 이러한 의미로 레비나스는 타인의 죽음을 해명하고 있다:

> 살아남은 자의 죄책감 안에서 타자의 죽음은 나의 일이 된다.(『신, 죽음, 시간』, 66쪽)

> 죽어 가는 타자의 죽음은 '응답할 수 없는 나'라는 나의 정체성 속에서 나에게 영향을 끼친다.(『신, 죽음, 시간』, 25쪽)

타자의 죽음은 곧 나의 죽음이며 나의 살아 있음은 타자의 죽음에 대한 책임과 죄책감으로 남는다. 왜냐하면 타자가 죽음을 통해 흐느낌으로 말을 건네오기 때문이다.

예를 들어 성서 속 인물 카인은 자신의 동생 아벨을 살해했다. 시기와 질투 때문이다. 그는 살해를 통해 아벨이 무로 돌아가고 아무런 말도 할 수 없으며 따라서 자신의 살해 행위는 승리의 사건이라고 생각할 수도 있었다.[37] 그런데 이런 일은 카인과 아벨 사이에서만 벌어지는 것이 아니다. 오히려 현실적인 인간의 역사를 통해서 우리는 얼마나 많은 카인의 살인과 같은 광기를 봐 왔는가?

그런데 성서에서 신은 살인을 한 카인에게 아벨의 피가 억울함을 호소하고 있다고 표현한다. 죽은 자는 무로 돌아가는 것이 아니라 자신의 죽음에 대한 억울함을 호소하고 있는 것이다. 즉 죽은 자가 말하기 시작하는 것이다. 이때 산 자는 죽은 자의 말과 그의 호소를 피하지 말고 들어야 한다는 것이 레비나스의 주장이다.

(4) 얼굴의 소리

언젠가 보았던 영화의 한 장면이 떠오른다. 매우 긴 복도에 포로들이 나란히 무릎을 꿇은 채 앉아 있다. 마치 플라톤이 묘사하는 동굴 속 모습처럼, 그들은 손이 뒤로 묶인 상태로 벽을 향하고 있다. 그들 위에는 전등이 켜져 있다. 그 전등 뒤에는 소총으로 무장한 군인들이 각각의 포로들 뒤에 한 명씩 배치되어 있다. 포로들은 군인들의 모습을 볼 수 없다. 단지 벽에 비친 자신의 그림자와 자신 옆에 있는 포로들의 그림자만 볼 수 있을 뿐이다. 갑자기 총소리가 들려오고 왼쪽 그림자가 쓰러지는 것이 보인다. 그다음 총소리가 들

---

[37] E. Levinas, *Totality and Infinity. An Essay on Exteriority*, 198쪽(이후 'TI'란 약호로 본문 안에 기입함).

리고 두 번째 그림자가 쓰러진다. 이런 일이 기계적으로 반복되어 나타난다. 들려오는 총소리와 쓰러지는 그림자는 그들을 두렵게 한다. 포로들은 이미 반쯤 넋이 나간 듯이 공포에 질려 신음조차 내지 못한다. 총소리가 점점 가까워지고 쓰러지는 그림자도 가까워진다. 이윽고 옆에서 총소리가 들리고 바로 옆 그림자가 쓰러진다. 그 순간 한 사람이 고개를 뒤로 돌린다. 그리고 자신의 뒤에 총을 든 군인이 있는 것을 본다. 포로와 눈이 마주친 군인이 아주 짧은 순간 멈칫한다. 그들은 서로 상대방의 눈을 보았다. 서로에게 아무런 말도 건네지 않았다. 곧바로 총소리가 들려왔고, 바로 그 포로의 그림자가 쓰러진다. 이렇게 그 영화의 장면은 끝난다.

영화에 의하면 총소리는 규칙적으로 들려오고 그때마다 그림자도 차례로 쓰러진다. 단지 한 번 아주 조금이지만 늦게 총소리가 들렸다. 무슨 일이 일어났던 것일까? 포로가 뒤를 돌아보고 군인과 눈이 마주쳤던 것이다. 눈이 마주친 순간, 군인은 다른 군인과 달리 잠시 멈칫하였다. 그는 왜 멈칫했을까? 그가 포로의 눈을 보았기 때문이다. 그가 본 포로의 눈은 어땠을까? 이때 포로도 군인의 눈을 보았다. 그가 본 군인의 눈은 어땠을까? 그들이 본 상대의 눈은 서로 다르게 보였을 것이다.

영화에서 포로에게 비친 군인의 눈은 위협적인 눈 "나는 너를 죽일 수 있다"라고 외치는 눈이었을 것이다. 그의 눈은 나를 벗겨 버리듯 수치심에 떨게 하고, 나를 무화시킨다. 포로가 군인의 눈을 보는 동안 그 눈은 점점 커져 이윽고 포로에게는 거대한 눈만 보이게 될 것이다. 그 눈은 아르고스의 눈과 같이 포로의 모든 것을 감찰하고 살펴본다. 이러한 눈으로부터 피할 수 있는 방법은 없을까?

이 영화는 극단적인 상황을 묘사하고 있지만, 일상적인 삶 속에서도 우리는 수시로 타인의 눈과 마주친다. 그들의 눈은 나를 뒤쫓고 자유를 제한한다. 이때 나는 그들의 눈앞에서 불편함과 무력감을 느낀다. 그러나 이들의 눈으로부터 피할 수 있는 방법은 있다. 그것은 내가 그들을 무화시키고, 즉자존재로 만드는 일이다. 이것은 사르트르의 눈이다. 그에 의하면 타인은 나를 즉자존재로 만들 수 있는 자이다. 이에 대해 나 역시 그들을 즉자존재로 만들 수 있다. 이런 점을 사르트르는 『구토』에서 묘사하고 있다.

소설 속 주인공인 로캉탱은 초상화를 보고 있다. 어느 순간 초상화 속의 눈들이 자신을 따라오고 있다는 생각이 든다. 그는 이 눈들을 피하려고 하지만 피할 수 없다. 초상화 속 눈들은 나의 존재를 위협하고 나로 하여금 사라지라고 위협한다. 그때 로캉탱은 초상화 속의 눈을 무시한다. 그러자 그 눈들은 생기를 잃고 더 이상 그를 위협하지 못하게 된다.

아마도 사르트르 방식으로 행동하는 것은 포로에게는 불가능했을 것이다. 왜냐하면 그는 너무 무력한 상황에 놓여 있기 때문이다. 기껏해야 포로는 군인을 향해 '너는 인간이 아니다'라는 정도의 말을 할 수 있을지 모른다. 그때 군인은 아주 짧은 순간 멈칫했을 수도 있다. 그러나 군인의 눈은 다시 위협적인 눈이 된다. 이때 보는 주체는 포로가 아니라 군인이다. 그리고 총소리가 울리고 또 하나의 그림자가 쓰러진 것이다.

이러한 상황에 대해서 레비나스는 무엇이라 말할 수 있을까?

레비나스 역시 타자는 나의 자유를 제한하는 자라는 점을 인정한다. 타자가 나의 존재를 의문시하게 만들고 그는 나를 불편하게 한다. 그는 나를 죽일 수 있는 자이다. 그런데 이때 레비나스는 묻는다. 과연 진정한 의미의 자유란 무엇일까? 나의 자유는 타인에 의해 제한되고 훼손되는 것인가? 혹은 반대로 나는 타인에 의해 비로소 자유롭게 되는 것일까?

위의 예에서 군인의 눈을 다시 한 번 생각해 보자. 군인의 눈을 위협적이게 만든 것은 군인 개인의 문제이기도 하지만 그를 조종하고 그에게 명령하는 사회 전체의 문제이기도 하다. 레비나스는 이러한 눈을 가능하게 했던 원인을 주체 중심적인 서구 철학에서 확인한다. 주체 중심적 철학이 역사적, 정치적인 현실로 나타날 때 인간은 전체성(집단주의) 안에 갇힌 부품으로 전락하게 되며 그는 진정한 자신의 존재를 상실하게 된다.[38]

위 영화에서 군인은 자신의 진정한 존재를 포기하고 다시 전체성의 명령을 따른 자이다. 그에게 포로는 죽여야 할 대상에 불과하다. 포로와의 대화나 포로의 처지에 대한 이해는 불가능하다:

죽이는 것은 지배하는 것이 아니라 무화시키는 것이며, 절대적

---

[38] 레비나스는 하이데거가 주장한 공동 현존재도 이러한 인간에 속한다고 비판한다.

으로 이해를 거부하는 것이다. 죽음은 권력을 벗어나는 것에 대해 권력을 행사한다 …. 나의 권력을 무한히 초과하는 … 존재자만을 나는 죽이고 싶다. 타자는 내가 살해하고 싶은 유일한 존재이다.[39]

그러나 군인이 포로를 살해함으로써 모든 것이 끝난 것은 아니다. 적어도 그 군인은 아주 짧은 시간이지만 멈칫하는 행동을 통해 도대체 무슨 일이 벌어지고 있는지 그때 자신은 무엇을 하고 있는지 말없이 표현했던 것이다. 이 짧은 순간에 그는 "자유로운 존재"가 되었던 것이다:

> 절대적으로 다른 타자가 자신을 드러내는 얼굴은 동일자를 부정하지 않으며 의견이나 권위나 마술적인 초자연적인 것이 동일자에게 폭력을 행사하듯 동일자에게 폭력을 행사하지 않는다 … (포로의) 얼굴이 드러나는 것은 비폭력적이다. 왜냐하면 얼굴이 드러난다는 것은 나의 자유를 침해하기는커녕 자유를 책임이라 부르며 나의 자유를 만들기 때문이다.(TI., 203쪽)

레비나스에 의하면 나의 자유는 타자에 의해 억압되는 것이 아니라 타자를 매개로 나에게 부여되는 것이다. 사르트르와 달리 인간

---

[39] E. Levinas, *Totality and Infinity. An Essay on Exterioity*, 198쪽(이후 'TI'란 약호로 본문 안에 기입함).

은 자유로 판결된 것이 아니라 타자를 통해 마침내 자유로운 자신의 존재를 확인할 수 있는 것이다.

물론 앞의 예에서 군인은 자신의 자유로운 존재를 선택하지 못했다. 그러나 멈칫거림을 통해 그는 자신의 행위가 무슨 의미인지 드러낸다. 이런 점에 대하여 데리다는 다음과 같이 말한다:

> 레비나스는 이렇게 말했어요. 아무리 못된 사형집행인이라도 자신이 파괴하는 바로 그것을 증언한다고요. 그것을 구해 내지는 못하더라도 자신이나 타자에게 그가 파괴하려는 것이 이를테면 얼굴이라는 것을 말이지요.[40]

이렇게 부정적인 방식으로 자신과 자신에 얽힌 사건을 증언하는 순간, 적어도 그 군인은 포로의 눈을 보았고 그 눈이 건네는 말을 들었던 것이다. 그는 포로의 존재를 어느 정도 받아들인 것이다. 이렇게 타인을 받아들이는 것을 레비나스는 "환대"라고 말한다.(데 8 101) 물론 군인은 포로를 환대하지 않았지만 짧은 순간의 멈칫함이, 더 나아가 포로를 살해한 그 사건 자체가 역설적으로 인간에게 환대가 무엇인지를 드러내고 있는 것이다.

반면에 그 포로는 그때 무엇을 했을까? 그는 단지 돌아보았을 뿐이다. 그리고 군인과 눈이 마주쳤다. 군인은 결국 포로를 살해했지

---

[40] 자크 데리다, 『아듀 레비나스』, 101쪽.

만 포로의 눈이 드러내는 말을 부정할 수는 없었을 것이다. 이렇게 포로가 눈을 통해 자신의 존재를 드러내는 사건을 레비나스는 "얼굴이 말한다"라고 부른다. 그렇다면 레비나스가 주장하는 "얼굴"은 어떤 것인가?

얼굴은 주체가 타자의 얼굴을 바라보면서 분석하고 구성해 낸 것이 아니다. 얼굴은 지향성을 통해 구성한 의식 내용이 아니라는 것이다.[41] 이런 의미에서 얼굴은 현상학적으로 드러나는 것이 아니다. 오히려 얼굴은 비지향적, 비현상적이다.

위의 예에서 군인과 포로의 얼굴은 상대방이 바라보고 의식 속에서 그려 낸 것이 아니다. 얼굴은 외적 대상이 아니다. 성형외과 의사나 미인대회 심사위원에게 얼굴은 그렇게 평가될 수 있을지 모른다. 그러나 얼굴은 평가할 수 있는 대상이 아니다. 레비나스가 말하는 얼굴은 아름답거나 추하거나, 남성적, 여성적인 얼굴을 뜻하지 않는다.

물론 얼굴은 감각적으로 보여질 수 있다. 이 점에서 얼굴은 물질적인 것이다. 그러나 물질적으로 보여진 얼굴이 얼굴 전체는 아니다. 얼굴이 신체적으로 보여지는 것은 당연하지만, 얼굴이 드러내는 것은 모양새라든가, 피부의 질감, 코의 높낮이, 눈의 크고 작음이 아니다. 이러한 특징들이 얽혀서 특정한 인간의 얼굴을 형성하는 것도 사실이지만, 레비나스는 얼굴 배후에서 드러나는 또 다른 얼굴

---

[41] 타자의 얼굴은 주체가 구성한 "현상"이 아니라, 주체보다 앞서 "현현"하는 것이다.

을 강조하고 있다.

예를 들어 종족이나 피부색에 따라 신체적, 감각적 얼굴은 다르지만 그럼에도 불구하고 그들의 얼굴은 동일한 표현 방식을 갖는다. 기쁠 때나 슬플 때, 즐거울 때나 괴로울 때, 그들은 —비록 서로 다르게 생긴 얼굴이라 하더라도— 기쁨에 대하여 기쁜 얼굴을, 슬픔에 처해 있을 때에는 슬픈 얼굴을 표현한다. 이런 의미에서 레비나스가 말하는 얼굴은 감각적(신체적)이지만 동시에 그것을 넘어서는 초감각적인 것이다. 이 얼굴은 보여지기도 하지만, 그것을 보는 자에게는 하나의 의미와 말로서 다가온다. 타자의 얼굴은 상대에게 말을 건네는 얼굴이다. 얼굴의 말은 주체와 타자보다 앞선다. 따라서 내가 타자를 보는 경우, 보는 주체는 내가 아니라 나에게 말을 걸어오는 타자의 얼굴인 것이다.

이렇게 현현한 얼굴이 건네는 말은 타자의 의식을 통해 구성된 말이 아니다. 오히려 그 말은 타자의 생각이나 의식보다 앞선다. 왜냐하면 포로의 얼굴은 위협을 받은 후 일그러지는 것이 아니다. 반대로 위협받는 순간이 오기 전에 이미 그의 얼굴은 일그러지기 시작하기 때문이다. 즉 얼굴은 기쁨을 느끼고 알기 전에 이미 기뻐하고 있으며, 슬프기 전에 이미 슬퍼하고 있는 것이다. 이런 의미에서 레비나스는, 얼굴은 시작보다 더 빠르며An-archie, 세계의 가치나 이념과 같은 "질서 밖"(『휴먼』, XI, XV)에 있는 것이라고 말한다. 얼굴은 의식을 넘어서며, 비가시적이고 포착 불가능하다. 그럼에도 얼굴이 말을 건네온다. 그렇다면 얼굴이 건네는 말의 의미는 무엇일까?

인간은 살면서 희·로·애·락, 심지어 죽음의 위협을 경험한다. 이러한 경험이 만들어 내는 것이 얼굴의 주름이다. 이것은 나무의 나이테와 같다. 더위와 추위, 삶과 죽음의 경험이 응고되어 나이테가 이루어지듯이, 얼굴의 주름은 인간의 삶과 존재 자체를 드러낸다. 주름 잡힌 얼굴이 곧 얼굴이 건네는 말이다. 즉 레비나스에게 얼굴은 "육신이 된 말verbum caro factus est"이 아니라, "말이 된 육신Caro verbum facta est"이다.[42] 이렇게 "말이 된 타자의 얼굴"이 그를 바라보는 주체로 하여금 자신의 존재에 대하여 질문하고 자신의 존재를 떠나 타자를 향하도록 호소하는 것이다.

이런 의미에서 타자의 얼굴이 건네는 말은 "간청"이며 호소이다. 이것은 전쟁과 같은 광기의 시기뿐 아니라 평상시에도 해당된다. 왜냐하면 일상적인 삶 속에서 우리는 기쁨뿐만 아니라 고통도 경험하며 그 고통은 삶의 고통, 궁극적으로 죽음에 대한 고통과 연결되기 때문이다. 따라서 타자의 얼굴이 건네는 말은 "너도 인간이고 나도 인간이며, 나도 죽을 존재이고 너도 죽을 존재이며, 살고 죽는다는 것 모두가 고통스러운 일"이라는 것이다. 즉 타자의 얼굴은 단적으로 "나를 죽이지 말라"(TI, 199쪽)고 호소하는 것이다.

이것은 "저항할 수 없는 저항의 말",[43] 윤리적인 저항의 말이다. 타자의 얼굴이 건네는 말이 나로 하여금 질문하게 하며 그 무력한 호

---

[42]   드 생 쉐롱, 미카엘, 위의 책, 64쪽.
[43]   데이비스, 콜린, 위의 책, 98쪽.

소가 나에게 "명령"으로 들려오는 것이다. 그리고 그 얼굴의 호소에 응답할 때, 타자에의 "책임성"이 비로소 나를 "자유롭게" 한다. 이런 의미에서 레비나스는, 인간이 인간인 것은 그가 타자의 소리를 듣고 그에게 대답할 때, 동일자로부터, 타자로 향할 때(Humanismus., XII-XIII) 가능하다고 강조하는 것이다. 즉 타자의 상처 가능성과 죽음 가능성의 사실에 직면하여 나는 내가 원하든 원치 않든 그의 상처 가능성에 대답해야 하며, 나는 타인에게 책임이 있다는 것이다.(Humanismus., X) 이처럼 타자의 얼굴 현현은 나에게 "윤리적인 명령"으로 다가오며 그 명령은 나로 하여금 존재 안에 갇혀 있던 나를 떠날 것을 명령하고 결단과 행동을 요구한다. 이 말은 "타자가 나를 부르는 말이며, 나를 넘어서는 말이다Der Andere ruft mich an, mir einen Befehl erteilt".(Humanismus., 43쪽)[44] 결국 레비나스가 주장하는 얼굴의 소리는 타자가 나를 부르고 명령하는 소리, 자아의 제국주의적, 이기주의적 존재를 폭로하는 소리이며 타자의 죽음에 대하여 책임을 맡으라는 윤리적인 호소이자 명령의 소리를 뜻한다. 또한 타자의 얼굴을 통해 자신을 떠나고 무한을 향하도록 하는 소리가 바로 양심의 소리인 것이다. 이런 의미에서 타자의 얼굴이야말로 진리가 드러나는 장소이며,[45] 타자의 얼굴의 말을 받아들이라는 양심을 따를 때, 나는 비

---

[44] 레비나스와 달리 하이데거에 의하면, 일상인에게 들려오는 현존재의 양심의 소리는 그의 본래적인 존재가 일상적인 자신에게 건네는 소리, 즉 "자신을 넘어서서, 자신에게 오는 말"(… kommt aus mir, ueber mich)이다.

[45] 드 생 쉐롱, 미카엘, 위의 책, 113쪽.

로소 "자유로운 존재"가 될 수 있는 것이다.[46]

4

하이데거와 레비나스에게서 언어의 본질

　지구에 존재하는 생명체 중에 인간만큼 말(언어)을 많이 하는 존재자는 없다. 아리스토텔레스의 표현대로 인간은 "언어를 갖춘 존재자zoon logon echon"이다. 인간은 거의 매 순간 말을 하며 자신의 생각을 타인에게 표현하기 위해 말을 한다. 이때 언어는 인간의 생각을 전달하기 위한 도구이다. 다급한 위험을 알리기 위해 언어를 사용하는 것은 인간에게만 해당하는 일은 아닐 수도 있다. 비록 조야한 상태이지만 다른 동물들도 언어를 통해 동료에게 위험을 알린다. 동물들이 언어를 사용하는 것은 그 정도에 그친다. 대부분의 경우, 동물들은 말(언어)없이 살아간다. 반면 인간은 위험한 사건이나 자신의 의견을 상대에게 전달하기 위해 언어를 사용할 뿐만 아니라 언어 자체를 즐기기도 한다. 인간은 언어를 가지고 즐거운 시간을 갖는다. 인간은 말장난을 하면서 즐거워하고 말하는 자체를 즐기기도 한다. 이때 언어는 어떤 특정한 사건이나 의미를 전달하기 위한 도구가 아

---

[46] 데이비스, 콜린, 위의 책, 96쪽 이하.

니다. 그러한 말은 아무 대상이나 사건을 드러내지 않는다. 단지 말이 말로 이어지고 있을 뿐이다. 인간이 즐기는 것은 말 자체가 갖는 규칙성이나 이탈, 혹은 말이 전개될 때 나타나는 논리적 충실성이나 반전과 같은 것이다.

한편 인간은 상대방을 제압하기 위해 말을 사용하기도 한다. 그것은 자신의 주장을 관철하기 위한 말싸움의 형태로 나타난다. 이와 같이 언어는 거의 모든 인간의 삶을 드러내고, 규정하고, 지배하는 근본적인 요소라고 볼 수 있다. 마치 음악이 음을 통해, 회화가 색을 통해 이루어지듯이 인간의 존재와 삶은 언어를 통해 구성되어 있으며, 심지어 그 자체로 언어라고 할 수 있다. 언어는 인간의 삶과 무관하게 존재하다가 이따금 인간에 의해 요구되고 사용되는 도구가 아니라는 것이다. 그런데 거의 모든 인간의 삶이 언어를 통해 드러나고 규정되고 전달된다 하더라도, 그리고 동시대인들이 동일한 언어를 사용한다 하더라도, 우리는 다음과 같이 질문할 수 있다: 인간의 언어는 인간의 존재, 삶과 동일한가? 언어는 인간의 존재와 삶을 제한하고, 왜곡시키는가? 그렇다면 언어란 무엇인가? 그리스도교 성서에 의하면, 아담이 다른 생명체들에게 이름을 붙이는 장면이 묘사되어 있다:

> 하나님이 흙으로 각종 들짐승과 공중의 새를 지으시고, 아담이
> 무엇이라고 부르나 보시려고 그것들을 그에게로 이끌어 가시니
> 아담이 각 생물을 부르는 것이 곧 그 이름이 되었더라. (창 2:18)

언어의 발생 배경에 대한 표현이 창세기 2:18에 처음 나타나는 것은 아니다. 창세기 1: 28에는 하나님이 인간에게 말을 건네는 장면이 묘사되어 있다. 하나님은 인간에게 "복을 주시고…. 생육하고 번성하여 땅에 충만하라…"고 말씀하신다. 여기서 인간이 말하는 장면은 묘사되고 있지 않지만, 적어도 인간은 신의 말씀(언어)을 듣고 이해했다고 볼 수 있다.[47] 창세기 2:16에도 "하나님이 인간에게 명하여 이르시되 동산의 각종 나무 열매는 네가 임의로 먹되 선악을 알게 하는 나무의 열매는 먹지 말라. 네가 먹는 날에는 반드시 죽으리라"라는 내용이 표현되어 있다. 즉 아담이 동물들의 이름을 붙여주기에 앞서 그는 신의 말씀(언어)을 이해하고 있었던 것이다. 이때 아담이 이해한 신의 언어는 "소리"를 갖지 않는 언어였을 것이다. 이러한 언어를 플라톤은 "영혼의 독백"이라고 부른다. 그의 주장을 따른다면 창세기 1장, 2장 16절에서 신과 아담은 "영혼의 언어"를 통해 서로를 이해했다고 볼 수 있다.

반면에 창세기 2:18의 내용에 따르면 아담은 처음으로 입과 혀를 통과해 나오는 "소리"를 가지고 자신의 영혼의 언어를 표현하기 시작한다. 아담은 자신의 영혼 안에 담지되어 있던 영혼의 언어(기의)를 소리화된 기호(기표)를 통해 "부르기" 시작한 것이다.

---

[47] 창세기 1장과 2장은 서로 다른 자료 층에서 유래했기 때문에 1장의 내용이 2장보다 앞선 것이라고 볼 수는 없다.

그는 자신 앞에 이끌려진 동물들의 이름을 부른다. 처음 보는 생명체의 이름을 그는 아무 거리낌 없이 부르고 있는 것이다. 이것이 가능한 이유는 그가 동물들에 대한 기의, 즉 영혼의 언어를 이미 알고 있었고 단지 그것을 그때 소리화된 기호로써 불렀기 때문이다. 아무튼 여기서 우리는 천재적인 아담의 언어 능력을 보게 된다.

창세기의 표현이 말하고자 하는 것을 종합하면, ① 영혼의 언어를 통해 신의 생각(기의)과 아담의 생각(기의)은 완전히 일치하고 있으며, ② 아담의 영혼의 언어(기의)는 그가 소리로 표현한 기호(기표)와 일치하며, ③ 그가 기표를 통해 부른 동물들의 이름은 동물들의 존재와 일치하고 있다는 점이다.[48]

이러한 주장은 서구 철학사와 언어학을 통해 면면히 이어져 왔다. 내 앞에 있는 책상을 보고 그것을 책상이라고 생각한다면 그것은 옳은 것이다. 그 생각을 언어로 표현해 "그것은 책상이다"라고 말한다면 그것 또한 옳은 일이다. 책상이라는 사물과 책상이라는 생각(기의), 책상이라는 표현(기표)이 서로 일치할 때, 서구 철학은 이것을 "진리"라 불러왔다. 진리는 사물과 인식, 언어의 일치adaequatio intellectus et rei를 뜻하며, 인간에게 진리의 빛이 비춰져 있는 한, 인간은 "선험적apriori"으로 진리를 알 수 있으며 진리를 표현(선험적 언어)할 수 있다는 것이다.

---

[48] 만약 아담의 언어가 영혼의 언어에 머물렀다면, 신과 아담의 관계는 훼손되지 않았을 것이다. 반면 아담이 소리화된 기표를 부름으로써 신과 아담의 관계, 더 나아가 아담과 동물들의 관계는 왜곡되기 시작했다고 볼 수 있을 것이다.

이런 주장은 타당하기도 하지만 그렇지 않기도 하다. "책상이 책상"이고 "책상을 책상이라고 부르면" 그것은 옳고 타당하다. 그러나 책상은 항상 책상일까? "책상"이라는 기의에 맞는 기표는 "책상", "Desk", "Tisch" 등과 같이 다양하다는 주장은 도외시하더라도, 책상은 관계나 상황에 따라 책상으로, 도구 받침대로, 식탁으로, 침대로 바뀔 수 있다. 그럼에도 불구하고 책상은 항상 책상이라고 말한다면 그것도 옳다.

그러나 "이 책상은 멋지다"라고 말한다면 책상이 책상이라는 점에 대해서는 거의 모두 동의하겠지만 그것이 "멋지다"라는 표현에 대해서는 서로 다른 의견을 가질 수 있다. 그 이유는 "멋지다"라는 언어는 "책상"이라는 언어보다 덜 규정적이고 주관적인 판단에 따라 달라질 수 있기 때문이다.[49] 이런 경우는 비단 정서적인 언어에만 해당하는 것은 아니다. 책상과 같이 어떤 내상이나 사실을 언급하는 지시적 언어의 경우에도, 그 대상이 "이념적 대상"이 될 경우 그 의미는 객관적이고 보편적이기 어렵다. 예를 들어 "진리", "자유", "평화", "정의"가 무엇을 의미하는지 묻는다면 우리가 서로 다른 대답을 하게 될 거라는 점은 분명하다. 이런 점에 대하여 고르기아스는 다음과 같이 표현했다:

---

[49] 언어학에 따르면, 언어는 정보적, 지시적, 정서적, 명령적인 언어로 구분될 수 있다. 정보적, 지시적 언어가 객관적, 보편적 의미를 지니는 반면, 정서적 언어는 주관적인 판단에 따라 달라질 수 있다. 명령적 언어는 의미에 대한 이해를 떠나, 행동하기를 강요하는 언어라는 차이점을 지닌다.

아무것도 존재하지 않는다. 설령 어떤 것이 존재한다 하더라도 우리는 그것을 알 수 없다. 설령 그것을 알 수 있다 하더라도 우리는 그것을 전달할 수 없다.

고르기아스가 하고 싶은 말은 모든 존재자들은 생성과 소멸을 하고 있다는 점, 그것을 인간의 이성이 포착한다 하더라도 존재자는 인간 외부에 있는 것이며 이성은 인간의 내부에 있는 것이고, 따라서 외부적인 것이 인간의 내부 안으로 들어오는 과정에서 많은 오류 가능성이 있다는 점, 그럼에도 불구하고 인간의 이성이 포착한 내용을 언어를 통해 표현하더라도 그것은 제한적이고 누락 가능성을 포함한다는 점이다.

예를 들어 무지개라는 자연현상은 인간 외부에 펼쳐진 현상이다. 인간은 그것을 "무지개"라고 생각한다. 그러나 인간의 생각과 무지개 자체엔 차이가 있고 그것을 언어로 표현하는 경우도 마찬가지이다. 우리는 무지개 색깔을 "있는 그대로" 생각할 수 없고 그것을 표현할 언어 역시 매우 제한적이다. "무지개"라는 언어 표현은 "무지개"라는 존재가 포함하고 있는 다양하고 세밀한 모든 것을 담아내지 못한다. 이런 의미에서 니체는, 인간의 인식은 존재자를 "추상화, 단순화" 하는 장치로서, 존재자 자체가 아니라 그것을 인간적인 것으로 변화시키는 일이며, 언어는 복잡한 존재자를 단순하게 도식화시키는 작업이라고 비판한다.

그러나 인간의 삶과 역사는 언어를 통해 표현되어 왔다. 인간은 저 밖의 사물들과 사건들을 표현하기 위해 언어를 만들었다. 인간의 삶과 세계가 언어를 통해 기록되고 전승된 이후, 인간은 자신이 만든 언어에 의해 지배되기 시작한다. 말하자면 인간은 자신이 만든 언어로 구성된 "표상의 세계"를 세계 자체로 여기고 그것을 "형이상학적 진리의 세계"라고 불러왔던 것이다.

그런데 형이상학적인 진리의 세계가 삶의 다양한 진실들을 누락하고 빠뜨린 채 구성된 것이라고 한다면? 그리고 형이상학을 지탱해 온 "형이상학적 언어(철학적 언어)"들이 오히려 진실을 감추고 은폐해 왔다고 한다면?

바로 이러한 문제점으로부터 하이데거와 레비나스의 언어론은 시작된다. 그들은 모두 기존의 형이상학적 언어, 잘 알려지고 당연하다고 여겨져 온 언어, "말해진 언어"에 대해 비판하며, 기존의 언어에 대한 해체 작업을 수행하기 시작한다.

1) 하이데거의 언어론

(1) 형이상학적 언어(말해진 것)에 대한 해체

하이데거의 가장 핵심적 질문은 "존재의 의미가 무엇인가?"이다. 이러한 질문의 배후에는, "존재의 의미가 망각되었다"라는 판단이 놓여 있다. 그렇다면 존재의 의미가 망각된 원인은 무엇일까?

위에서 우리는 인간이 언어에 둘러싸여 살아가고 있다고 말했다. 언어가 선험적인 것인지 또는 경험을 통해 형성된 것인지에 대한 질문과 상관없이 일단 언어가 인간의 존재와 삶 속에 들어오자마자 언어는 인간과 세계, 심지어 신까지 규정하기 시작한다. 즉 "인간이 누구인가? 세계가 무엇인가? 신이 누구인가?"라는 질문들은 전승된 언어를 통해 해명되는 것이다.

이러한 현상을 이해하는 것은 어렵지 않다. 우리 주변을 둘러보면 거의 모든 곳, 모든 상황 속에 언어가 개입되어 있다. 이제 인간은 삶 자체보다 언어를 통해 구성된 삶 속에서 살아가게 되었다. 그런데 만약 우리에게 전승된 언어들이 인간과 존재 세계 전체를 있는 그대로 드러내지 못하고 오히려 왜곡시킨다면? 이를 알아보기 위해 우선 우리의 일상적 삶과 언어의 관계를 살펴보기로 한다.

인간은 아침에 일어나면서부터 언어와 만난다. 우리는 '지금이 몇 시인지?' '무슨 요일인지?' '어떻게 출근할 것인지?'라고 질문한다. 친구와 만나 커피를 마시며 이런저런 이야기를 나눈다. 많은 말을 나눌수록 서로를 더 잘 이해하는 것처럼 보인다. 저녁때 집으로 돌아와 가족과 말을 하거나 혼자 컴퓨터 앞에서 인터넷으로 익명의 인간과 대화를 나눈다. 알지 못하는 외국어가 아니라면 이해할 수 없는 말은 없다. 그러나 어떤 경우엔 친구들과 말을 나눌수록 오히려 서로가 이해하지 못한다는 느낌을 가질 때도 있다. 서로를 이해시키려고 많은 말을 하지만 뭔가 부족하다는 느낌, 서로의 생각과 마음을 표현하는데 있어 언어가 오히려 방해된다는 느낌을 가진다. 그러나 다른 방법은 없다. 왜냐하면 우리가 알고 있는 언어 외에 우리 생각을 표현할 또 다른 언어는 없기 때문이다. 이때 서로의 진실은 조야한 언어 사이로 미끄러져 나가고 우리는 언어의 한계에 부딪치게 된다. 그리고 우리가 드러내고 싶은 삶과 언어 사이에는 괴리가 있다는 것을 알게 된다. 일상적 언어는 우리의 존재와 삶 자체를 드러내지 못하고 있는 것이다. 이때 우리는 서로에 대하여 이해할 수 없을 것 같다고 느낀다.

그럼에도 불구하고 이런 경우는 드물고, 오히려 우리는 일상적 삶 속에서 오고가는 거의 모든 언어들을 이해하고 있다고 생각한다. 이러한 언어를 하이데거는 일상적 언어라고 부른다.

일상적 언어는 서로에게 잘 전달되고 이해된다. 그 언어는 보편적인 이해를 가능하게 하는 것처럼 보인다. 보편적인 이해를 가능하게 하는 언어를 우리는 진실한 언어라고 생각한다. 그러나 이것은 착각이다. 왜냐하면 보편적 이해를 가능하게 하는 것처럼 보이는 언어는, 사실은 평균적 이해에 머물고 있기 때문이다. 잡담을 할 때 우리는 서로를 잘 이해한다. 잡담은 보편적 이해를 가능하게 한다. 더 나아가 잡담을 넘어 선동적인 언어는 어떠한가? 선동적인 언어에 얼마나 많은 사람들이 현혹되고 넘어갔는지, 진실과 얼마나 무관한 언어인지를 우리는 역사적 경험을 통해 알 수 있다. 그럼에도 사람들이 잡담이나 선동적 언어를 보편적이라고 착각하는 이유는 그러한 언어들은 우리 모두에게 공통적으로 전승된 언어이고 누구나 동일하게 이해할 수 있다고 여기기 때문이다. 그러나 잡담이나 선동적 언어와 같은 일상적 언어는 우리를 평균적 이해에 머물게 하며, 우리로 하여금 진실이 무엇인지에 대하여 진지하게 생각하지 못하게 한다. 이런 의미에서 보편적 언어라는 착각을 일으키는 일상적 언어는 피상적이고 평균적인 언어에 불과한 것이다. 예를 들어, 누군가가 "나는 아프다"라고 말한다면 우리는 그 의미가 무엇인지 이해할 수 있다. 적어도 우리는 그가 사용한 "아프다"라는 개념의 뜻이 무엇인지 "분명하게" 알고 있다. 그러면 그 언어를 말한 사람과 우리는 서로 이해한 것인가?

어쩌면 우리는 단지 그 언어의 의미를 이해했을 뿐 그 말을 한 사람의 "아픔 자체"에 대해서는 무관심할 수도 있다. 우리는 그의 아픔을 단순히 추상적인 개념으로 이해할 뿐 실존적인 아픔으로 이해하지 못하고 있다. 즉 "아프다"란 언어에 대하여 우리는 개념적으로는 "분명하게" 이해하지만, 실존적으로는 "막연하게(피상적, 평균적)" 이해하거나, 혹은 전혀 이해하지 못하고 있는 것이다. 따라서 언어에 대한 진정한 이해는 추상적, 개념적 이해가 실존적 이해로 이어질 때 비로소 가능한 것이다. 이러한 작업을 하이데거는 『존재와 시간』에서 보여 주고 있다. 『존재와 시간』에 의하면 일상인은 일상적이고 평균적인 언어에 파묻혀 살아간다. 그러나 자신이 "죽음에의 존재"라는 것을 선취적으로 받아들일 때, 그는 불안 속에서 모든 존재자의 의미가 무화되고, 그때까지 익숙했던 언어 역시 사라지는 것을 경험하게 된다. 그리고 그가 자기 자신의 실존과 적나라하게 마주칠 때 들려오는 언어가 양심의 소리이다. 양심의 소리는 일상적 현존재로 하여금 자신의 고유하고 본래적인 존재를 드러내 주는 무언의 언어이며, 동시에 모든 각각의 존재자들을 존재자 그 자체로 바라보게 하는 언어이다. 이 언어는 비록 음성(소리)으로 들리지 않지만 일상에 의해 잊혀지고 망각된 자신과 모든 존재자의 존재 의미를 드러내는 언어이다.

이러한 점은 하이데거의 후기 사상에서 서구 형이상학에 의해 은폐되고 망각되었던 존재의 언어, 즉 언어의 본질을 찾아가는 작업으로 이어진다.

이렇게 실존적인 언어, 존재의 언어를 찾기 위해 하이데거는 우선적으로 기존의 언어(일상적 언어와, 형이상학적 언어)에 대한 해체(파괴)를 시도하고 있다. 왜냐하면 기존의 언어를 가지고 새로운 실존적 사건과 존재론적 사건을 드러낼 수 없기 때문이다.

기존의 언어에 대한 해체 작업은 여러 방식으로 이루어진다. 그는 기존의 형이상학적 언어가 갖고 있는 의미를 부정하기 위해 "존재"라는 단어에 X를 긋기도 한다. 혹은 형이상학이 주장한 존재Sein는 "최고의 존재자das hoechste Seiende"를 가리킨다고 비판하면서, 형이상학적 언어와 구분하기 위해 Sein 대신 Seyn이라고 쓰기도 한다.

또한 하이데거는 의도적으로 동어반복적 표현을 쓰기도 한다. 예를 들면 Das Sein ist(존재가 존재한다), Das Ereignis ereignet(존재 사건이 사건화한다), Die Zeit zeitigt(시간이 시간화한다), Das Nichts nichtet(무가 무화한다), Die Welt weltet(세계가 세계화한다) 등이 여기에 속한다. 그가 사용하는 동어반복적 표현은 문자적으로 볼 때, 아무런 의미도 더하지 않는 것처럼 보인다. 그것은 사실이기도 하다. 그러나 다른 한편

"존재가 있다"라는 표현 안에 우리가 위에서 언급했듯이 존재에 대한 감사, 경이, 관심 등 여러 가지가 포함되어 있다. 물론 이것은 너무도 단순하고 당연한 표현인 동어반복을 숙고하고 사유할 때 가능한 일이다. 따라서 하이데거는 독자로 하여금 "존재가 있다", "무가 무화한다"는 의미가 무엇인지 숙고하도록 하기 위해, 의도적으로 동어반복적 표현을 사용하고 있는 것이다.

이와 마찬가지로 하이데거는 문장에서 모든 조사를 생략하기도 한다. 왜냐하면 동어반복적 문장이나 조사를 생략한 병렬식 문장의 경우, 그 문장이 진정으로 "말하기 시작하는 곳은 단어들이 없는 곳"이기 때문이다.[50] 이와 같이 하이데거는 독자가 언어의 기표와 기의를 넘어 그 언어가 지시하는 "존재 세계"를 사유할 수 있기를 원하고 있는 것이다.

그렇다면 "존재 세계를 지시하는 언어"가 무엇을 의미하는지, 하이데거가 인용하고 있는 트라클의 시를 통해 알아보기로 한다:

창문에 눈이 내리고,
오래도록 저녁 종이 울린다.
많은 이들을 위해 저녁 식탁이 준비되고
집 안은 화기애애하다 …

[50] M. Heidegger, *Was heisst Denken*, 114쪽.

174

이 시에는 "눈", "저녁 종", "식탁"이란 단어가 등장한다. 우리는 "눈", "저녁 종", "식탁"이란 기표를 지닌 단어의 의미(기의)가 무엇인지 잘 안다. 눈은 눈이고, 저녁 종은 저녁 종이고 식탁은 식탁이다. 그러나 그뿐인가? 이 시에 의하면 눈이 내리고 있고, 저녁 종이 울리고 있고, 집 안에는 식탁이 놓여 있다. 눈, 저녁 종, 식탁이란 단어들이 어우러지면, "저녁 종이 울리고 눈이 내리는 저녁에, 집 안에 놓여 있는 식탁"이라는 풍경이 그려진다. 그러나 그뿐인가?

식탁은 누군가를 위한 식탁이고, 눈은 하늘과 대지를 이어 주는 눈이고, 저녁 종은 하루 일과를 끝내는 시간, 더 나아가 종말의 시간을 암시하기도 한다. 이런 점을 숙고한다면, 이 시는 단순히 가재도구와 문화적 도구, 자연현상을 묘사하고 있는 것이 아니다. 그것을 넘어 이 시 안에는 식탁에 참여할 누군가를 기다리는 간절함과, 종말적 시간의 시급함과, 하늘과 대지를 연결시켜 주는 관계성이 "지시"되고 있다.

이런 의미에서 하이데거는 트라클의 시 안에서 "죽을 수밖에 없는 인간 현존재"와 하늘적 존재, 대지적 존재, 그리고 종말론적 기다림과 연관된 신적인 존재를 떠올리고 있는 것이다. 트라클의 시에 등장하는 단어(기표)는 단어의 의미(기의)를 "규정"하는 데 그치는 것이 아니라, 오히려 그 단어들은 함께 어우러져 "존재의 세계"를 "지시"하고 있다는 것이다. 그것은 마치 "달을 가리키는 손가락"에서 우리가 보아야 할 것이 손가락이 아니라, 손가락이 지시하는 달이라는 것과 같다.

이러한 하이데거의 해석에 의하면, 이 시에서 말을 건네는 주체는 언어 자체가 된다.

이 외에도 하이데거가 기존 형이상학을 부정하기 위해 시도하고 있는 또 다른 방식은 "단어의 시원적인 의미"를 어원론적, 계보론적으로 소급해 확인하는 일이다. 이에 대한 가장 유명한 예로서 하이데거는 "진리"라는 단어의 시원적 의미가 무엇인지, 그것이 형이상학의 역사를 통해 어떻게, 얼마나 왜곡되었는지 보여 주고 있다.

우리가 "진리"라고 알고 있는 단어는 그리스어 aletheia에서 시작되었다. 그리스어 aletheia는 라틴어 veritas로, 그 후 독일어 Wahrheit(영어의 truth도 마찬가지다)로 번역되었다. 그런데 하이데거는 그리스어에서 라틴어, 독일어로 번역이 이루어지는 동안, 그리스어 aletheia가 갖고 있던 시원적 의미가 상실되고 왜곡되었다고 주장한다.

라틴어 veritas는 "올바른" "정당한"이란 의미를 갖는 verus와 연관되어 있다. veritas는 "진리"라고 번역되며, 진리는 이제 "올바름", "정당함"이란 뜻을 지니게 된다. 이것은 veritas가 독일어 Wahrheit로 번역될 때도 마찬가지이다. Wahrheit란 단어 역시 올바름, 정당함이란 의미를 지닌다. 반면에 veritas나 wahrehit 안에는 올바르지 않음, 정당하지 않음이란 의미는 들어 있지 않다. 진리는 단지 진리일 뿐, 어느 경우에도 비진리가 될 수 없는 것이다.[51]

---

[51] 이미 플라톤 철학이 "선의 이데아"를 주장하면서부터 어떠한 것이 진리인지, 비진리인지

반면에 하이데거는 그리스 aletheia는 a-letheia로 이해되어야 한다고 주장한다. aletheia의 시원적 의미는 은폐된 것, 망각된 것lethe을 부정하는a privativum 역동성에 있다는 것이다. 말하자면 "진리"는 항상 진리이며, 진리로 머무는 것이 아니라 비진리를 부정하고 벗겨 내는 역동성을 통해 진리로 드러날 수 있다는 것이다.

하이데거의 이러한 해석은 진리에 대한 형이상학적 주장 전체를 부정하는 것이다. 그의 입장은 "신", "실재", "실체", "주체", "진리", "선(윤리)"과 같은 기존의 형이상학적 개념들 전반에 대한 부정과 해체로 나타난다. 그것은 기존의 형이상학이 "말해 온 것"에 대한 부정을 뜻하며, 하이데거는 기존 형이상학에 의해 "말해지지 않은 것", "말해야 하는 것"을 찾아 나선다. 이제 그에 의하면 언어의 본질은 "말해지지 않은 것", "말해야 하는 것"을 말하는 데 놓이게 된다. 그리고 말하는 주체는 인간이 아니라 "말해지지 않은 말", "말해야 하는 말"이 된다. 이런 점을 하이데거는 "언어가 말한다"라고 표현한다.

(2) 존재론적 언어의 본질: "언어가 말한다"

인간은 자신의 입과 혀를 통해 "의미를 지닌 소리"를 낸다. 따라

여부는 그것이 "선의 이데아"와 합치하는지 여부에 따라 결정되며, 그리스도교와 교부철학에서는 그것이 신의 로고스(말씀, 명령, 율법)와 일치하는가에 따라 결정된다. 그리고 "선의 이데아 자체"나 "신 자체"는 항상 올바르고 선하기 때문에, 이와 합치하는 진리는 비진리가 될 수 없다.

서 말하는 주체가 인간이란 점은 당연해 보인다. 그러나 모든 말을 인간이 할 수 있는 것은 아니다.

예를 들어 너무나 아름다운 풍경을 본 경우, 그 풍경에 대하여 말하고 싶지만 도저히 말로 표현할 수 없는 경우가 있다. 그렇다고 그 풍경에 대한 말이 전적으로 부재하는 것은 아니다. 단지 아직 구체화되지 않은 채 혼란스럽고 어두운 말들이 혼재되어 아른거릴 뿐이다. 그 풍경에 대하여 말할 수 있으려면 어쩌면 혼란스러운 어두운 말들이 형태를 갖추기까지 기다려야 하는 것은 아닐까? 그 후에 비로소 우리는 그 말들이 건네는 말을 들을 수 있는 것은 아닐까?

이러한 주장을 이해하기 위해 "말한다" 대신 "본다"라는 표현을 써 보자.

우리는 어떠한 풍경을 보면서 그것이 아름답다고 말한다. 그런데 우리는 그 풍경을 이렇게도 저렇게도 볼 수 있다. 그것은 풍경 그 자체를 보는 것이 아니라 그 풍경을 "우리가 보는 풍경"으로 제한시키는 일이다. 시간이 지나거나, 방향이 달라졌을 때, 우리는 그 풍경을 다르게 볼 수 있다. 이때도 그 풍경은 "우리의 풍경"으로 제한되는 것이다.

이와 달리 우리가 그 풍경을 있는 그대로 보려면 풍경이 보여지는 대로 받아들여야 한다. 말하자면 그 풍경은 "우리가 보는 것"을 통해서가 아니라 풍경이 먼저 우리에게 자신을 드러내고 보여 줄 때, 그 풍경으로 우리에게 보여질 수 있는 것이다. 즉 우리가 풍경을 보기 때문에 보는 것이 아니라, 풍경이 스스로 보여 주기 때문에, 우리는 볼 수 있는 것이다.

마찬가지로 우리가 풍경에 대하여 말하기 때문에 그 풍경이 드러나는 것이 아니라, 그 풍경이 먼저 말을 건네오기 때문에 우리는 그 풍경에 대하여 말할 수 있는 것이다. 이런 의미에서 하이데거는, "귀가 있기 때문에 들을 수 있는 것이 아니라, 반대로 들을 수 있기 때문에 귀가 있다"고 말하는 것이다.[52]

이것은 언어의 경우에도 마찬가지이다. 인간이 말하는 언어는 그가 알고 있는 언어, 그에 의해 제한된 언어, 전승된 의미에 의해 제한된 언어, 더 나아가 일상적으로 평준화된 언어이다.

반면에 전적으로 새로운 존재 세계에 대하여 말한다는 것은 아직 말해지지 않은 말, 그럼에도 말해야 하는 말을 통해서 이루어진다. 그러나 그 말은 인간이 주체적으로 말할 수 있는 말이 아니라, 오히려 말 자체가 먼저 말을 건네올 때 그때 인간에게 들리게 되고, 그렇게 들은 말을 인간은 추후적으로 표현할 수 있다. 바로 이러한 경험을 하이데거는 "인간이 아니라 언어가 말한다", "언어가 우리에게 말하도록 한다"[53]라고 함축적으로 표현하고 있는 것이다:

> 본래적으로 언어가 말한다. 인간은 무엇보다, 단지 언어의 말
> 건넴을 들으면서 언어에 응답할 때 말한다. … 인간이 본래적으로

---

[52] M. Heidegger, *Logos, in: Vortraege und Aufsaetze*, 207쪽(이후 'VA'란 약호로 본문 안에 기입함).

[53] M. Heidegger, *Unterwegs zur Sprache*, 11쪽.

언어의 말 건넴을 들으며 응답하는 것은, 시 짓기 안에서 말해지는
그러한 말이다.(VA., 184쪽)

이렇게 "말이 건네는 말, 아직 말해지지 않은 말, 그럼에도 말해
야 하는 말"을 찾아 떠나는 인간 현존재를, 하이데거는 횔덜린과
같은 "시인"에게서 발견한다. 이때 횔덜린은 하이데거 자신에 대
한 표현이기도 하다. 하이데거(철학적 사유가)와 횔덜린(시인)은 모두
"잊혀졌지만 시원적이고 근원적인 언어"를 찾아 떠나는 자이다. 그
렇다면 횔덜린을 통해 하이데거가 주장하는 "언어의 본질"은 무엇
인가?

하이데거에 의하면 "사유가는 존재를 말하고, 시인은 성스러운
것을 명명한다".(Weg., 309쪽) 그런데 존재나 성스러운 것은 모두 형
이상학의 역사를 통해 망각되어 왔다. 따라서 이제 사유가나 시인
은 "말해지지 않은" 존재나 성스러운 것을 드러내어야 한다. 그러나
성스러운 것은 아직 도래하지 않았고 그것을 드러낼 언어 역시 주
어져 있지 않은 상태이다. 이러한 상황을 횔덜린은, 옛 신은 떠나 버
렸고 새로운 신은 아직 도래하지 않은 이중 결핍의 시대라고 규정하
며, 이때 시인의 사명은 성스러운 것을 위한 언어를 준비하고 명명
하는 일이라고 말한다.

그런데 시인이 성스러운 것을 명명할 수 있으려면, 어떤 식이든
성스러운 것이 먼저 스스로를 드러내고 있어야 한다. 이렇게 은폐
된 채 단지 흔적으로 자신을 드러내는, 성스러운 것을 예감하고, 감

지하는 것이 시인이 할 일이다. 이것은 시원적으로 드러났던 성스러움의 사건을 회상하는 일이며 그것은 "밤의 언어"와의 만남을 통해 이루어진다.

밤의 언어는 익숙하고 친밀했던 언어를 해체시키고 시인으로 하여금 성스러움을 드러낼 언어와 마주치게 한다. 왜냐하면 밤의 언어를 밤의 언어로 마주할 때, 비로소 밤의 언어는 새로운 아침을 여는 언어로 이어질 수 있기 때문이다. 이런 의미에서 횔덜린은 "숭고하디 숭고한 밤의 호의는 놀랍기만 하다. 또한 아무도 밤에 어디서, 어떤 일이 벌어질지 전혀 알지 못한다. … 그대에겐 밤보다 깨어 있는 낮이 더 낫다고 생각하겠지만, 그러나 명료한 눈은 때로는 그림자를 더 사랑하는 법이야"[54]라고 말하는 것이다. 이렇게 시인은 "성스러운 밤에 배회하는 디오니소스의 사제"[55]로서, 밤의 언어를 "직접적으로" 만날 수 있어야 한다. 그러나 아직 성스러운 이름이 결여되었기 때문에 우선적으로 시인은 침묵할 수밖에 없다:

때때로 우리는 침묵하여야 한다: 성스러운 이름이 결여되었기에/마음은 뛰놀고 있지만, 말함이 미치지 못하는가?

그러나 침묵은 포기나 방기가 아니라, 이름의 부재를 아파하고

---

54 횔덜린, 프리드리히, 『빵과 포도주』, 박설호 옮김, 28-30쪽.
55 위의 책, 44쪽.

겪어 내며, 언어의 도래를 기다리고 준비하는 일이다. 이러한 시인의 작업과 존재를 찾는 사유가의 작업은 동일하다:

> 사유는 존재의 소리에 귀를 기울여, 존재를 위해 말을 찾는다. 그리하여 이 말에서부터 존재의 진리가 언어에로 오기를 바란다. … 오랫동안 감싸져 왔던 언어의 부재에서부터, 그리고 그 부재 안에서 밝혀진 영역을 조심스럽게 해명하면서 사유의 말함은 시작된다. 시인의 명명함도 같은 유래에서 기인한다.(Weg., 309쪽)

이와 같은 기다림을 통해 시인은 밤의 언어가 갑자기 아침의 언어로 바뀌는 놀라운 경험을 하게 된다:

> 그러나, 이제 먼동이 튼다! 믿음 속에 기다렸고/도래하리라 예감하고 있었던 먼동이/내가 본 성스러운 것은, 나의 말이 될 것이다"[56]

이 시구에 의하면, 시인은 갑자기 성스러운 것이 드러나고 성스러운 것이 언어로 전환되는 것을 경험하게 된다. 그 언어는 시인이 만들어 낸 언어가 아니다. 오히려 성스러운 것 자체가 먼저 드러나

---

[56] M. Heidegger, *Erlaeuterungen zu Hoelderlis Dichtung*, 51쪽('EzHD'이란 약호로 본문 안에 기입함).

고 그렇게 드러난 성스러운 것이 이제 시인의 언어로 되는 것이다. 여기서 말을 하는 것은 시인이 아니라, 오히려 성스러운 것 자체이다. 그렇다면 하이데거가 주장하는 언어의 본질, 혹은 본질적 언어는 어떠한 언어인가?

시인은 성스러운 것이 드러낸 언어를 민족에게 전하는 자이다. 그는 성스러운 것, 신적인 존재들의 언어(눈위와 눈짓)를 "듣고", 그것을 다시 민족의 언어로 말해야 한다. 이때 "민족"이라는 표현은 인종주의적, 민족 우선주의적인 의미로 받아들여서는 안 된다. 이런 점은 하이데거의 경우도 마찬가지이다. 그가 횔덜린을 해명하면서 언어의 본질을 민족의 언어와 연결시켰을 때, 그것은 게르만 종족주의를 주장하고 있는 것은 아니다. 왜냐하면 당시 많은 독일인들이 히틀러 정권에서 독일의 구원을 기대했고, 히틀러의 나치 정권이야말로 독일 민족의 본질을 드러낼 수 있는 정권이라고 보았던 반면, 하이데거는(이전의 횔덜린도 마찬가지였음) 독일 민족의 본질을 "미래적인" 것으로 보았기 때문이다. 즉 하이데거는 독일 민족이 자신의 정체성을 확인하기 위해서 필요한 것은, 무엇보다도 서구 형이상학에 의해 은폐되었던 자신의 근원을 회복하고, 그것을 미래적으로 새롭게 창조해 나가는 일이라고 보았던 것이다.

이를 위해 요구되는 "존재의 언어"는, 추상적이고 보편적인 언어를 통해 도달할 수 없다. 왜냐하면 존재 사건은 단지 시간과 역사를 통해 세계 안에서 이루어지기 때문이다. 따라서 하이데거는, 존재의 언어는 존재 세계를 반영하고 지시하는 언어이며 민족의 언어라고 주장하고 있는 것이다. 이때 존재의 언어 안에는 민족의 하늘과 대지, 인간의 삶과 죽음, 신적인 존재가 빚어 내는 사건들이 담겨있다. 이런 의미에서 존재의 언어는 그 민족과 자연, 존재 세계가 몸화된 언어라는 특징을 지닌다:

하늘은 울린다. 그것은 역운의 소리 중 하나이다. 다른 소리는 대지이다. 대지 역시 울린다.(EzHD., 16쪽 6)

이렇게 하늘과 대지가 몸화된 언어는 민족의 입을 통해 울려 퍼지는 것이다. 이런 의미에서 하이데거는 언어를 "입의 꽃"이라고 부른다.(UzS., 206쪽)

결론적으로 하이데거가 주장하는 언어의 본질은 존재를 위한 언어이고, 존재의 언어이다. 그 언어는 민족의 대지와 하늘, 죽을 자들인 인간 현존재와 신적 존재들을 담고 있는 언어이며 그 민족의 역사를 통해 드러나는 언어이다. 그 언어는 아직 이루어지지 않았고, 오히려 미래적으로 드러나야 할 언어이다. 그것은 말해지지 않은 언어, 말해져야 할 존재의 언어이다. 이러한 본질적 언어를 하이데거는 성스러운 언어, 민족의 언어, 몸화된 언어라고 부른다.

2) 레비나스의 언어론

(1) 문자보다 말의 우위성

언어에 대한 레비나스와 하이데거의 입장에는 차이점과 공통점이 동시에 존재한다. 공통점 중 하나는 두 철학자 모두 문자보다 말을 강조하고 선호한다는 점이다. 그렇다면 말과 문자의 차이점은 무엇인가?

플라톤은 『파이드로스』에서 말과 문자의 차이점이 무엇인지 다루고 있다. 이 작품 안에는 이집트 왕 타무스와 문자의 신 테우트 사이의 대화가 묘사되고 있다. 테우트 신은 이집트 왕에게 문자를 가지면 사람들은 더 지혜롭고, 기억력이 높아질 것이라고 말한다. 그는 문자를 "기억과 지혜의 묘약"이라고 주장한다.

이런 점은 플라톤의 또 다른 작품 『티마이오스』에서도 묘사되고 있다. 여기서는 이집트 현자와 그리스인 사이의 대화가 묘사되고 있다. 이집트 현자는 "아틀란티스"를 건축한 그리스인의 조상에 대하여 칭송한 후, 현재 그리스인들이 아틀란티스를 망각한 이유는 문자가 없었기 때문이라고 말한다. 반면에 이집트에는 문자가 있어서 그 일을 기억하고 있다는 것이다.

이 입장에 따르면 문자는 기억과, 말은 망각과 연결된다. 문자가 말보다 더 우위에 있는 것처럼 보인다.

그러나 테우트 신의 말을 들은 이집트 왕은 『파이드로스』에서 이와 반대되는 의견을 제시한다. 문자에 의존할 경우, 사람은 외적인 기록에 의존하며 이를 통해 자신의 영혼의 힘, 즉 스스로 기억하려는 내적인 힘이 소진되리라는 것이다. 문자는 외적 기억에 의존하지만 말은 영혼으로 하여금 스스로 기억하게 한다는 것이다. 더 나아가 이집트 왕은 문자가 갖는 위험성에 대하여 이야기한다. 문자는 대화 상대자뿐 아니라 다른 사람에게도 노출되고, 그만큼 대화 당사자에게 구체적이고 생동감 있는 의미를 전달하지 못한다는 것이다. 즉 말은 영혼의 소리이고, 현장에서 오고가는 살아 있는 대화인 반면, 문자는 밖에서 오는 흔적이며, 생명이 없는 기록에 불과하다는 것이다. 현장의 소리인 말은 누군가 대신하거나 위조할 수 없지만, 문자는 글을 쓴 사람을 떠나 다른 사람에게 양도될 수 있기 때문이다. 결국 플라톤에 의하면 말은 직접성, 동일성, 현전성, 진리인 반면, 문자는 간접성, 차이성, 부재성, 비진리라고 규정한다. 하이데거와 레비나스가 플라톤의 견해와 동일한 것은 아니지만, 그들 모두 문자보다 말을 선호한다는 공통점을 지닌다. 하이데거는 존재의 언어를 순종하지 않는 아이에게 건네는 어머니의 말에 비유한다. 어머니는 아이로 하여금 자신의 말을 듣도록 가르친다. 물론 강압적으로 하지는 않는다. 오히려 아이가 스스로 어머니의 말을 따르도록 한다. 그런데 아이는 어머니의 말을 들으려 하지 않는다. 따라서 때로는 아이에게 큰 소리를 쳐야 할 경우도 있다:

가르침에서는 때때로 목소리를 높여야만 한다. 심지어 사유와

같이 고요한 사태를 가르칠 경우에도 크게 소리쳐야 한다.(WhD., 19쪽)

하이데거에 의하면 인간은 존재가 건네는 말을 스스로 들을 수 있어야 한다. 그럼에도 존재자에 빠져 있는 일상적 인간에게 존재의 말은 무의미하게 들린다. 따라서 때로는 존재의 말을 듣도록 소리치기도 해야 한다는 것이다. 이것은 존재의 말 건넴을 들으라는 하이데거 자신의 절규이기도 하다. 이때 하이데거가 문자보다 말을 선호하는 이유는, 인간과 존재의 관계는 추상적이고 간접적인 것이 아니라 구체적이고 직접적인 존재의 현전과 인간의 실존적 결단을 요구하기 때문이다.

레비나스의 경우도 나로 하여금 타자를 향하도록 하는 것은 문자가 아니라 말이다. 왜냐하면 나와 타자의 관계 속에서 중요한 것은 타자의 얼굴이 건네는 말에 응답하고 책임을 지는 일이다. 타자의 얼굴은 이론적인 앎으로 이해될 수 있는 것이 아니라, 나로 하여금 나를 떠나 타인의 말을 듣고, 행동하도록 하기 때문이다. 타자와의 관계를 지시하는 "말함"은 "정보나 내용을 전달하는 모든 언어에 앞서 말해진 것으로서의 언어에 앞선다. 말함은 이런 의무에 대한 노출이다. … 말함 속에서 내가 나타나는 방식이 출두이다".(『신, 죽음, 시간』, 242-243쪽)

타자의 얼굴의 말은 나로 하여금 "내가 여기에 있습니다"라고 응답하게 한다. 그것은 타자에 대한 나의 책임을 받아들이는 것이고,

벌거벗기고 고통 속에 있는 타자를 향해 유아론적 나를 넘어서고 떠나는 일이다.

이와 같이 하이데거와 레비나스는 문자보다 말을 선호한다는 공통점을 갖지만, 하이데거의 경우 말은 나로 하여금 나의 본래적인 존재를 실존적으로 결단하게 하며 이를 통해 존재의 드러남의 사건을 준비하고 경험하기 위해 요구되는 반면, 레비나스의 경우 말은 나로 하여금 타자를 향해 떠나도록 하기 위해 요구되는 것이다. 결국 하이데거의 경우 말은 "나의 본래적 존재를 위한 말", "존재론적 말"인 반면, 레비나스의 말은 "타자를 위한 말", "윤리적인 말"이라는 차이점을 지닌다.

이러한 점은 "말해진 것"과 "말해지지 않은 것"에 대한 입장에도 적용된다.

하이데거는 플라톤부터 니체에 이르는 철학자들을 다루면서 서구 형이상학의 역사를 "존재 망각의 역사"라고 규정한다. 이미 플라톤부터 고대 그리스의 시원적 사유는 왜곡되고 은폐되기 시작했기 때문이라는 것이다. 그러나 철학의 역사를 통해 시원적 사유가 전적으로 사라진 것은 아니며, 오히려 "말해지지 않은 채" 남아 있다는 것이다. 이러한 하이데거의 주장을 이해하기 위해 우리는 헤겔의 역사 철학에 대해서 잠시 살펴보는 것도 좋을 것 같다.

헤겔에 의하면 인류의 역사는 발전의 역사이다. 가장 처음 인류는 역사에 대해서 촌스러운 정신을 가지고 있었다. 그러한 정신을 가지고 역사를 이해했고, 그렇게 이해한 것을 후세에 전승하였다.

후세는 전승된 역사적 자료를 발판으로 좀 더 발전된 역사를 펼쳐 나갔으며, 이러한 과정이 계속되어 결국엔 완성된 역사에 도달할 수 있으리라는 것이다. 헤겔에 의하면 철학의 역사도 발전의 역사다. 플라톤보다 데카르트가, 데카르트보다는 칸트가 더 발전한 사상을 지녔다는 것이다. 칸트는 플라톤을 알고 이해할 수 있지만, 거꾸로 플라톤은 칸트를 이해할 수 없다는 것이다. 마치 대학생이 초등학생을 이해할 수 있지만, 그 반대는 불가능하다는 논리이다.

반면에 하이데거에게 역사는 발전의 역사가 아니라 "존재 망각의 역사"이다. 고대 그리스의 시원적 사유가 플라톤을 통해 더 발전되기는커녕, 오히려 그 반대라는 입장이다. 따라서 하이데거에게는 칸트보다 플라톤이, 플라톤보다 시원적 사유가 더 위대하다. 그가 헤겔과 전혀 다른 주장을 하게 된 이유는 모든 역사가 "말해진 것"을 통해 완전하게 파악되고, 전승된다고 본 헤겔의 입장을 부정하기 때문이다. 하이데거에 의하면 모든 역사는 "말해진 말"을 통해 완전히 파악할 수 없다. 오히려 역사의 진실은 "말해지지 않은 것" 안에 담겨 있다.

이러한 주장이 어렵다면 우리는 이렇게 질문해 보기로 한다: 우리가 알고 있는 역사, 우리에게 "말해진 말"을 통해 자료로 전승된 역사는 과연 진실된 역사인가? 오히려 그 안에는 일정한 승리자나 권력자의 의도가 담기지 않았을까? 혹은 전승된 자료 중에는 의도적으로 누락이나 첨삭, 왜곡된 해석이 개입되지 않았을까? 이 모든 것을 부정하고 우리에게 전승된 역사가 진실을 담고 있다 치더라도,

인간의 삶의 역사가 "말해진 말" 안에 완전하게 담길 수 있을까?

이런 질문에 대하여 하이데거는 "말해진 말"은 존재의 역사의 진실을 담을 수 없다고 주장한다. 오히려 진실은 외면적으로 드러난 "말해진 말"보다 "말해지지 않은 말" 안에 담겨 있다는 것이다. 그러나 "말해지지 않은 시원적 말"은 서구 형이상학의 "말해진 말"에 의해 부정되고 왜곡된 상태이다. 따라서 하이데거는 각각의 철학자의 "말해진 말"의 배후에 있는 "말해지지 않은 말", "말해야 하는 말"의 흔적을 찾아 나서야 한다고 강조하는 것이다.[57] 결국 하이데거에 의하면 "말해진 말"은 왜소해진 말이며, 한정된 말이고, 항상 부족한 말이다. 반면에 "말해지지 않은 말"은 우리가 찾아야 하는 말이지만 시원적 진리를 담고 있는 말이다. 이런 점은 레비나스에게도 해당한다.

레비나스 역시 철학의 역사를 "말해진 말(논의, 검증, 반증)"을 통해 전승된 세계, 진리, 존재, 인간의 본질에 대한 진술과 담론, 명제들의 역사로 보고 있다. 단지 하이데거가 "말해진 말"과 "말해지지 않은 말"을 구분하는 것과 달리, 레비나스는 "말해진 것"과 "말함" 자체를 구분한다. 그에 의하면 말함은 말해진 것과 다르며, 말해진 것 안에서 완전히 현존할 수 없다. 그러나 말해진 것이 부정적인 의미만 있는 것은 아니다. 왜냐하면 말해진 것을 통해 우리는 말해

---

[57] 이런 의미에서 시인의 임무 역시 "결코 말해지지 않은 것을 언어 속에 불어넣는 일"이라고 하이데거는 주장한다. 이것은 사라져 버린 신의 흔적, 시원적 말의 흔적을 찾아 나서는 일이다.

지지 않은 말함 자체를 찾아갈 수 있기 때문이다. 말해진 것이 우리로 하여금 문제 자체에 접근할 수 있게 하지만 우리는 말해진 것을 말함 자체로 오해해서는 안 되며 오히려 말해진 것 안에서 말해지지 않은 채 남겨진 "말함의 흔적"을 찾아 나서야 한다. 말해진 것과 달리 말함 자체는 항상 자신을 열고 개방하며 이를 통해 말해진 것을 넘어서기 때문이다. 말함 자체는 어떤 경우에도 "말해진 것"으로 고착되어서는 안 된다. 왜냐하면 레비나스에 의하면 말해진 것은 "존재론"에 머물며, 말함 자체는 존재론을 넘어 윤리적인 관계로 이끄는 말이다. 이런 입장을 그는 『존재와 다르게, 혹은 본질의 저편』에서 집중적으로 다룬다. 여기서 "말함"은 자신에 고립되어 있던 주체로 하여금 타자를 향하도록 하며 이를 통해 존재로부터 탈출하고 무한자를 향하도록 한다. 이런 "말함"은 말해진 것으로 고착되지 않으며 항상 말하는 말함으로 남는다. 이러한 말함 자체를 표현하기 위해 레비나스는 "말해진 것 없는 말함"이라고도 칭한다.

이것을 해명하기 위해 레비나스는 『전체성과 무한』에서 시작해 『존재와 다르게, 혹은 본질의 저편』에서 본격적으로 존재론적 언어 넘어서기를 시도한다. 그는 존재론의 존재 밖에, 존재를 넘어, 존재보다 앞선 실재가 있다는 것을 보여 주려고 한다. 그러나 "존재를 넘어서는 것"을 기존의 형이상학에 따라 존재 혹은 실재라고 부르는 경우, 그의 철학은 또 다시 존재론에 빠지게 된다. 그럼에도 초기에 레비나스는 동일자나 초월, 전체성과 같은 형이상학적인 단어들을 사용하였다. 동시에 존재를 넘어서는 존재 혹은 실재를 넘어서는 실재를 표현하기 위해 그는 하이데거와 같이 새로운 언어나 동어반복적 표현, 언어적 뒤틀기와 같은 방식을 사용한다. 예를 들어 레비나스는 타자를 "관계없는 관계", "무관계한 관계", "아무 저항도 하지 않는 저항을 통해 저항하는 자", 타자와 나의 거리는 "가로질러 갈 수 없고, 동시에 가로질러 갈 수 있는" 거리라고 표현한다.(TI., 80, 295, 62, 199쪽) 또는 동어반복적으로 "무한자의 무한성", "벌거벗음의 벌거벗음", "향유의 향유", "의미의 의미"와 같은 표현도 사용한다. 이 외에도 그의 후기 작품 안에는 "가까움, 접근, 사로잡힘, 볼모, 박해, 속죄, 대속, 3인칭, 수수께끼, 흔적"과 같은 새로운 단어들이 등장한다. 마치 하이데거가 4방 세계, 초연한 내맡김, 수수께끼, 비밀, 밝힘, 가까움과 멂, 역운, 존재 사건, 개시성, 밝은 밤 등의 새로운 단어들을 통해 자신의 존재론을 시도하는 것과 유사하다. 이런 맥락에서 하이데거에 대한 레비나스의 비판에도 불구하고 그가 철학적 사상뿐 아니라 철학을 전개시켜 나가는 방식에서도 하이데거에게 많은 빚을 지고 있다고 보아도 좋을 것이다. 이 점에 대해 데리다는, 레비나스가 하이데거를 비판하는 것은 그의 오독에 기인하며 그가 하이데거를 거부하는 순간에도 그는 하이데거에 찬성하고 있다고 지적한다.[58] 그럼에도 레비나스가 하이데거를 강력하게 비판하는 이유는 하이데거가 보여 준 정치적인 애매함이나 그의

---

58 콜린 데이비스, 위의 책, 128쪽.

철학이 결국엔 주체 중심적 철학이라는 평가에서 비롯되는 것이라고 볼 수 있다.

(2) 윤리적 언어의 본질: "얼굴이 말한다"

레비나스의 경우도 언어는 인간이 소통하기 위해 만들어 낸 단순한 도구가 아니다. 언어는 타자와의 만남에서 생겨나며, 타자와의 관계는 존재론이 아니라 종교이며, 이런 의미에서 언어의 본질은 "기도"이다.[59] 그런데 타자를 보고 "기도"와 같은 말을 할 수 있으려면, 먼저 타자가 나에게로 현시하여야 한다. 이때 내가 보는 것은 타자의 얼굴이다. 그 얼굴은 내가 구성해 낸 의식의 내용이 아니라 나의 의식에 앞서 먼저 스스로를 드러내는 얼굴이다. 그리고 나는 그 얼굴이 건네는 "무언의 말"과 부딪치게 된다. 이러한 점을 레비나스는 "얼굴이 말한다"라고 표현한다. 그렇다면 그 의미는 무엇인가?

일반적으로 얼굴은 드러난다. 즉 보여진다. 우리는 타자의 얼굴을 보며 그가 아름다운지, 그렇지 않은지, 공격적인지, 온순한지, 남성인지, 여성인지, 젊은이인지, 늙은이인지 구분한다. 이때 타자의 얼굴은 그가 누구인지를 "보여 준다". 우리는 그렇게 보여진 타자의 얼굴로부터 그에 대한 판단을 내린다. 이때 타자의 얼굴은 보는 사람에 의해 평가되고 인식되는 신체일 뿐이다. 그러나 레비나스에 의하면 얼굴은 감각적인 신체를 뜻하지 않는다. 그렇다면 감각적으로 경

---

[59] E. Levinas, *Die Spur des Anderen*, 49, 113쪽(이후 'Spur'란 약호로 본문 안에 기입함).

험 가능한 얼굴 외에 또 다른 얼굴이 있는가? 물론 그런 얼굴은 없다. 왜냐하면 레비나스가 말하는 얼굴은 구체적이고 감각적인 신체를 떠나 영원을 표현하는 이상적인 얼굴이 아니기 때문이다. 레비나스의 얼굴은 열반에 도달한 부처와 같이 영원하고, 고요하고 평안한 얼굴이 아니다. 이러한 얼굴들은 모두 보여지는 얼굴일 뿐 말을 건네는 얼굴은 아니다. 그렇다면 어떤 얼굴이 말을 건넬 수 있을까?

역설적으로 들리겠지만 얼굴이 말을 하기 시작하는 것은 우리에게 얼굴이 더 이상 "보여지지 않을 때"이다. 즉 우리가 타자의 얼굴에서 외형과 형태eidos를 보지 않거나, 혹은 볼 수 없을 때 우리는 얼굴의 형태가 아니라 그 얼굴이 드러내고 현시하는 것과 마주치게된다.

"얼굴이 말한다"라는 레비나스의 표현은 얼굴에서 보여지는 외형eidos, idea을 발견하는 그리스 철학의 전통과는 거리가 멀다. 오히려 그는 얼굴은 "말하는 얼굴"이다. 이것은 어떻게 가능할까?

앞에서 들었던 성서의 예를 다시 한 번 생각해 보자. 성서 속에서 카인은 동생 아벨을 죽인다. 인류 최초의 살해 사건이 벌어진 것이다. 신은 카인에게 너의 동생이 어디에 있느냐고 묻는다. 이에 대해 카인은, "자신이 아우를 지키는 자입니까?"라고 신에게 되묻는다. 그러자 신은 카인에게, "네 아우의 피가 땅에서 나에게 울부짖고 있다"라고 대답한다. 이 말과 함께 신은 카인에게 "네가 무슨 짓을 저질렀는가?"라고 묻는다.

성서가 전해주는 살해 사건은 간단하게 묘사되어 있다. 그러나 성서가 말하지 않은 채 지나가 버린 장면들을 우리는 상상해 볼 수 있다. 카인이 아벨을 죽일 때, 그는 아벨의 얼굴을 유심히 보았을지도 모른다. 왜냐하면 그 얼굴은 바로 자신을 분노하게 하고 살인까지 생각하게 한 얼굴이기 때문이다. 이때 카인은 아벨의 말을 듣지 못했을 것이다. 정작 아벨의 말을 들은 자는 신이다. 그 신이 카인에게 아벨의 피가 말하고 있다고 전한다. 아마도 이때 카인은 아벨의 얼굴을 떠올렸을 수 있다. 그러나 그 얼굴은 보여지는 얼굴이 아니라 말하는 얼굴일 것이다. 아마 아벨의 얼굴이 건넨 말은 "아듀" 였을 것이다.

이런 의미에서 레비나스는 "우리는 타자의 얼굴에서 죽음을 만난다"[60]라고 말한다. 죽음 앞에서 타자의 얼굴은 보여지는 얼굴이 아니라 말하는 얼굴로 변화한다. 이런 점을 레비나스는 "얼굴의 접근에서 육신은 말씀이 된다"[61]라고 말한다. 즉 "말씀이 육체가 되었다"는 요한복음의 표현과 달리, 레비나스의 경우엔 죽어 가는 타자의 "얼굴(육체)이 말씀이 되는" 것이다. 이러한 얼굴의 현현은 나로 하여금 비로소 나 자신을 돌아보게 하고, 타자와 나의 인간성을 열어준다.

"말하는 얼굴"을 강조하는 레비나스의 입장은 그리스 철학이 아니라 유대교, 그리스도교적 전통과 맞닿아 있다. 왜냐하면 유대교,

---

[60] 데리다, 자크, 앞의 책, 222쪽.
[61] 드 생 쉐롱, 미카엘, 앞의 책, 64쪽.

그리스도교의 신은 보여지는 신이 아니라 단지 말씀하시는 신이기 때문이다. 신의 얼굴은 보여질 수 없고 그 얼굴이 건네는 말씀만이 인간에게 전달될 뿐이다.

이런 경험은 나와 타자 사이에서도 가능하다. 비록 살인과 같은 극단적인 경우가 아니더라도, 우리는 타자의 얼굴 모습이 갑자기 사라지는 순간을 경험할 수 있다. 어느 순간 갑자기 그의 얼굴 모습이 사라지고 단지 적나라한 얼굴만이 그 자체로 남는 경우가 있다. 이때 친숙한 그의 얼굴은 사라지고 갑자기 낯선 얼굴이 나타난다. 낯선 얼굴은 우리로 하여금 그에 대한 익숙했던 판단과 생각들을 사라지게 한다. 그는 처음 본 사람처럼 다가온다. 그러한 낯섦이 우리에게 무언의 말을 하기 시작하는 것이다.

이 얼굴은 절대적인 부재와 낯선 영역으로부터 우리에게 현시하며, 모든 질서의 밖에 속하는 얼굴이다. 그 얼굴이 언제 말을 건네기 시작하는지 알 수 없지만, 적어도 그 얼굴은 우리가 그려 보는 얼굴보다 앞서서 드러난다. 이런 의미에서 얼굴은 시작이 없다An-archie. 무언의 말을 건네는 얼굴은 우리 안에 내재하는 얼굴도 아니며, 우리와 무관한 전적 초월의 얼굴도 아니다. 오히려 그 얼굴은 흔적으로 다가오면서 우리에게 호소하고, 심지어 명령한다.

그 얼굴은 우리의 의식이 만들어 낸 얼굴이 아니라, 그 반대로 그 얼굴로부터 우리의 의식은 시작된다. 그 얼굴은 우리에게 도래하는 얼굴로서, 이러한 "방문"을 통해 우리로 하여금 자아 중심주의, 주체 제국주의로부터 타자를 향하도록 한다. 이렇게 현시하고 명령하는 얼굴의 말을 레비나스는 "언어의 본질"이라고 부른다. 그렇다면 얼굴이 말을 건네는 언어의 본질은 어떠한 특징을 지니는가?

레비나스에 의하면 얼굴은 말하는 얼굴이며, 얼굴의 현시는 이미 담론이다. 그 얼굴의 말이 내 안에서 발견할 수 없는 것을 가르친다. 얼굴의 말은 하이데거가 주장하는 "대화"가 아니다.[62]

하이데거에 의하면 인간이 자신의 존재 본질에 도달하기 위해서는 우선 하늘적인 것, 혹은 신적인 것들(하이데거의 용어로는 존재)이 건네는 말을 들을 수 있어야 한다. 왜냐하면 이러한 들음이 비로소 인간의 말함을 가능하게 하고, 이러한 들음과 말함이 바로 대화의 본질이기 때문이다. 이러한 대화를 통해 인간적인 시간과 역사가 존재하게 되며 인간은 하나의 "언어 사건"으로 존재하게 된다. 이때 인간은 언어에 힘입어 "존재의 증인"이 되는 것이다.[63] 즉 존재의 말을 듣고, 존재와 대화를 하는 가운데, 인간은 "존재의 증인"이 되며, 더 나아가 인간은 존재를 아끼고 돌보는 "존재의 목자"가 되어야 한다는 것이다.

이와 달리 레비나스는 얼굴이 건네는 말은 "대화"가 아니며 대화보다 앞선 타자의 현시와, 궁극적으로는 무한자의 현시를 드러내는 "무한의 증언"(『신, 죽음』, 287)이라는 점을 강조한다. 즉 언어의 본질

---

[62] 하이데거는 언어의 본질이 "대화"라는 점을 횔덜린의 시를 통해 해명한다: "인간은 많은 것을 경험했다/많은 하늘적인 것이 명명되었고/하나의 대화 이래 우리는 존재하며/그리고 서로 들을 수 있다."

[63] 하이데거, 마르틴, 『횔덜린의 송가 「게르마니엔」과 「라인강」』, 최상욱 옮김, 98, 106쪽.

은, 대화를 통해 증언되는 것이 아니라, 반대로 언어의 본질이 타자와 무한자에 대한 증언이기 때문에 대화가 가능하다는 것이다.

이렇게 언어의 본질은 "증언"이며, "선함의 언어"라는 점에 있다. 레비나스는 『전체성과 무한』 마지막 부분에서 "언어의 본질은 선함이다"라고 주장하며, 곧바로 언어의 본질은 "환대이다"라고 쓰고 있다. 그렇다면 왜 언어의 본질이 선함이고 환대일까?

환대는 얼굴이 건네는 말에 주의를 기울이고 그 말을 받아들이는 행위이다. 그것은 얼굴이 건네는 말에 대하여 "아니요"라고 말하는 대신 "예"라고 말한다. 여기서 말하는 "예"는 단순한 긍정이 아니라, 모든 긍정과 부정에 앞서는 전-시원적Anarchie인 긍정을 뜻한다. "예"라는 말은 타자의 출현에 대하여 긍정하는 응답의 말에 앞서 이미 타자를 받아들이고 맞이하는 행동이고, 태도를 뜻한다. 이렇게 "예"라고 맞아들이는 언어가 최초의 언어이다.

그런데 "예"라고 말하면서 타자를 "받아들인다는 것"은 내가 나의 방식으로 타자를 "맞이하는 것"이 아니다. 오히려 타자를 받아들일 때, 비로소 나는 타자를 맞이할 수 있는 것이다. 또한 타자를 받아들인다는 것은 그로부터 배운다는 의미를 갖는다. 타자는 내가 스스로 배울 수 있는 것보다 더 많은 가르침을 줄 수 있는 자이다. 따라서 타자를 받아들인다는 것은 타자의 가르침을 향해 나 자신을 열어 놓는 태도를 수반한다. 이와 같이 우리가 타자를 환대한다는 것은, 그를 맞이하기에 앞서 그를 받아들이는 일이고 우리가 타자에 대해서 "예"라고 맞이하기 전에 타자가 건네는 "예"라는 말에 응답하는 일이다. 이런 의미에서 레비나스는 "예라고 말할 수 있는 것은 내가 아니다 – 그것은 타자다"[64]라고 표현하고 있는 것이다.

또한 타자를 받아들이는 일(환대)은 그를 나의 집안으로 들이는 일이다. 여기서 집은 단순한 건축물이나 물리적 공간을 뜻하지 않는다. 왜냐하면 집이 있기 때문에 거주할 수 있는 것이 아니라, 거꾸로 거주할 수 있을 때, 그곳이 집이기 때문이다.[65]

그런데 "거주함"은 타자와의 사이가 가까워지고 친밀성이 이루어지는 것을 뜻한다. 따라서 타자를 자기 집으로 받아들인다는 것, 즉 환대는 그를 친밀한 자로 받아들이는 태도를 뜻한다:

거주한다는 것은 거둬들임이고, 자기를 향해 오는 것이며, 은신의 땅으로서의 자기 집으로 물러남이다. 이것은 환대, 기다림, 인간적 맞아들임에 대해서 답한다. 인간적 맞아들임. 여기서는 말없는 언어가 본질적인 가능성으로서 남아 있다.[66]

---

[64] 데리다, 자크, 앞의 책, 54쪽.

[65] 이러한 생각은 이미 하이데거에 의해서 주장되었던 바이다. 하이데거에 의하면 집은 가족들이 위협으로부터 보호받는 안전한 곳, 서로 간의 평화가 이루어지는 곳, 자유로움이 실현되는 곳, 서로 아끼고 돌보는 거주함이 이루어지는 곳이다. 더 나아가 죽을 자로서 인간이 대지 위, 하늘 아래서, 신적인 존재들(이 4가지를 하이데거는 4방 세계, 'das Geviert'라고 부른다)과 더불어 서로 아끼며 존재하는 방식이 "거주함"이다. 이와 같이 하이데거는 집과 거주함의 의미를 존재론적 방식으로 해명하고 있다. 거주함이 이루어지는 집은 인간이 자신의 좋은 죽음을 선택하고 기다릴 수 있는 곳이기도 하다.

[66] 데리다, 자크, 앞의 책, 79쪽.

이런 의미에서 언어의 본질은 타자와 무한자를 향하는 언어이고, 환대의 언어, 선함을 드러내는 언어, 윤리적 언어에 있는 것이다.

그런데 우리는 위에서 얼굴의 말은 간청이고 호소라고 하였다. 그렇다면 레비나스가 주장하는 얼굴의 말은 선한 윤리적 언어일 뿐 아니라 타자를 해치지 말라는, 죽이지 말라는 호소이자, 명령이고, 그것은 사람들 사이에서 "정의"를 지시하는 언어라고 볼 수 있다. 이런 의미에서 레비나스는 얼굴의 접근을 "정의"라고 부른다. 그것은 타자의 죽음에 대하여 책임을 일깨우는 언어, 사회의 부정의에 항거하는 언어이다.

이러한 "언어의 본질"을 함축적으로 드러내는 "본질적 언어"를 레비나스는 다음과 같이 표현하다:

"나를 해치지 말라", "나를 죽이지 말라."

5
신에 대한 하이데거와 레비나스의 입장

어떤 철학자의 사상이 무신론인지 유신론인지 구분하는 것은 어려운 일이다. 왜냐하면 유신론, 무신론이라는 단어는 그리스도교와 서구 형이상학에 의해 규정된 개념이며, 이 개념에 대해서도 모든 철학자와 신학자들의 견해가 일치하는 것은 아니기 때문이다.

　유신론, 무신론을 구분하려면 우선 "신이 존재하는지", "신이 누구인지"가 규정되어야 한다. 과연 신은 존재하는가? 이를 해명하기 위해 철학자들은, 소위 말하는 "신 존재 증명"을 시도하였다. 절대자라는 신의 개념을 통해, 신은 존재한다고 주장하는 존재론적 증명이나, 우주의 합목적성을 통해 증명하려는 우주론적 증명 등이다. 그러나 이러한 시도를 통해 "신이 존재한다"는 사실이 전적으로 입증된 것은 아니다. 존재론적 증명의 예만 보더라도 안셀름과 가우닐로, 칸트와 헤겔은 서로 다른 입장을 취하고 있다. 안셀름에 의하면 "신"이라는 개념이 절대성과 완전성을 포함한다면 그 개념은 필연적으로 "존재"도 포함해야 한다는 것이다. 왜냐하면 존재를 포함하지 않는다면 신이라는 개념은 절대적이지도 완전하지도 않기 때문이다. 반면에 가우닐로나 칸트는 이에 반대하는 입장이다. 칸트에 의하면 1탈러라는 돈과 1탈러라는 개념은 전적으로 다르다. 1탈러 돈으로는 물건을 살 수 있지만, 탈러 개념으로는 그럴 수 없다. 만약 물건을 사고, 1탈러라는 돈 대신 1탈러라는 개념을 지불하려고 한다면 무슨 일이 벌어질지는 자명하다. 물론 안셀름이나 헤겔은 신이란 개념은 유한한 개념이 아니라 무한한 개념이기 때문에 칸트가 제시한 예는 틀리다고 반박할 수 있다. 그러나 다른 한편으로는 어떠한 개념이 인간의 사유 속에 떠오른다고 해서 그것이 반드시 존재해야 하는 것은 아니다.

　이러한 불확정성은 "신이 누구인가?"라는 질문에도 해당된다. 이때 신은 모든 존재자를 초월하는 존재자, 즉 존재자 중에 존재자인 "최고의 존재자"인가? 혹은 존재자를 전적으로 초월한다는 의미에서 "최고의 존재자"도 넘어서는 자, 따라서 비-최고의-존재자, 말하자면 비존재자로서 무와 같은 자인가? 플라톤의 경우, 신은 최고의 존재자인 선의 이데아이다. 반면에 플로틴의 경우, 신은 선의 이데아도 넘어서는 자, 전적으로 규정될 수 없는 자, 따라서 무와 같은 자이다.

그렇다면 신은 감각적 물질세계와 연관되어 있는가? 혹은 전적으로 단절되어 있는가? 만약 신이 물질과 연관되어 있고 물질로부터 악의 문제가 생긴다면 신은 어떤 식으로든 악과 연관된다. 이것은 문제다. 반면 신이 물질세계와 전적으로 단절되어 있다면, 신의 무한성은 유한한 물질세계를 제외한 무한성이다. 이것도 문제다. 그리고 물질세계가 신과 무관하게 스스로 존재한다면, 이것도 문제다.

이 문제를 해결하기 위해 플라톤은 물질과 무관한 "선의 이데아"를 말하는 동시에 물질세계를 창조하는 또 다른 신 "데미우르고스"에 대하여 묘사하고 있다. 이러한 딜레마는 그리스도교 창세기에서도 발견된다. 창세기 1장에서 묘사하고 있는 신은 물질과 전적으로 무관한 신이다. 그 신은 단지 "말씀"만으로 물질세계를 창조한다. "있으라 하니, 있더라." 놀라운 일이다. 이것을 그리스도교 신학은 "무로부터 창조creatio ex nihilo"라고 부른다. 반면에 창세기 2장에서 묘사하고 있는 신은 "할아버지" 같은 신이다. 그 신은 손으로 흙을 반죽해서 물질세계를 창조하고 있다. 그렇다면 창세기 1장과 2장에 등장하는 신은 전혀 다른 신이라고 볼 수 있다. 그럼에도 불구하고 많은 그리스도교인들은 이것을 문제 삼지 않는다. 그것도 놀라운 일이다.

또 다른 질문거리는 신은 단 하나인가, 혹은 다수인가?이다. 종교적으로, 인류 문화사적으로 여러 신들이 존재해 왔다. 그러나 그리스도교는 유일신을 강조하면서 다른 신들을 부정했다. 이렇게 부정된 신들은 더 이상 신이 아니라 단지 헛것, 즉 우상으로 전락한다. 이러한 주장에 대하여 니체는 시니컬하게 다음과 같이 말한다: 신은 웃다 죽었다. 왜냐하면, 언젠가 히브리 민족의 야훼신이 그리스 올림푸스 산에 놀러갔다. 거기서 야훼신은 올림푸스 신들을 향해, '나 외에 신은 없다'고 외쳤고, 이에 깜짝 놀란 올림푸스 신들이 웃다가 죽었다는 얘기다. 이후 니체는 "하나의 신이 아니라, 신들이 있다는 것이 오히려 신성에 맞지 않는가"라고 묻고 있다.

이러한 주제들이 서구 형이상학에서 다루어지는 신에 대한 담론들이다. 그런데 하이데거와 레비나스는 이러한 주제나 형이상학적인 접근 방식에 대하여 별로 관심이 없다. 하이데거의 경우, 그는 서구 형이상학적인 신론에 대하여 부정적인 입장을 취하고 있다. 반면에 레비나스는 그리스도교적 신론을 받아들이고 있다. 이러한 차이에도 불구하고 그들은 모두 신의 문제를 역사와 시간 속에서 그리고 인간의 삶과 세계와의 연관성 속에서 다루고 있다는 공통점을 갖는다.

1) 하이데거에게서 신의 의미

가다머에 의하면 하이데거의 사유를 일깨우고 생생하게 한 것은 그리스도교였다.[67] 반면에 Hugo Ott는 하이데거의 철학이 오류에 빠진 이유를 그가 그리스도교와 가톨릭주의에 대한 맹세를 깬 것에서 찾는다. 이런 맥락에서 추기경 Conrad Groeber는 하이데거를 탕자에 비유하고 있다.[68] 더 나아가 그리스도교에 대한 상반된 평가는 하이데거 자신의 표현에서도 찾아볼 수 있다. 이렇게 상반된 주장에 대하여 K. 뢰비트는 하이데거의 철학을 "신 없는 신학"[69]이라고 규정한다. 그러나 하이데거는 "아직 드러나지 않은 신"을 찾아가는 구도자와 같다고 볼 수 있다. 그렇다면 그 신은 어떠한 신인가?

하이데거는 형이상학(그리스도교 신학을 포함해) 전체의 본질을 "존재-신론"이라고 규정한다. 그것이 존재론인 이유는 이 세계에 존재하는 모든 존재자들의 근거를 추구하기 때문이며, 그것이 신론인 이유는 존재자의 근거를 최고의 존재자, 즉 신에서 찾기 때문이다. 이러한 존재자의 근거이자 최고의 존재자인 신을 서구 형이상학은 무한자, 완전한 자, 불변자, 영원한 자, 전능자, 전지자 등으로 불러왔다. 그러나 하이데거에 의하면 이러한 신은 "최고의 존재자"이지만 한낱 "존재자"에 불과하다. 말하자면 그 신은 다른 존재자보다 좀 더

---

67 맥쿼리, 존, 『하이데거와 기독교』, 강학순 옮김, 51쪽.

68 P. Kemper (Hrsg), *Martin Heidegger. Faszination und Erschrecken*, 16, 30쪽.

69 맥쿼리, 존, 위의 책, 51쪽.

우월한 존재자에 불과한 것이다. 그러나 이러한 신은 "그 앞에서 인간이 기도하고, 봉헌하고, 무릎 꿇고, 노래하고, 춤을 출 수 있는 신"이 아니다.[70] 또한 이러한 신이 "존재하는지" 여부 역시 인간의 종교성, 즉 신앙이나 신학적 영감에 의해 결정될 수 없다.[71]

따라서 하이데거는 만약 "신에 대해서 진지하게 사유하고 말하려면", 서구 형이상학은 신에 대하여 차라리 침묵하는 것이 옳다고 비판한다.(ID., 45쪽) 그렇다면 우리는 왜, 어떤 상황에서, 어떤 이유로 신에 대해서 말해야 하는가?

하이데거는 신의 존재에 대해 부정하지 않는다. 다만 신은 현대사회에서 더 이상 임재하거나 현현하지 않을 뿐이다. 이런 의미에서 그는 현대사회를 "신의 부재, 신의 결여의 시대"라고 명명한다.(EzHD., 35쪽) 현대사회는 신들이나 신이 사라진 것에 그치지 않고, 신의 광채까지 꺼져 버린 암흑의 시대, 밑바탕이 없어진 시대, 진리가 붕괴하고, 위험이 최고조에 이른 시대이다. 이러한 현대사회의 특징을 그는 니체를 따라 "허무주의"로 규정한다. 대지는 황폐화되어 사막이 자라나기 시작하고, 신들은 사라져 버리고, 서구의 몰락과 세계의 황혼이 진행되고 있다는 것, 즉 "지구는 불길에 휩싸였고, 인간의 본질은 와해되었다"(GA., 55, 123쪽)는 것이다.

이렇게 허무주의의 위험이 극대화된 상황에서 하이데거는 신에

---

[70] M. Heidegger, *Identitaet und Differenz*, 64쪽(이후 'ID'란 약호로 본문 안에 기입함).

[71] R. Margreiter/ K. Leidlmair (Hrsg), *Heidegger. Technik -Ethik -Politik*, 46쪽.

대하여 말하고 있다. 그렇다면 그가 말하고 있는 신은 어떤 신인가? 그 신은 그리스도교가 주장해 온 신인가? 혹은 또 다른 신인가? 물론 그리스도교의 신은 아니다. 왜냐하면 하이데거는 그리스도교를 허무주의의 역사 안에 포함하고 있기 때문이다:

> 허무주의는 그리스도교를 포함한 존재의 역사이다. ⋯ 허무주의의 극복은 다른 신anderer Gott의 신성으로부터 인간이 존재를 위한 현-존재로 근거 지어질 때 가능하다.[72]

여기서 언급하고 있는 다른 신은 그리스도교의 신이 아니라는 것은 분명하다. 그렇다고 또 다른 형이상학적 신, 철학적 신도 아니다:

> 철학은 지금의 세계 상황에 어떠한 직접적인 변화도 일으킬 수 없다. 이것은 철학뿐 아니라 모든 인간의 생각과 노력에도 해당한다. 이제는 오직 하나의 신만이 우리를 구원할 수 있다.[73]

여기서 하이데거는 "하나의 신"에 대하여 말하고 있다. 그는 그리스도교의 신 외에 또 다른 유일신에 대하여 말하고 있는 것인가? 이 신에 대해 하이데거는 다른 곳에서 "마지막 신der letzte Gott"이라고도

---

[72] M. Heidegger, *Beitraege zur Philosophie* (GA 65), 139쪽.

[73] Spiegel-Gespraech mit Martin Heidegger, *in: G. Neske/E. Kettering (Hrsg), Antwort, Martin Heidegger im Gespraech*(이후 「슈피겔」이란 약호로 본문 안에 기입함).

부른다. 그러면서 마지막 신은 유일신도 아니고, 범신론적인 신도 아니고, 무신론적 신도 아니라고 말한다. 왜냐하면 유신론적 신, 무신론적 신, 유일신(단일신), 범신론적 신, 더 나아가 신들이라는 개념들은 그리스도교 신학에 의해 분류된 규정들이기 때문이며, 이제 그리스도교적 신의 죽음과 더불어 이러한 규정들 역시 무의미해졌기 때문이다.(65권, 411쪽)

그렇다면 "또 다른 하나의 신", 혹은 "마지막 신"은 어떤 신인가?

이에 대하여 하이데거는 그 신은 "이미 존재했던 신과 전적으로 다른 신, 하물며 그리스도교적 신과는 다른 신"이라고 명확히 밝히고 있다.(65권, 403쪽) 그렇다면 이 신은 어떤 신인가?

하이데거 역시 그 신이 어떤 신인지 명시적으로 밝히지 않고 있다. 단지 그는 그 신을 찾아 나서야 한다고 말하고 있을 뿐이다. 이것을 종합하면, 하이데거는 새로운 신을 찾기 위해 준비하고 기다리는 자라고 볼 수 있다. 그는 신의 음성을 들은 자도 아니고, 신의 계시를 받은 자도 아니다. 다만 사라진 옛 신과 아직 도래하지 않은 새로운 신 사이라는 이중의 어둠 속에서 새로운 신을 기다리고 준비하는 자라고 볼 수 있다:

> 사유를 통해 신을 불러올 수 없고, 단지 신을 기다리는 준비를 할 수 있을 뿐이다.(「슈피겔」)

다른 곳에서 그는 "우리는 신의 부재에 직면해 몰락하고 있다"라고 말하면서, 동시에 "우리에게 남아 있는 유일한 가능성은 사유와 시 짓기에 있으며, 신의 임재에 대하여, 혹은 신의 부재에 대하여 준비하는 데 있다"(「슈피겔」)라고도 말한다. 즉 신이 부재하기 때문에 신은 계속해서 존재하지 않는 것이 아니라, 신의 부재에 대하여 진지하고 깊게 사유할 때, 신의 부재로부터 신의 광채를 볼 수 있는 가능성이 열릴 수 있다는 것이다. 이 점에 대하여 베르나스코니는 "횔덜린이 성스러운 것을 명명할 수 있었던 것은, (역설적이지만) 성스러운 이름이 결여되었기 때문"이며, "성스러운 이름의 결여로 인해 발생하는 침묵 속에서 신과 인간의 공속의 열림이 고지될 수 있다"고 말한다.[74]

이런 점에 대해서는 이미 횔덜린 자신이 "시인의 사명은 신이 사라진 밤을 맞아 신성함을 노래함으로써, 어둠의 밤을 신성한 밤으로 이끄는 데 있다"고 언급한 바 있다. 횔덜린을 따라 하이데거 역시 구원이 가능하다면 그것은 역설적으로 위험이 최고에 달했을 때라고 강조한다:

그러나 위험이 있는 곳에, 구원의 힘도 자란다.[75]

그러나 위험을 극복하려면 위험을 위험으로, 즉 위험의 본질을

[74] 베르나스코니, 로버트, 『하이데거의 존재의 역사와 언어의 변형』, 송석랑 옮김, 122쪽.
[75] R. Margreiter/K. Leidlmair (Hrsg), *Heidegger. Technik -Ethik -Politik*, 28쪽.

꿰뚫어 볼 수 있어야 한다:

> 구원은 위험 옆에 따로 있는 것이 아니라, 위험 자체가 위험으로
> 사유된다면, 위험이 곧 구원의 힘이다.[76]

위기로부터 구원의 가능성을 찾기 위해 하이데거는 그의 후기 사상에서 휠덜린을 본격적으로 다룬다. 그러나 새로운 신을 찾으려는 시도는 이미 초기 작품에서도 감지된다. 물론 『존재와 시간』에서 그는 신에 대하여 아무런 말도 하고 있지 않다. 그러나 그가 후기에서 말하는 신을 이해하려면 그의 초기 사상을 알아야 한다.

『존재와 시간』에서 하이데거는 "존재 망각"에 대해 말하고 있을 뿐 신에 대해서는 언급하지 않고 있다. 그럼에도 불구하고 그의 사상이 초기부터 후기까지 단지 존재의 의미를 해명하기 위한 하나의 길이었으며, 이 시기에 그가 불트만과 같은 신학자들과 교류를 하고, 그들에게 신학적 영감을 주었다는 점을 고려한다면, 『존재와 시간』에서도 신에 대한 그의 입장은 이미 개진되어 있다고 볼 수 있다.

이 점에 대해 하이데거는 「슈피겔」과의 인터뷰에서 "신이 도래하거나 신의 부재에 대하여 열린 태도를 위하는 준비를 갖춰야 한다. 신의 부재를 경험하는 것은 … 『존재와 시간』에서 존재자에 빠져 있

---

[76] 앞의 책, 41쪽.

는 퇴락 존재로부터 인간을 해방시키는 것"이라고 밝히고 있다. 즉 그는 초기부터 후기까지 존재의 문제를 통해 신에 이르는 길을 찾으려 노력했다고 밝히고 있는 셈이다. 새로운 신에 이르기 위한 도정을 하이데거는 다음과 같이 구분하고 있다:

> 존재의 진리로부터 비로소 성스러움의 본질을 사유할 수 있다. 성스러움의 본질로부터 신성의 본질을 사유할 수 있다. 신성의 본질 안에서 '신'이란 단어가 무엇을 명명하는지, 마침내 사유하고 말할 수 있다.(Weg., 347-348쪽)

> 성스러움은 단지 신성을 위한 본질 공간 안에 존재하며, 신성은 신들과 신을 위한 차원에서 존재한다. 이러한 성스러움이 현현하려면, 존재 자체가 밝히는 것을 경험하기 위해 오랜 기다림을 필요로 한다.(Weg., 335쪽)

이 두 인용문을 종합하면, 새로운 신을 찾기 위해서는 "신성"을 찾아야 하고, 그 이전에 "성스러움"을 찾아야 하고, 그 이전에 "존재의 진리"를 찾아야 한다는 것이다. 말하자면 하이데거는 새로운 신을 찾기 위해 존재의 의미를 해명하고 있고, 이를 통해 성스러움, 그리고 신성, 궁극적으로 신들이나 신이 누구인지 해명하고 있는 것이다.

그렇다면 존재의 진리를 질문하고 있는 『존재와 시간』에서 하이데거가 암시하고 있는 신은 어떤 신인가? 그러한 신과 인간 현존재는 어떤 관계를 맺어야 하는가?

『존재와 시간』에 의하면 신은 존재자가 아니다. 신은 사물과 같이 이론적 대상이거나 실천적으로 사용하는 도구와 같은 의미로 이해해서는 안 된다. 신은 인간 외부에 존재하는 실체와 같은 존재자도 아니다. 신은 인간에게 유용함을 제공하는 존재자도 아니다. 일상인들이 원하는 도움이나 복을 제공하는 자도 아니다. 오히려 신은 본래적 존재를 결단하는 인간 현존재의 실존을 통해 이해할 수 있다. 말하자면 존재자에 몰두하는 일상인에게 신의 존재는 막혀 있거나 왜곡되어 있다. 이런 의미에서 신은 일상적, 평균적, 자명한 것, 유혹적인 것, 확실성을 주는 것이 아니라, 오히려 인간 현존재의 존재의 짐스러움 성격을 통해 자신을 드러낸다고 봐야 한다. 궁극적으로 신은 현존재가 자신의 죽음을 "불가능성의 가능성"으로서 선취적으로 결단할 때 드러난다. 즉 신은 자신의 실존을 결단하는 단독자로서 현존재에게 드러날 수 있으며, 존재자로부터 존재의 의미로 이행하기 위해 필연적으로 "무의 경험"이 요구된다고 한다면, 신은 "무"와 같은 존재 방식을 띤다고 볼 수 있다. 말하자면 신은 기존에 익숙했던 것을 무화시키는 섬뜩한 경험을 통해 만날 수 있는 것이다. 또한 하이데거가 암시하는 신은 현존재가 살아가는 세계 속에서, 그리고 시간과 역사 속에서 경험해야 하는 신이다.

그런데 위에서 언급했듯이, 하이데거가 "또 하나의 신", "마지막 신"이라 명명한 신은 더 이상 그리스도교의 신은 아니다. 그렇다면 그 신은 어떠한 신일까?

하이데거가 찾으려고 시도하고 있는 신은 휠덜린이 추구한 신과 동일한 신일 가능성이 매우 높다. 이 점에 대하여 하이데거는 "나의 사유는 휠덜린의 시와 밀접한 관계가 있다. … 나에게 휠덜린은 미래를 가리키며 신을 기다리는 시인이다"(『슈피겔』)라고 말한다.

그렇다고 하이데거의 신이 휠덜린의 신과 완전히 동일하다고 보기는 어렵다. 그러나 그가 인용하고 있는 부분에 나타난 휠덜린의 신이 바로 하이데거가 찾으려고 하는 신이라고 볼 수 있다. 그 신이 어떤 신인지 알기 위해 왜, 어떤 상황에서 하이데거가 휠덜린을 해석하고 있는지 살펴보아야 한다.

하이데거는 서구 형이상학의 역사를 존재 망각의 역사, 허무주의의 역사라고 규정한 후, 이에 대한 극복을 위해 플라톤 철학 이전의 고대 그리스 정신으로 되돌아간다. 이 정신을 하이데거는 제1시원이라고 부른다. 그런데 하이데거와 마찬가지로 휠덜린 역시 고대 그리스 정신에서 서구 형이상학의 극복 가능성을 보았다. 그러나 휠덜린의 관심은 제1시원이라는 과거로 돌아가는 것이 아니라, 고대 그리스 정신을 미래적으로 재해석하는 데 있다. 이런 의미에서, 하이데거는 휠덜린과 더불어 이미 미래적인 제2시원이 시작되었다고 평가한다. 그리고 휠덜린이 찾으려고 했던 미래적인 신은 하이데거에 의해 "마지막 신", "하나의 신"으로 불리고 있는 것이다. 이렇게 과거와 전적으로 다른 새로운 신에 대하여 휠덜린은 다음과 같이 묘사한다:

근본부터 달라지리라! 인간 본성의 뿌리로부터 새로운 세계는 움트리라! 새로운 신성이 그들을 지배하며, 새로운 미래가 그들 앞에 밝아 오리라.[77]

이와 같이 횔덜린이나 하이데거는 아직 도래하지 않은, 그러나 은폐되고 거부된 채 임재해 오는 새로운 신의 눈짓(흔적)을 찾아가는 사람들이다. 새로운 신은 대중들의 신앙 대상으로서의 신이 아니라, 단지 소수의 창조자들을 통해서 드러나고 밝혀져야 하는 신이다. 또한 창조자들이 찾고자 하는 새로운 신은 무시간적이고 영원하며, 불변적인 신이 아니라, 새로운 역사와 세계를 창조할 때 드러나는 신, 한 민족의 신이다. 그런 민족의 신을 시로 지은 시인이 바로 횔덜린이며, 그를 하이데거는 "독일의 시인"이라고 부른다:

시인의 시인으로서 횔덜린은 하나의 고유하고도 역사적인 위치와 소명을 갖는다. 이러한 위치와 소명은, 우리가 그를 독일의 시인이라고 말할 때 이해하게 된다. 물론 클롭슈토크나 헤르더, 괴테와 실러 … 슈테판 게오르게와 릴케 등도 독일의 시인이다. 그러나 우리는 그들을 독일의 시인이라 하지 않는다. 독일의 시인은 … 독일을 비로소 시로 짓는 시인을 말한다 … 횔덜린은 특출한 의미의 시인이다. 그는 독일적 존재의 건립자이다. 왜냐하면 그는 독일적

---

[77] 최상욱, 『니체, 횔덜린, 하이데거 그리고 게르만 신화』, 144쪽.

존재를 아주 광범위하게, 즉 가장 먼 미래를 향해 멀리, 그리고 앞
서서 기획하였기 때문이다.[78]

여기서 휠덜린이나 하이데거가 찾는 신이 "독일의 신"이라는 것
은 맞다. 그러나 이때 "독일"은 인종주의적으로 파악된 게르만 민족
에 대한 표현이 아니다. 오히려 휠덜린이나 하이데거가 찾으려고
하는 "독일의 신"은 "독일이라는 인종의 신"이 아니라 "참된 독일",
"독일의 본질", "진리의 독일인"을 위한 신(65권, 366쪽)을 뜻한다. 그
런데 민족의 본질, 혹은 민족의 진리는 모든 민족이 찾아야 할 과제
이다. 따라서 "민족의 신"이란 개념은 특별한 민족에 한정되고, 특별
한 민족만을 위하여 구원을 제공하는 신이 아니라 신이 자신을 드러
내는 방식으로 이해되어야 한다. 그리고 모든 민족은 이러한 신을
찾기 위해 소수의 창조자들을 필요로 하는 것이다.[79] 이 점에 대해서
하이데거는 다음과 같이 말한다:

하나의 민족이 민족일 수 있는 이유는, 그들의 신을 찾으면서 그

78 하이데거, 마르틴, 『휠덜린의 송가 「게르마니엔」과 「라인강」』, 300쪽.
79 이러한 휠덜린과 하이데거의 노력을 의심스러운 시선으로 보거나, 그것을 위험한 시도
    라고 거부할 필요는 없다. 왜냐하면 그리스도교 역시 유대인의 신, 유대 민족의 신에서
    출발해, 인류 전체를 구원하는 신에 대하여 말하고 있기 때문이다. 구체적인 역사와 민
    족을 통해 보편적인 인류의 구원사에 도달하려는 것이 그리스도교의 가르침이라고 한다
    면, 휠덜린과 하이데거 역시 독일 민족의 신에 대하여 말하지만, 이때 독일은 독일 인종
    이 아니라 독일의 본질, 더 나아가 인간의 본질을 향하고 있는 것으로 보아야 한다.

들의 역사를 보존하고 … 그 신은 민족으로 하여금 민족 자신을 넘어서도록 한다. … 그러기 위해 민족은 자신의 신을 찾아야 한다. … 외양적으로 아직 민족적이지 못한 민족에 반대하는 방식으로 ….(65권, 398쪽)

그렇다면 이러한 신을 어떻게 소수의 창조자들, 즉 사유가와 시인이 찾아낼 수 있을까?

새로운 신은 사유가나 시인이 마음대로 만들어 낼 수 있는 것이 아니다. 비록 옛 신은 가 버리고 새로운 신은 아직 오지 않은 이중 결핍의 어두운 시대라 하더라도, 새로운 신은 사유가에게는 "존재"를 통해, 시인에게는 "성스러움"을 통해 자신을 드러낸다. 물론 존재 역시 망각되고, 성스러움마저 빛을 잃은 시대이지만, 역설적이게도 바로 그러한 부재 속에서, 부재를 통해 신은 자신을 알려오는 것이다. 따라서 하이데거는 "우리는 사유를 통해 신을 불러올 수 없고, 단지 신을 기다리는 준비를 할 수 있을 뿐이다"(「슈피겔」)라고 말하면서, 동시에 "신과 신들이 현현할지, 어떻게 현현할지는 … 인간이 결정하는 것이 아니라 존재의 역운에 의한 것"(Weg., 328쪽), "신이 신인지 여부는 존재의 형세를 통해 드러난다"[80](Tech., 46)라고 말하고 있는 것이다. 마찬가지로 시인이 신, 신들의 이름을 부를 수 있는 것은 그 이름이 결여되었기 때문이지만, 동시에 신들 쪽에서 먼저 시인에

---

[80]   R. Margreiter/K. Leidlmair (Hrsg), *Heidegger. Technik - Ethik - Politik*, 46쪽.

게 말을 걸어오기 때문이다.(EzHD., 19쪽) 이렇게 말을 건네는 신들의 눈짓(말)을 붙잡아, 그 이름을 다시 민족에게 전하는 자가 시인이다. 이런 의미에서 하이데거는 시인을 "반신"이라고 칭한다. 그가 신을 찾는 과정을 하이데거는 『횔덜린의 송가 「게르마니엔」과 「라인강」』, 『횔덜린의 송가 「이스터」』에서 다루고 있다.

『횔덜린의 송가 「게르마니엔」과 「라인강」』에 의하면, 신들의 언어는 뇌우와 섬광이며, 이 언어를 신들은 눈짓을 통해 소수의 창조자들에게 전한다. 이 언어는 전적으로 새로운 언어로서 죽을 위험도 감수해야 한다. 이러한 시인의 처지를 횔덜린은 "마치 축제일처럼 … "에서 다음과 같이 읊는다:

> 그럼에도 우리에게 지당한 것은, 신의 뇌우 아래서,
>
> 그대 시인들이여! 드러난 머리로 서 있는 것이며,
>
> 아버지의 빛을, 아버지 자체를, 자신의 손으로
>
> 붙잡고, 노래로 감싼 채 민족에게
>
> 하늘의 선물을 건네는 것이다.[81]

그러나 시인이 가장 처음 느끼는 것은 신들이 사라져 버렸고, 낮도 빛을 잃고, 시인 역시 밤 안에서 눈이 먼 상태라는 것이다. 이때 시인은 그 신을 더 이상 부르지 않겠다고 외친다:

[81] 하이데거, 마르틴, 『횔덜린의 송가 「게르마니엔」과 「라인강」』, 58쪽.

지복자들, 옛 나라 안에서 나타났던

신들의 모습들, 그들을

그래, 나는 다시 부르지 않으리, 그러나

그대들 고향의 강물이여! 그대들과 더불어

사랑의 마음이 탄식한다면, 성스러운 비통함 외에

무엇을 원할 수 있으리? … [82]

　처음에 시인은 사라진 신에 대하여 더 이상 부르지 않겠다고 말
한다. 그러나 그것은 신에 대한 부름을 포기하는 것이 아니다. 왜냐
하면 사랑의 마음이 탄식하고 있기 때문이다. 그것은 신들의 사라
짐 앞에서 신들을 포기하거나 부정하기보다 오히려 그러한 신 없이
지내기를 원한다는 결단의 표현이다. 그때 시인은 신의 말을 듣지
는 못하지만 그러한 신의 부재를 견뎌내기를 원하고 있는 것이다.
신의 부재를 견디는 것은 아픔이고 고통이다. 이러한 것을 횔덜린
은 "사랑의 마음의 탄식"이라고 표현하고 있다. 그 탄식은 더 이상
"아무것도 부정하지 않지만, 동시에 아무것도 간구하지 않겠다"는
"비통함"이다. 성스러운 비통함 안에서 시인은 모든 것을 체념하고
내려놓는다. 자신을 내어 주고 비운다. 이렇게 비움 속에서 시인은
신들을 포기하면서 보존하는 것이며, 이러한 보존을 통해 시인은 사
라진 신의 흔적, 즉 신성에 가깝게 자신을 유지하는 것이다. 그것은

---

[82]　앞의 책, 119쪽.

기다리는 일이며, 기다림을 통해 새로운 신들의 도래에 대하여 준비하는 일이다. 이렇게 "성스럽고 비통하며, 준비하는 압박이라는 근본 기분" 안에서 이제 시인은, '현재적으로는 부재하지만, 그러한 부재 속에서도 존재해 왔던' 신들의 흔적이 자신에게 도래하는 것을 경험하게 된다.

시인이 본 신들의 흔적과 섬광, 즉 "성스러운 것"이 이제 시인의 말이 되는 것이다. 그리고 그 말을 통해, 현재는 새로운 미래를 열어젖히는 시작점이 된다. 이렇게 시인에게 드러내는 신들의 흔적을 하이데거는 "지나가는 신"이라고 부른다. 시인과 마찬가지로 사유가는 지나가는 신을 존재 사유 속에서 포착하고 받아들여야 한다. 그리고 이때 비로소 역사의 시간은 새롭게 열리게 된다. 이러한 시간을 하이데거는 "찢어 내는 시간die reissende Zeit"이라고 부른다.[83] 이러한 방식으로 사유가와 시인은 "사라진 길들" 앞에서 때로는 휘몰아치고, 때로는 멈춰서 기다리며, 때가 무르익었을 때 "다시 흘러내리는 강물(라인강)"과 같이, 옛 신이 사라져 버린 이후, 없어진 길들을 다시 열어젖히는 자들이다. 그들은 신의 부재를 견뎌내면서, 스스로 신성에 가까이 머물면서, 신성의 부름에 응답하는 방식으로 역사 속에서, 대지 위에서 통로와 한계를 제시하는 자이다.

결국 횔덜린을 통해서 하이데거가 제시하려는 신은, 한 민족을 그 자신의 본질에 이르도록 하는 신, 그 민족으로 하여금 자긍심과

---

[83] 앞의 책, 160쪽.

자기 극복을 하도록 하는 신, 새로운 시간과 역사를 결단하도록 하는 신이다. 이때 민족의 하늘과 대지, 그리고 그 안에서 살아가는 죽을 자들로서 인간과 신적인 자들이 서로 어우러져 새로운 세계를 만들어 낼 수 있는 것이다. 이것을 하이데거는 4방 세계das Geviert라고 부른다. 4방 세계 안에서 우리는 하이데거가 주장하고 있는 종말론적 존재 세계와 마주하게 된다.

2) 레비나스에게서 신의 의미

신에 대한 레비나스의 사상은 유대교 전통, 그리스도교 성서와 밀접하게 연관되어 있다.[84] 이러한 태도는 그리스 정신에서 비롯된 서구 철학의 신론에 대한 부정으로 이어진다. 그는 『평화와 권리』라는 잡지에서 발표한 글 「마이모니데스의 현실성」에서, "이교도적 정신(그리스 정신)은 정신의 부정 내지는 유일신에 대한 무지다"(『탈출』, 84쪽)라고 말하고 있다. 왜냐하면 유대교적, 그리스도교 성서적 가르침은 세계 안에 머물지 말고, 이 세계로부터 떠나 존재 저편으로 뚫고 나가라고 외치는 데 반해, 이교도적 정신은 신을 세계 속에 위치시키고, 그 세계 안에 머물기를 주장하고 있기 때문이다. 이러한 주장은 서구 형이상학을 존재-신론이라고 비판한 하이데거의 입장과

---

[84] 깁스나 수잔 한델만 등은 레비나스의 신에 대한 사상이 유대교와 밀접하게 연결되어 있다고 평가한다. 이런 점은 레비나스 자신에 의해서도 인정되고 있다.(콜린, 180, 183)

다르지 않다.

서구 형이상학은 신을 최고의 존재자로 규정해 왔다. 그러나 신은 최고의 존재자가 아니라 존재로부터 이해되어야 한다는 것이 하이데거의 주장이다. 따라서 서구 형이상학에 의해 망각된 신을 찾기 위해 우선적으로 존재 사건을 해명해야 한다고 주장한다. 반면에 레비나스는 신은 최고의 존재자가 아닐 뿐만 아니라 하이데거가 주장하는 "존재마저도 넘어서야 하는 것이 아닌가?"라고 질문한다:

> 신은 존재의 타자를 의미하지 않는가? 신은 … 존재의 파열과
> 전복을, 즉 존재-사이에서-벗어남을 의미하지 않는가?(『신, 죽음,
> 시간』, 185쪽)

레비나스에 의하면 존재론을 벗어나는 것은 윤리학이다. 그렇다면 레비나스가 말하려는 신은 서구 형이상학이 규정한 존재-신론적 신도 아니고, 하이데거가 주장한 존재론적인 신도 아니며, 윤리적인 신, 종교적인 신이라고 볼 수 있다.[85] 이런 이유에서 레비나스는 "존재나 존재자를 도입하지 않고 신을 사유하기"에 대하여 말하고 있는 것이다.

그것은 서구 형이상학과는(하이데거 철학도 포함해) 전적으로 다른

---

85 『성스러움에서 거룩으로』에서 레비나스는 자신의 철학이 종교로부터 나온다는 점을 인
    정한다.(『콜린』, 183)

방식, 완전히 새로운 방식으로 신을 사유할 때 가능하다.(『신, 죽음, 시간』, 188쪽) 그럼에도 불구하고 기존의 형이상학적 신론을 전적으로 부정하는 하이데거와 달리, 레비나스는 플라톤과 데카르트 철학에서 새로운 사유의 가능성을 발견한다.

레비나스에 의하면 플라톤과 데카르트 철학의 출발점은 인간에서 시작하지만, 그럼에도 불구하고 무한자 이념을 도입함으로써, 인간론을 넘어선다. 플라톤의 경우, 선의 이데아는 그 자체로 볼 때 영원하고 불변적인 최고의 존재자이다. 선의 이데아는 항상 동일자로 남는다. 선의 이데아는 인간과의 연관성에서 볼 때, 인간으로 하여금 끊임없이 자신의 사유 한계를 넘어서도록 하는 것이 영원한 목표이다. 그것은 결코 완전히 도달할 수 없으며, 모든 존재자 전체를 넘어선다. 이러한 방식으로 선의 이데아는 인간으로 하여금 "저 위를 향하는 운동 epekeina tes ousias", 자신의 내재성, 자신의 동일성에서 벗어나 무한자, 즉 타자를 향한 초월(넘어감)을 가능하게 한다. 이런 의미에서 선의 이데아는 인간이 가져야 할 "무관심의 관심"(Gott., 37쪽), "관계없는 관계", "채울 수 없는 욕망"이며, 인간의 본질은 "무한자와의 가까움을 향한 운동(시간)"에 있는 것이다.

또한 레비나스는 『전체성과 무한』에서 데카르트의 『성찰 3』을 해석하면서, 의심하는 자아에게 더 이상 의심할 수 없는 확실성이 있으며, 그것은 곧 무한자에 대한 이념이라는 점을 강조한다. 이것은 "예외적 이념"(Gott., 16쪽)으로서, 특정한 목표에 도달해 완수되는 것이 아닌, 끊임없이 자신으로부터 벗어나도록 하는 초월적 이념이다. 이것이 항상 멀어지고 뒤로 물러나는 이유는, 무한자는 유한자의 사유보다 항상 앞서기 때문이다. 이 이념은 어떤 경우에도 인간의 사유에 의해 따라잡히거나 포착될 수 없는 이념이다. 이것을 레비나스는 "자신의 밖으로, 피안에로, 혹은 비스듬히 가로지르는 흔적의 사유"라고 부른다.(Gott., 132쪽) 무한자 이념은 유한한 인간에게 선명하고 명확하게 의식되는 것이 아니라, 단지 흔적으로 주어진다. 따라서 인간은 무한자 이념의 내용이 무엇인지 알기 어렵다. 그럼에도 인간은 자신의 사유를 넘어서는 무한자 이념이 있다는 사실 자체에 대해서는 명확히 알 수 있다. 이러한 예를 레비나스는 구약성서 속 인물인 욥에서 발견한다.

『욥기』에 의하면 욥은 신을 공경하는 의로운 인간으로 신에 의해 사랑과 은총을 받으며 살아간다. 어느 날 신의 궁정에 사탄이 나타나 욥이 신을 공경하는 것은 그가 신의 은총을 받기 때문이라고 말하면서 그로 하여금 불행에 빠지게 하면 더 이상 욥은 신을 공경하지 않을 것이라고 도발한다. 이에 대하여 신은 욥의 생명을 해치지 않는 선에서 그를 시험해도 좋다고 허락한다. 이때부터 신의 허락 하에 욥에게는 말할 수 없는 불행이 벌어진다. 여기저기서 가축과 가족들의 죽음에 대한 소식이 들려오기 시작한 것이다. 처음에는 신에 대한 경외심을 간직했던 욥의 마음에도 동요가 일어나며, 마지막엔 신에 대한 불평을 늘어놓기 시작한다. 이때 욥의 친구들이 와서 욥에게 불행한 일이 벌어진 이유에 대하여 설명한다. 그들의 주장에 반대해 욥도 자신의 의견을 말한다. 이때 욥과 그의 친구들의 논리는 모두 유한한 인간의 이성적 논리이다. 서로 말을 주고받지만 그들은 자신의 유한한 언어를 넘어서는 신의 말씀과 신의 논리에 대해서는 생각하지 못한다.

그러나 이 세계와 역사의 과정을 통해서 볼 때 인간이 알 수 없는 것이 얼마나 많은가? 신만이 전체를 볼 뿐, 인간은 단지 부분만을 볼 수 있을 뿐이다. 그럼에도 불구하고 인간이 자신이 본 부분적인 앎을 전체적인 앎과 혼동할 때 문제가 생기는 것이다.

이런 상황에서 욥에게 신이 나타난다. 그리고 인간의 부분적 앎과 자신의 전체적 앎에 대하여 말한다. 그리고 욥은 신의 말씀이 옳다고 받아들인다. 이 순간을 레비나스는 "인간의 내재적이고 이성적 사유로부터 피안적, 무한적 사유로 전이되는 순간"(Spur., 325쪽)이라고 부른다.

신의 말씀을 받아들이는 욥과 달리, 무한자 이념을 끝까지 거부하는 인간들, 혹은 의도적으로 무한자 이념으로부터 도피하는 인간도 존재한다. 이러한 예를 레비나스는 또 다른 성서 속 인물 "요나"에서 발견한다.

요나는 신의 말씀을 거부한 채 배를 타고 도피하던 중 풍랑의 원인자로 몰려 선원들에 의해 바다에 내던져진 후, 거대한 물고기의 뱃속에서 3일 동안 지내고 기적적으로 살아나서 신의 말씀을 전한 자로 묘사되고 있다. 여기서 요나는 자신의 생각과 행동을 통해 신으로부터 벗어날 수 있다고 생각한다. 그러나 어떤 경우에도 그는 신의 손길로부터 벗어날 수 없다. 왜냐하면 그것이 바로 유한한 인간의 숙명이기 때문이다. 즉 무한자 이념이 존재하지 않는다고 주장하더라도, 혹은 무한자 이념을 무시하더라도 무한자 이념은 이미 항상 인간에게 주어져 있고, 인간이 무한자 이념을 망각하고 피하고 부정하는 경우에도 무한자 이념은 존재하며 인간을 향하고 있다는 것이다. 따라서 요나가 자신의 생각을 거두고 신의 말씀을 받아들이는 순간을 레비나스는 "인간의 자발적 사유로부터 수동적 사유, 기다림의 사유로 전이되는 순간"(Spur., 329쪽)이라고 부른다.

플라톤, 데카르트의 철학과 성서 속 욥과 요나의 이야기를 통해 레비나스가 주장하려는 것은, 무한자 이념은 존재한다는 것, 인간에게는 무한자 이념이 마치 종교적 씨앗과 같이 주어져 있다는 것, 인간은 무한자 이념을 향해 초월을 감행해야 한다는 것이다.

그렇다면 레비나스가 주장하는 신은 어떤 신이며, 그 신과 인간은 어떻게 관계를 맺을 수 있는가? 레비나스가 신에 대해 강조하는 것은 그의 사상이 유대교 전통과 맞닿아 있기 때문이기도 하지만, 그가 경험한 역사의 야만적 폭력성 때문이기도 하다. 레비나스는 자신의 시대를 횔덜린이나 하이데거와 마찬가지로 신의 부재의 시대로 규정하고 있다. 그러나 레비나스가 말하는 "신의 부재"는 좀 더 구체적이고 심각한 역사적 사실과 연관되어 있다. 신의 부재는 단순히 신이 사라졌다는 사실에 그치지 않고, 이제 인간에 대한 인간의 살해가 무차별적으로 가능해졌다는 것을 뜻한다. "신은 죽었다"라는 니체의 외침에는 허무주의적 체념이 포함되어 있다면, "모든 것이 허용되었다"라는 라스콜리니코프의 말에는 당혹스러움과 동시에 그동안 숨겨져 있던 인간의 악한 성향이 꿈틀대기 시작할 수 있다는 두려움이 포함되어 있는 것이 아닐까? 어쨌든 레비나스는 자신이 경험한 시대를 "존재의 야만의 시대"라고 칭하면서, 이러한 "인간의 광기와 세계의 비극적 광기"[86] 앞에서 무엇을 해야 하며, 어떻게 악과 맞서야 할지에 대하여 질문하고 있는 것이다.

물론 폭력과 광기의 역사 속에서 어떤 사람들은 "이렇게 악이 횡행하는데 도대체 신은 어디에 있는가? 부정의한 살해가 자행되는데도 신이 나타나지 않는다면, 그러한 신은 무슨 의미가 있단 말인가?"라고 말할 수 있다. 이러한 논리는 결국 신에 대한 부정으로 이어지게 된다. 그러나 동일한 상황에 대하여 반대 논리도 가능하다: 악이 횡행하고 있으며, 이 악에 대처할 수 있는 인간의 능력은 너무 무력하다. 이 악은 인간의 힘으로는 해결할 수 없다. 그렇다면 우리에겐 신이 필요하다.

이 두 논리 중 레비나스의 입장은 후자에 가깝다. 그러나 레비나스에게 신은 논리적으로 도출된 결론이 아니고, "요청되는 신(칸트)"도 아니며, 전적으로 부재하는 신도 아니다. 오히려 신은 항상 인간에게 무한자 이념으로 주어져 있다. 단지 인간이 그것을 철저하게 잊고 있거나 잘못 알고 있을 뿐이다.

서구 형이상학에서 신이란, 인간의 이익과 권력을 보장해 주는

---

86   드 생 쉐롱, 미카엘, 앞의 책, 19, 56쪽.

신으로 여겨지기도 했다. 이때 인간은 자신이 믿는 신의 이름으로 악을 행하기도 했다. 그러나 '악을 허락하는 신'이라는 표현이 도대체 가능한가? 그럼에도 불구하고 역사적으로 수많은 악한 사건들이 신의 이름으로 행해졌다는 것은 부정할 수 없는 사실이다. 그러나 이것은 "신"에 대한 잘못된 이해에서 비롯된 것이다. 신은 결코 인간의 이기심과 욕망을 정당화하기 위한 표현이 될 수 없다. 이런 의미에서 레비나스가 주장하는 신은 인간 주체를 위한 신, 인간 주체를 통해 이해된 신, 결국 인간 주체 안에 갇힌 신이 아니다. 그렇다면 이런 시대에서, 신은 누구인가?

"신에 대하여 질문한다"는 것은 매우 어려운 일이다. 왜냐하면 신은 인간의 사유를 넘어서는 무한자인 반면, 질문한다는 것, 더 나아가 대답한다는 것은 신을 유한하게 규정하는 일이기 때문이다. 따라서 레비나스는 신중하게 "'신'이란 단어가 뜻하는 것으로 보이는 절대성을 훼손하지 않으면서, 신에 대하여 합법적으로 말할 수 있는 것이 정당한가?"(Gott., 14쪽)라고 먼저 질문한다. 이를 위해 레비나스는 "신 자체"에 대한 진술과 인간과의 관계성에서 신에 관한 진술을 구분한다.

우선 신 자체에 대한 진술은 "부정적인 방식"으로 이루어진다. 레비나스는 신의 본성에 대해 설명하지 않는다. 그러한 일은 신을 존재론적으로 파악하는 일이 된다. 더 나아가 신을 존재론적으로 사유하는 것은 레비나스에 의하면 무신론에 해당된다. 존재에 갇힐 수 없음에도 불구하고, 신을 존재론적으로 규정한다면, 그 신은 이미 신이 아니다. 또한 신은 하이데거가 주장하는 것과 같이 존재를 이해하는 인간 현존재에 의해 사유될 수 없다. 왜냐하면 이때 신의 초월성은 부정되고, 신은 단지 주체의 사유 안에서 구성된 내재성으로 전락하기 때문이다. 결국 레비나스가 말하는 신은 존재가 아니며, 주체인 현존재에게 드러난 경험과 지식의 대상도 아니고, 주체에 의해 구성된 사유 내용은 더더욱 아니다. 이와 반대로 신은 외부로부터 와서 주체의 사유에 충격을 가하는 자이며, 주체로 하여금 끊임없이 자신의 사유를 넘어서도록 하는 자이다.

이와 같이 레비나스가 제시하는 신Dieu은 인간의 사유가 다다를 수 없는 곳에 위치하면서, 인간으로 하여금 궁극적으로 향하도록 하는 자a Dieu이며, 존재론적 신으로부터 결별하는 신adieu이다. 이러한 신은 존재론적으로 규정된 신보다 더 근원적이고 시원적인 신이다.(『신, 죽음, 시간』, 185쪽) 신은 "절대자das Absolut"라는 표현이 의미하듯이, 모든 것으로부터 벗어난 자ab-solvere, 성스러운 자, 분리된 자(『신, 죽음, 시간』, 360쪽)이다. 이런 의미에서 신은 전적인 타자로 나타난다. 신의 타자성은 인간 타자보다 앞선다. 신이 타자성을 통해 자신을 드러내기에 우리는 타자나 이웃에 대한 윤리적 관계를 맺을 수 있는 것이다.(『신, 죽음, 시간』, 190쪽) 그럼에도 신은 인간의 윤리조차 넘어서는 자로서, "너", "당신"이라고 부를 수도 없는 자이다. 레비나스의 신은 부버가 주장하듯이 인격적인 당신이 아니라 이것조차 넘어서는 자로서, 3인칭인 "그"(Humanismus., 54쪽), 절대적으로 포착할 수 없는 자, 하이데거적인 존재와 존재자의 차이(존재론적 차이)도 넘어선

자이다.(Humanismus., 54쪽) 따라서 이러한 신의 흔적을 찾아 나서는 길은, 인간이 자신의 존재로부터 떠나는 일, 즉 탈출Exodus을 통해 가능하다.

다른 한편 레비나스는 인간과의 관계성 안에서 신에 대하여 말하고 있다. 이것은 신 자체로의 본성이 무엇인지 규명하고, 이로부터 신과 인간의 관계를 해명하지 않는다. 반대로 그는 주체와 타자라는 인간들 사이의 관계성을 통해 우리가 "신"이라는 표현을 할 때 그 의미가 무엇인지 밝히고 있다. 왜냐하면 신에 대한 이념이 인간 안에 이미 주어져 있다고 하더라도 그 이념이 구체적으로 무엇인지 드러나는 것은 바로 인간의 삶을 통해서이기 때문이다. 이런 점에 대하여 레비나스는 자신은 어떤 것도 신으로부터 규정하려고 하지 않고 반대로 인간과의 관계를 통해 신을 규명한다고 말하고 있다. 왜냐하면 인간이 알 수 있는 것은 인간이지 신이 아니기 때문이다. 따라서 신에 대하여 말할 수 있다면 그것은 단지 인간을 통해서 가능하다. 신이라는 단어는 그 자체로 추상적인 이념이며 그 이념이 구체적인 내용을 갖게 되는 것은 인간의 구체적인 관계와 역사 속이기 때문이다. 그렇다면 인간과의 관계 속에서 드러나는 신을 레비나스는 어떤 신으로 규정하는가?

무한자로서 신은 인간과 물질을 초월하는 신이다. 그럼에도 불구하고 그 신은 육체를 지닌 인간을 통해 자신을 드러낸다. 특히 성서가 강조하고 있는 것처럼 신은 "이방인, 과부, 고아"의 얼굴, 고통 받는 이웃과 가난한 자의 얼굴을 통해 현현한다. 이러한 타자의 얼굴, 상처받기 쉽고, 거룩하면서도 동시에 속된 인간의 얼굴이 곧 신의 "계시"이다. 즉 신은 타자의 얼굴 안에서 현현하는 말씀, 말씀이 된 얼굴Caro verbum facta est이다. 이러한 신은 인간으로 하여금 타자에 대하여 책임을 지도록, 타자를 자신과 같이 사랑하라고 명령한다. 그 신은 "나를 죽이지 말라"는 타자의 호소에 귀 기울이도록 명령한다. 그 신은 타자가 주체의 지배 대상이나 소유물이 아니라는 점, 세계가 권력을 가진 주체의 소유물이 아니라는 점을 깨닫게 한다. 이 신은 고통 받는 인간이 곧 메시아이며, 내가 나로 된다는 것은 바로 나 자신이 메시아가 되는 일이라고 말한다. 내가 메시아가 된다는 것은 타자의 얼굴을 지나치지 않고 그 얼굴의 호소에 응답하고, 타자를 환대하는 일이다. 물론 나는 이 명령에 따르지 않을 수도 있다. 그것은 나의 선택에 달려 있는 일이다. 그러나 타자의 얼굴을 거부하는 것은 곧 "나의 존재"의 윤리적 고귀함을 부정하는 일이다. 왜냐하면 타자에 대한 나의 책임이 나의 윤리적인 선함의 토대가 되며 이때 나는 나로부터 초월하게 되고 나는 비로소 자유롭게 되기 때문이다. 이처럼 타자의 얼굴은 신이 방문하는 흔적이며 타인의 얼굴을 통해 신은 인간의 곁을 지나가는 것이다. 이런 의미에서 속된 얼굴은 거룩한 얼굴인 것이고, 타자의 얼굴을 통해 우리는 스스로 고통 받는 신, 스스로 낮아진 신kenosis Dei의 흔적을 볼 수 있는 것이다.

6

|

하이데거와 레비나스의
종말론적 세계와 인간의 본질

1) 하이데거: 존재론적인 4방 세계와 존재론적 인간

하이데거는 현대사회의 특징으로 유물론, 도시적 삶의 해악들, 정신의 부패, 자본주의의 문제점, 현대기술의 위험 등을 들고 있다. 그런데 자본주의와 현대기술, 인간의 끝없는 욕망이 어우러져 만들어 낸 세계가 대도시이다. 대도시는 흥분과 자극적인 것을 산출해 내면서 인간의 정신을 마비시키는 곳이다. 대도시엔 뿌리를 상실한 인간들이 모여들어 산다. 그들은 대중매체를 통해 모든 것을 아는 듯하지만, 어떤 의미에서는 전혀 아는 것이 없는 사람들이다. 그들은 모두 비슷하게 알고, 비슷하게 생각하고, 비슷하게 살아간다. 그들은 더 큰 욕망을 충족시키기 위해 노동을 하고, 결국엔 욕망에 사로잡혀 노예처럼 살아간다. 더 심각한 것은 그들은 자신이 이러한 인간이며, 이렇게 살아가고 있다는 것을 알지 못한다는 점이다.

하이데거는 자신이 살던 당시 일상인의 모습을 이렇게 묘사하고 있다. 물론 그들은 자신이 계산에 밝고, 생각이 많으며, 수많은 존재자를 지배하고, 소유하고 있다고 항변할 수 있다. 존재자와 계산적 사유라는 측면에서 볼 때, 그들의 주장은 옳다. 그러나 하이데거가 비판하고 있는 대목은 그들이 "존재"나 진정한 의미의 "사유"에는 전혀 관심이 없다는 점이다. 이러한 일상인과 현대사회의 특징을 하이데거는 "도시"라는 단어를 통해 표현하고 있다. 도시는 "위기"가 벌어지고, 확대되고, 재생산되는 곳이다. 그러나 이러한 삶을 당연한 것으로 받아들임으로써, 위기를 위기로 인지하지 못하고, 망각하고 있다는 점에 더 큰 위기가 놓여 있다. 이런 맥락에서 우리는 도시에 대한 하이데거의 비판을 이해할 수 있다. 그는 "왜 우리는 시골에 머무는가?"라는 질문에 대하여 "창조적인 풍경" 때문이라고 대답한다.[87]

또한 그는 베를린 대학으로부터 두 번째 초빙을 거부하면서, "도시로부터 오두막으로 돌아간다. 나는 산과 숲, 그리고 농가가 말하는 것을 듣는다"라고 말한다. 그에게 농가들은 서로 떨어져 있어도, 가장 아름답게 이웃해 있는 반면, 도시의 집들은 이웃을 모르는 곳이다.

또한 "도시"라는 단어는 현대기술에 대한 은유적 표현이기도 하다. 사람들은 현대기술을 통해 인간이 더 편안하고 안전한 삶을 영위하게 될 것이라고 낙관적으로 전망한다. 현대기술을 통해 인간은 알지 못했던 것을 알게 되고 몰랐기 때문에 두려워했던 것으로부터 해방될 수 있다는 것이다. 결국 현대기술은 인간을 자유롭게 할 것

---

[87] W.v.Reijen, 앞의 책, 28쪽.

이라는 주장이다. 그러나 하이데거에 의하면 이것은 "현대기술"의 마법에 사로잡힌 결과일 뿐이다:

> 기술에 의한 마법에 홀림, 그리고 기술이 끊임없이 발전한다는 것은 마법에 걸린 표시이다. 마법에 의해 모든 것은 계산함, 사용, 사육됨, 다루기 쉬움, 정돈으로 재촉되어진다.(65권, 124쪽)

이 인용문에서 하이데거는 "현대기술"을 신화와 종교, 이데올로기가 붕괴한 이후 나타난 마지막 신화라고 비판하고 있다. 현대기술이 위험한 이유는 그것이 이전의 수공업 기술과 달리 완전성, 전체성을 통해 이루어지며 이를 통해 자연뿐 아니라 인간의 본성도 변화시키기 때문이다.

예를 들어 물레방아는 강물의 흐름을 변형시키지 않는다. 그것은 강물의 흐름과 더불어 작동할 뿐이다. 반면에 거대한 댐은 강물의 흐름 자체를 변형시킨다. 이처럼 현대기술은 전체적인 방식으로 이루어진다. 다른 예로, 유전자 조작은 더 많은 수확을 위해 이루어지지만 유전자 조작을 통해 씨앗은 전혀 다른 씨앗이 된다. 그리고 이 씨앗을 가지고 대량생산을 추구하는 농업기술은 농부의 경작 기술과 전혀 다르다. 농부가 씨앗을 뿌리고 가꿀 때, 그는 대지에게 더 많은 수확을 내놓으라고 강요하지 않는다. 그 대신 농부는 씨앗의 성장력에 맡기고, 그것이 잘 자라도록 돌보고 보호할 뿐이다. 반면에 대량 생산기술은 씨앗에게, 대지에게 더 많은 수확을 강요한다.

또 다른 예로, 인터넷이나 스마트폰의 경우, 그것을 이용하는 것은 인간이기에 스마트폰과 인간의 관계에서 주체는 당연히 인간이라고 생각한다. 그것은 옳다. 인간이 스마트폰을 구매하고, 그것을 이용하고, 이를 통해 좀더 편리한 삶을 살 수 있기 때문이다. 그러나 스마트폰을 이용하는 것은 단순히 스마트폰을 자발적으로 사용하는 것에 그치지 않는다. 오히려 그것을 사용한다는 것은, 스마트폰의 시스템을 따르는 것을 의미한다. 이 시스템은 스마트폰을 넘어 사회 전반의 운영 방식과 연결되어 있다. 따라서 현대인이 어떠한 일을 하려면 그는 이 시스템을 따라야 한다. 이때 스마트폰은 단순한 도구이지만 이것을 사용함으로써 현대인은 일정한 시스템 안에 갇히게 된다. 이런 의미에서 현대기술은 사회 전체와 연관된 기술이며 인간으로 하여금 사용하지 않을 수 없게 하는, 즉 강요하는 기술이다. 이러한 특징을 하이데거는 "도발적 요청"이라고 표현한다.[88]

현대기술 안에서 인간은 더 이상 기술을 지배하고 이용하는 주체가 아니라 현대기술의 노예가 되고 단순한 부품으로 전락하게 된다. 즉 현대인은 자신이 사용하는 "기술 제품"에 대해서는 주인이고 주체이지만 그러한 기술 제품을 만들어 내는 "현대기술 자체"에 대해서는 노예이고 객체가 되는 것이다. 이렇게 전체적으로 인간을 강요하고 지배하는 현대기술의 본질을 하이데거는 "몰아세움Gestell"이라고 부른다.

[88] 최상욱, 『하이데거와 여성적 진리』, 104쪽.

그런데 하이데거는 인간의 본질마저 변화시키는 현대기술은 기술적인 것도 아니며 인간적인 것도 아니고 서구 형이상학의 극단화된 결과라고 보고 있다. 그런데 서구 형이상학이 존재 망각의 역사라고 한다면, 현대기술은 존재 망각이 극단적으로 나타난 현상이라고 볼 수 있다. 결국 하이데거에 의하면 현대기술은 "존재 망각"과 "사유의 망각"이 야기한 "위험" 자체인 셈이다. 이러한 위험이 더 심각한 이유는, 인간은 현대기술의 지배로부터 벗어나기가 어렵기 때문이다. 따라서 이 위험은, 어쩌면 인류의 파멸Katastrophe로까지 이어질 수도 있다는 것이 하이데거의 암울한 진단이다. 그렇다면 이러한 위험과 위기를 벗어날 가능성은 없는가? 이에 대하여 하이데거는 망각된 존재의 의미를 다시 사유하는 것이 무엇보다도 시급한 일이라고 강조하고 있다.

기술은 인간이 존재자(사물)와 관계하는 방식 중 하나이다. 이 외에 또 다른 관계 방식이 "예술"이다. 하이데거는 예술적인 관계를 통해 현대기술의 위기로부터 벗어날 가능성을 제시한다. 그렇다면 타자를 포함해 존재자 전체와 관계하는 방식에 있어 기술과 예술의 차이는 무엇인가?

예를 들어 우리는 매장 진열대에 놓여 있는 신발과 반 고흐가 그린 신발을 동일한 방식으로 이해하지 않는다. 더 나아가 신발을 만든 기술자가 신발과 관계하는 방식 역시 반 고흐와 동일하지 않다. 일반적으로 우리가 신발을 구매하려고 할 경우, 우리는 그 신발이 편한지, 그 신발에 대한 타인의 평가와 시선이 어떠한지, 그 신발의 외적인 디자인이 마음에 드는지 등을 따진다. 이와 같이 기술 제품으로서 신발은 유용성과 편리함에 의해 평가받는다. 반면에 반 고흐가 그린 신발을 보면서 누구도 그 신발이 어느 회사 제품인지, 디자인이 어떤지에 대해 생각하지 않는다. 기술 제품으로서 신발이 보여 주는 것은 신발 그 자체이지만, 반 고흐의 그림 속 신발이 보여 주는 것은 신발을 둘러싼 존재 세계이다. 하이데거의 해석에 의하면, 반 고흐의 그림 속 신발은 아낙네의 신발이며, 많이 신어 낡은 상태이다. 낡은 신발을 신고 아낙네는 매일 밭일을 하러 나간다. 그것은 때로는 귀찮고 힘든 일이기도 하다. 그러나 이러한 삶의 무게를 그녀는 스스로 감당하고 짊어져야 한다. 이처럼 아낙네의 신발은 인간 삶의 불안과 염려를 드러내고 있다.

그럼에도 막상 밭일을 나갔을 때 그녀는 파릇파릇 솟아오르는 싹들을 보면서, 혹은 무럭무럭 잘 자라 주는 곡식을 보면서 대지와 하늘이 베푸는 선물을 느끼기도 한다. 때로는 거친 폭우와 강풍에 의해 아끼고 보살폈던 곡식들이 부러지고 상하는 일도 경험할 수 있다. 이처럼 반 고흐의 그림 속 신발은 대지와 하늘이 선사하는 선물 그리고 그것에 감사하는 인간의 모습, 반대로 거친 바람에 쓰러진 곡식들을 보면서 망연자실하는 인간의 모습을 담고 있다. 더 나아가 아침 햇살을 받으며 밭일에 나선 아낙네는 저녁노을이 붉게 물들 때 집으로 향한다. 그녀는 아침의 싱그러운 햇살을 받으며 밭으로 나간 후 약간의 쓸쓸함이 감도는 저녁노을을 보며 집으로 돌아온다. 그녀는 아침에 집에서 나올 때 자신이 돌보고 키우는 곡식들을 생각하며 저녁에 집으로 향할 때 다시 만나게 될 가족들을 떠올린다. 그리고 아침과 저녁을 경험하면서 그녀는 시간이 흘러간다는 것, 자신이 늙어간다는 것, 결국 삶은 태어나서 죽는 일이라는 것을 떠올릴 수도 있다. 이처럼 반 고흐의 그림 안에서 하이데거는 인간 삶의 불안과 염려, 자신이 죽을 수밖에 없는 존재라는 사실에 대한 불안, 자신을 둘러싼 가족들과의 사랑, 자신이 노력한 만큼 선물을 베푸는 대지와 하늘에 대한 감사와 경외심, 그리고 이 모든 것이 결국엔 감사한 일이라고 고백하며 신에게 바치는 봉헌의 마음을 발견한다.

기술 제품의 경우, 우리는 신발이라는 "존재자"에 관심을 둘 뿐이지만 예술 작품 속 신발을 통해 우리는 신발이라는 존재자가 아니라 신발을 둘러싼 "존재 세계"와 만나게 된다는 것이다. 기술 제품에 대한 인간의 태도가 소유하고 지배하고 결국엔 버리는 일이라고 한다면, 예술 작품 속 신발을 보면서 우리는, 우리를 포함해 존재자가 존재한다는 사실 그리고 그렇게 존재한다는 것이 무엇을 의미하는지 사유하게 된다. 그러나 현실적으로 살아가면서 우리는 예술 작품 속 신발(존재자)이 아니라 기술 제품으로서 신발과 만나는 일이 훨씬 많다. 그렇다면 우리가 기술 제품과 관계하는 동안 예술 작품을 통해 경험하는 것과 같은 일이 일어날 가능성은 없는가? 하이데거에 의하면 그것은 가능하다. 더 나아가 현대사회의 위기를 극복하려면 그것은 가능해야만 한다. 이러한 가능성을 그는 "컵(단지)"이라는 기술 제품의 예를 통해서 제시하고 있다. 우리는 일상적 삶 속에서 빈 번하게 컵을 사용한다. 아무 생각 없이 컵을 사용하고, 필요 없으면 버리기도 한다. 처음엔 더 편리하고 고급스러운 디자인의 컵에 끌리기도 하지만 시간이 지나면, 그러한 생각도 사라진다. 그냥 컵을 사용할 뿐이다. 그런데 "컵이 무엇인가?"라고 묻는다면 우리는 어떻게 대답할 수 있을까?

위에서 언급했듯이, 아리스토텔레스에 의하면 컵은 특정한 물질을 재료로 하여 만들어진 것이다. 그리고 컵은 주전자나 접시와 다른 형태를 띠고 있다. 컵이 그러한 형태를 띠는 것은 마시기에 유용하고 편리해야 하기 때문이다. 이러한 물질과 형태, 그리고 목적을 고려하여 기술자는 컵을 만들어 낸다. 말하자면 "컵이 무엇인가?"라는 질문에 대하여 아리스토텔레스는 컵은 물질(질료인), 형태(형상인), 목적(목적인), 만드는 자(능동인)에 의해 제작된 제품이며, 이 중에서 가장 중요한 것은 만드는 자(능동인)라고 대답하고 있다. 이러한 주장은 현대 자본주의 소비사회에서도 여전히 유효하게 적용된다. 우리는 좀더 좋은 질감과 좀더 아름다운 형태, 좀더 편리하며 좀더 유명한 장인에 의해 만들어진 컵을 선호한다. 그러나 이로써 컵이 무엇인가에 대하여 충분한 대답이 제시된 것인가?

우리 주변에는 종이컵, 플라스틱 컵, 도자기처럼 우아한 컵, 거칠고 투박한 컵, 주둥이가 큰 컵, 작은 컵 등 수많은 컵들이 있다. 이 컵들의 재료와 형태, 목적, 만든 이는 모두 다를 수 있다. 그렇다면 아리스토텔레스의 4원인설은 아직도 타당한 것 아닌가? 그러나 하이데거의 생각은 전혀 다르다. 아리스토텔레스적으로 규정된 컵에서 주시하는 것은 "컵"이라는 "존재자"이다. 이에 반해 하이데거가 강조하고 있는 것은 컵이라는 존재자의 "존재 의미"이다. 컵이 컵으로 존재하는 근거는 무엇인가? 이 질문은 우리로 하여금 컵이라는 존재자를 떠나, 컵을 통해 벌어지는 존재 사건을 향하게 한다. 그렇다면 컵의 존재 의미는 무엇인가? 그것은 당연히 마시기 위해서이다. 무엇을 마시게 하는 제품으로서 컵에게 가장 중요한 것은 무엇인가? 그것은 담을 수 있는 빈 공간이다. 빈 공간이 없는 컵은 그것이 아무리 좋은 재료와 형태, 목적에 의해 유명한 장인이 만들었다 하더라도, 컵이 아니다. 말하자면 컵을 컵이게 하는 것은 바로 "빈 공간(무)"에 있는 것이다. 컵의 빈 공간은 물이나 포도주를 담기 위한 것이다. 컵은 갈증에 시달리는 사람에게 물이나 포도주를 제공한다. 그런데 사막과 같이 물이 거의 없는 곳이나 계속된 가뭄으로 물이 귀해졌을 때, 혹은 오염되어서 마실 수 없을 때, 우리에게 물은 더 이상 단순한 소비재가 아니다. 오히려 물 안에는 하늘이 선사한 비가 담겨 있고, 대지 위에 내린 비가 강물을 이뤄 흘러가는 동안 그 비를 정화하는 대지가 들어 있다. 이러한 물은 갈증에 시달리는 인간에게 기운과 활기를 되찾게 한다. 이때 물은 죽음에 처한 인간을 구해 주는 생명과 같다. 이러한 물을 마시면서 인간은 자신의 삶과 죽음을 떠올리고 신에게 감사함의 기도를 드릴 수도 있다.

이와 같이 일상적이고 단순한 컵이라는 존재자 안에서 하이데거는 대지와 하늘, 죽을 자인 인간과 신적인 자들을 발견한다. 이때 대지와 하늘, 인간과 신적인 자들은 서로 대립하거나 반목하지 않으며, 서로에 대하여 지배하려고 하지 않는다. 오히려 컵 안에서 대지, 하늘, 죽을 인간들과 신적인 자들은 서로 조화를 이루고 서로를 필요로 하며, 한데 어우러져 서로를 비추는 유희를 벌인다. 이것을 하이데거는 4방 세계das Geviert라고 표현하며, 이들이 서로를 반영하면서 만들어 내는 유희를 "존재 사건das Ereignis"이라고 칭한다. 이처럼 하나의 컵 안에는 4방 세계, 즉 전 우주가 담겨 있는 셈이다.

이때 대지는 파괴 대상이 아니라 모든 존재자들을 성장하게 하고 보존하는 능력을 말한다:

> 대지는 건축하며 지탱하는 것, 영양을 주고 열매 맺게 하는 것, 물들과 암석들, 성장하는 모든 것들과 모든 동물들을 보호하는 것이다.(VA., 170쪽 이하)

이제 대지는 인간이 자의적으로 지배하고 착취하는 대상이 아니라, 인간으로 하여금 본래적인 의미로 거주하게 하는 "고향"이 된다. 또한 하늘은 물리적 공간이 아니라 인간에게 빛과 어둠의 교차를 통해 법칙을 제공하고 시간의 흐름을 드러내며 대지를 향하는 비를 통해 대지를 대지답게 하고, 인간에게 감사함을 선사하는 하늘이 된다:

> 하늘은 태양의 운행, 달의 운행, 별들의 광채, 세월의 시간들, 낮의 빛과 여명, 밤의 어두움과 밝음, 날씨의 고마움과 황량함, 구름

들의 떠돌아다님, 에테르의 푸르른 심연이다.(VA., 170쪽 이하)

이렇게 생명의 토대이자 고향이 된 대지와, 법칙과 시간과 감사함을 선사하는 하늘 안에서 이제 인간은 자신이 죽을 자라는 것을 받아들이고, 이를 통해 새로운 인간 본질을 회복하며, 신적인 자들과의 대화를 다시 시작할 수 있는 것이다:

죽을 자들은 인간들이다. 인간들이 죽을 자로 불리는 것은, 그들이 죽을 수 있기 때문이다. 죽는다는 것은 죽음을 죽음으로 감행한다는 것이다. 단지 인간만이 죽을 수 있다.

신적인 자들은 신성을 전하는 사자들의 눈짓이다. 이들의 은폐된 섭리로부터 신은 그의 본질 안에서 나타나며, 그 본질은 신을 인간 현존재들과의 모든 비교로부터 벗어나게 한다.(VA., 170쪽 이하)

이처럼 4방 세계가 서로 원을 이루며 벌이는 춤Reigen을 하이데거는 "존재 사건"이라고 부른다. 존재 사건을 통해 비로소 대지는 대지로, 하늘은 다시 하늘로, 인간은 인간으로, 신적인 자들은 신적인 자들로 그 모습을 드러내며, 그들은 서로를 반영하면서 서로에게 선물이 되는 관계를 회복한다. 하이데거는 존재 사건을 통해 새로운 시대Aeon, 새로운 대지와 새로운 하늘, 새로운 인간 본질의 회복, 마지막 신의 눈짓이 도래하고 이루어질 것을 기다리고 있는 것이다.(65권, 180쪽) 이런 맥락에서 본다면, 하이데거가 추구하는 존재 사건은 비록 "윤리적"이란 표현을 사용하고 있지 않지만 대지, 하늘, 인간, 신들을 그 자체로 드러나게 한다는 점에서 "에토스적" 사건, 즉 존재론적으로 파악된 윤리적 사건이라고 볼 수 있다.

이런 존재 사건을 위해 인간이 해야 할 일은, 존재 사건을 예감할 수 있도록 스스로 준비하면서 기다리는 일이다. 이렇게 자신의 존재를 열어 놓고 존재 사건을 향하는 태도, 혹은 대지를 대지로, 하늘을 하늘로, 인간을 인간으로, 신을 신으로 하는 태도를 하이데거는 "내맡김Gelassenheit"이라 부른다. 이것은 소요유逍遙遊적인 태도와 같이 모든 사심을 벗어난 무욕적 태도, 인간의 행동이 대지, 하늘, 신들의 뜻과 어긋나지 않는 태도를 의미한다.

그러나 이러한 존재 사건이 언제, 어떻게 벌어질지는 알 수 없다. 이런 의미에서 존재 사건은 "비밀"이란 특징을 지닌다. 이제 인간은 사물들을 향해 자신을 내맡기듯이, "비밀"에 대하여 자신을 열어 놓아야 한다. 이것을 하이데거는 "사물에의 내맡김과 비밀에의 개방성Gelassenheit zu den Dingen, Offenheit fuer das Geheimnis"이라고 부른다. 그리고 이러한 태도를 통해 인간은 4방 세계에 대하여 인사를 나누고, 감사함이 무엇인지 배우게 된다. 인사를 나눈다는 것은 각자가 각자에 머물지 않고, 서로를 향해 자신을 넘어선다는 의미이다. 그렇게 타자를 향해 넘어가면서 그는 비로소 자신의 본질을 회복할 수 있으며, 따라서 이것을 하이데거는 "감사함"이라고 부르고 있는 것이다.

그러나 이것은 특정한 시간에 일어나는 사건이 아니라 끊임없이 준비하면서 기다리는 가운데 일어날 수 있는 것이다. 이처럼 자신을 초연하게 내맡기고, 비밀을 간직하면서 존재자 전체에 인사를 나누고 감사하면서 새로운 대지, 하늘, 인간, 신들을 하이데거는 예감하고 기다리고 있는 것이다.

2) 레비나스: 윤리적 세계와 윤리적 인간

하이데거가 준비하며 기다리는 종말론적 세계는 "도대체 왜 어떤 것이 있으며, 오히려 무가 아닌가?"라는 질문에 대한 대답이다. 그것은 "왜 어떠한 것들이 존재하는가?", "존재의 의미를 어느 정도 이해하는 인간은 누구인가?"에 대한 해명이다.

이쯤에서 "왜 존재자 전체와 내가 존재하는가?", "그것들이 어떠한 방식으로 존재하는 것이 바람직한가?"라고 우리 스스로에게 묻는다면 우리는 인간과 신, 대지와 하늘을 포함한 존재자 전체가 서로를 아끼고 보호하며, 조화를 이루는 방식으로 존재해야 한다고 말하지 않겠는가? 그것은 대지는 대지로서, 하늘은 하늘로서, 신들은 신들로서, 그리고 인간은 인간으로서 존재하는 것이 아니겠는가? 본질을 회복한 인간 안에서 대지, 하늘, 신들의 모습이 반영된다면, 대지 안에서 하늘과 인간과 신들이 모습이 반영된다면, 하늘 안에서 대지와 인간과 신들의 모습이 반영된다면, 그리고 신들 안에서 대지와 하늘, 인간의 모습이 반영된다면 그것은 충분히 아름다운 세계 아닌가? 이때 인간이 바쁘게 계산하며 이익을 좇는 방식이 아니라 타자를 존중하고 아끼는 방식으로 존재한다면 그런 인간 역시 아름답지 않은가? 이때 나와 너, 나와 타자 사이의 관계 역시 존재론적인 조화와 아름다움을 반영하지 않겠는가? 이러한 점을 하이데거는 4방 세계, 초연한 내맡김, 기다림, 인사 나눔, 감사함이라는 표현을 통해 말하고자 했던 것이며, 이렇게 서로가 서로를 존중하고 반영하는 존재론적 사건이 도래하고 사건화되기를 기대했던 것이다. 반면에 레비나스의 경우 그의 관심사는 존재자 전체가 아니라 인간과 그의 세계(사회)에 놓여 있다. 따라서 이때 문제의 초점 역시 대지나 하늘로부터 인간, 특히 인간 사이에서 벌어지는 악에 대한 해명으로 옮겨지게 된다. 그가 질문했던 것은 "도대체 왜 악이 있으며, 오히려 선이 아닌가?"이다. 이 질문으로부터 그는 윤리적으로 새로운 인간과 세계를 희망하고 있는 것이다. 그럼에도 불구하고 하이데거와 마찬가지로 레비나스는 현대인과 현대사회를 위기라고 진단한다. 이것은 그가 경험한 구체적인 역사적 경험과 밀접하게 연관되어 있다. 그 경험은 아우슈비츠 사건에서 절정을 이룬다. 그는 600만 명의 유대인이 학살당한 역사적 사건 앞에서 자신이 살아남았다는 죄책감을 통감한다. 이런 점은 그의 진술에서 명확하게 드러난다:

국가 사회주의자들에 의해 살해된 수백만 사람들 가운데 가장 가까운 존재들을 추모하고, 타자에 대한 동일한 증오, 동일한 반유

대주의의 희생자인 모든 민족들과 모든 종파들의 수백만 사람을 기리며.[89]

　이러한 역사적 상황을 토대로 그는 현대사회의 특징을 '조각난 세계', '무질서한 세계', '사건들과 이성적 질서 사이의 균열', '정신들 상호간의 불가해성', '나와 너의 불합치성', '본래적 기능을 못하게 된 지성'이라고 표현하고 있다. 단적으로 현대는 야만성과 광기가 지배적인, 세계사적인 황혼과 종말의 시대이다.(『존재』, 27쪽)
　구체적인 광기와 전쟁과 학살의 역사 속에서 현대인들은 타자에 대한 무관심과 생존을 위한 이기주의 속에서 살아간다. 그렇다고 상황이 좋아지는 것도 아니다. 그저 그렇게 하루가 지나갈 뿐이다. 현대사회는 권태로운 사회이다. "모든 것들과 모든 사람에 대한 권태", 심지어 자기 자신에 대한 권태가 침울하게 주변을 에워싸고 있다. 권태로운 일상 속에서 현대인은 무기력하게 살아가고 있다. 무기력하다는 것은 어떤 일을 할 만한 능력이 없다는 의미, 혹은 그에 대한 생각이 아니며, 앞으로 닥칠 수 있는 괴로움을 겪을 것에 대한 두려움도 아니다. 오히려 무기력하다는 것은 아무것도 시작할 수 없다는 것을 뜻한다. 단적으로 무기력은 존재 자체에 대한 무기력이다. 아무런 기쁨도 없고 짐스러운 존재를 이어 가야 한다는 역설과 구토, 피로감이 바로 무기력의 의미이다.(『존재』, 35쪽 이하)

---

[89]　드 생 쉐롱, 미카엘, 위의 책, 58쪽.

무기력은 카프카의 작품에서 묘사되고 있는 인물들처럼, 아무런 이유도 없이 체포된 상태, 유죄판결을 받은 상태를 뜻한다. 그 속에서 현대인은 죽도록 일해야 살리라는 성서 속 이야기처럼 단지 살기 위해 일할 뿐이다. 그들에게 희망은 엄밀히 말하면, 없다. 물론 희망이라는 것은 희망이 없는 상황에서 절실히 요구되는 마지막 피난처와 같은 것이다. 그러나 레비나스에 의하면, "현재"라는 시간은 더 이상 아무런 희망도 허용하지 않는다. 희망은 계속해서 미래로 연기된다. 희망을 불허하는 현재가 계속해서 현재로 진행되기 때문이다. 이런 상황에서 현대인에게 희망은 단지 미래로서만 존재할 뿐, 현재는 항상 고통으로 가득 찬 울부짖음이 메아리치는 시간이다.(『존재』, 151쪽)

그들에게 미래는 엄밀히 말하면, 없다. 그들은 미래를 포기하고, 현재를 부정하면서, 경직되고 초췌해진 삶, 삶의 원천과 단절된 삶을 살아간다. 살아간다는 것은 구토를 느끼게 하는 피로 자체를 의미한다.

좋은 시절이 오리라는 희망도 없다. 그럼에도 불구하고 이때 인간은 살아남기 위해 노동을 한다. 그리고 눈앞에 있는 사물들에 집착한다. 그들은 사물들을 소유하고 지배하며, 사물들을 향유하려고 한다. 사물들에 대한 욕심, 그것이 유일하게 남은 그들의 희망이다. 이러한 행동은 인간으로 하여금 점점 더 사물과 타자를 소유하고 지배하는 방식으로 몰아간다. 그들은 먹거리와 물질성에 사로잡힌다. 그들은 노동과 고통에서 벗어날 수 없다. 그들은 모두 자신 안에 흡

수된다.(『시간』, 22쪽 이하) 이와 같이 그들은 모두 익명의 그들이 된다. 그들은 탈출구 없는 존재, 존재의 근본적인 부조리에 체포된 것이다. 그들은 살아 있지만, 아무 잘못도 저지르지 않았지만, 유죄판결을 받은 것이다. 이렇게 그들을 사로잡은 존재를 레비나스는 "악"이라고 부른다.(『시간』, 44쪽) 그것은 국가, 혹은 이데올로기로서 나타나며, 사람들은 이 안에서 부품으로 전락한다. 이러한 사람의 모습을 레비나스는 "옷을 입은 존재들"(『존재』, 63쪽)이라 부른다. 그러나 그 옷은 전체성에 의해 강요된 옷이며, 이런 의미에서 그들의 옷은 하나의 옷uni-form이다. 그들은 옷을 입었지만, 전체 속에서 자신을 상실함으로써 옷을 벗은 자들이나 마찬가지다. 그들은 모두 동일해진 인간들이다. 이렇게 끔찍한 일이 벌어지게 된 이유를 레비나스는 전체성과 주체 중심주의를 강조한 서구 형이상학에서 찾는다. 여기서 그가 하이데거와 다른 점은, 현대기술을 서구 형이상학의 극단적인 결과 가장 위험한 결과로 보지 않는다는 점이다. 오히려 현대기술에 대한 그의 평가는 이중적이다.

한편으로 기술적 도구들은 인간의 수고를 덜어 주고 인간의 욕망을 충족시켜 준다. 나아가 기술은 거짓된 신들의 정체를 밝혀냄으로써 그 신들이 사물에 불과하며 더욱 최고의 존재자가 아니라는 점을 드러낸다. 이런 의미에서 현대기술은 인간 정신의 진보에 속한다.(『신, 죽음, 시간』, 249쪽 이하) 현대기술은 사물-신의 마법을 풀어헤치고 그 정체를 드러낸다는 긍정적인 의미를 갖는다. 다른 한편으로 기술은 인간의 수고를 덜어 주면서 기다릴 수 있는 인간 기다림이라는 것 자체도 제거한다. 현대기술은 모든 것을 빠르게 만든다. 기술이 만들어 내는 속도는 인간의 욕망의 성급함에 상응한다. 그러나 현대기술을 통해 인간의 욕망은 채워지지 않는다. 왜냐하면 인간의 욕망은 현대기술보다 더 빠르게 때문이다. 인간의 고통과 아픔은 현대기술을 통해 해결되지도, 보상되지도 않는다.(『존재』, 154쪽) 현대기술은 모든 우상의 정체를 밝혀내기도 하지만, 동시에 그 자체로 또 하나의 이데올로기가 되기도 한다. 이때 기술은 존재가 진정한 모습으로 드러난 것인지, 잘못된 모습으로 드러난 것인지 그 애매함에 대하여 답을 제공하지 못한다. 즉 현대기술은 "존재의 나타남에 똬리를 틀고 있는, 가능한 가상을 막아 주지 못한다".(『신, 죽음, 시간』, 252쪽)

이처럼 현대기술에 대한 레비나스의 입장은 이중적이다. 오히려 레비나스에 의하면 무엇보다 위험한 일은 현대기술 자체가 아니라 그것을 사용하는 인간에 달려 있다. 그렇다면 예술에 대한 레비나스의 입장은 어떠한가?

『신, 죽음 그리고 시간』에서 레비나스는 기술의 이데올로기적 요소나 미혹성에 대하여 세르반테스의『돈키호테』를 예로 들고 있다.

이 책 1부의 주제는 "마법 걸기"인데, 돈키호테는 자신이 마법에 걸렸다고 공언한다. 이러한 돈키호테를 고향으로 데려가기 위해 그 주변에 모인 사람들은 돈키호테를 따라서 자신들도 마법에 걸린 듯이 행동한다. 이를 본 돈키호테 역시 자신과 타인들, 그리고 세계 모두가 마법에 걸린 것이 틀림없다고 생각한다. 이렇게 마법걸기는 모두를 가상이나 가면 속에 아무런 실마리도 없이 가두는 일이다. 그런데 이것은 바로 서구 형이상학, 전체주의, 이데올로기의 기능이기도 하다. 이때 레비나스가 관심을 갖는 것은 "어떻게 돈키호테가 이러한 마법으로부터 벗어날 수 있는가?"라는 점이다. 여기서 레비나스는 돈키호테의 책임성이 그로 하여금 마법에서 벗어나도록 한다는 점에 주목한다. 돈키호테는 다음과 같이 말한다:

> 내가 알기로 확실한 것은 지금 내가 마법에 걸렸다는 걸세. 이렇게 생각을 하면 내 마음이 편하고 좋네. 만일 내가 마법에 걸리지 않았는데 비겁하게 나태한 모습으로 이렇게 닭장에 갇혀 있다고 생각하면 이거야말로 정말 큰일이지.

돈키호테는 자신이 마법에 걸렸다는 것을 확신하고 있다. 그리고 그렇게 마법에 걸린 상태야말로 자신을 편안하게 해 준다고 여긴다. 동시에 그는 자신이 마법에 걸린 것이 아니라면? 하고 의심하면서, 그것이야말로 큰일이라고 생각한다. 왜냐하면 마법에 걸리지 않았다면, 그는 닭장 속에 있으면서 편안하다고 여기는 셈이기 때문이다. 이때 돈키호테는 자신이 마법에 걸렸어도 문제고, 마법에 걸리지 않았어도 문제라는 점을 인지한다. 그러면서 자신이 진정으로 마법에 걸린 것이라면, 그는 지금 이 순간 자신이 해야 할 책임을 방기하고 있는 것이라는 점도 확인한다. 그 책임은 바로 타자에 대한 책임을 뜻한다:

바로 이 시각에도 극도의 곤궁에 처하여 나의 도움과 보호를 바라고 있을 수많은 사람들이나 수난자들에 대한 구원의 의무를 기피하다니.(『신 죽음, 시간』, 254쪽)

돈키호테가 마법으로부터 풀려나게 된 것은 그가 타자를 향한 자신의 책임을 기억했기 때문이다.

이런 의미에서 레비나스에게 예술의 역할은 불확실성에 빠져 있음에도 불구하고 그것을 가장 확실한 것이라고 여기는 미혹, 망상, 가상으로부터 그 정체와 본질을 드러내는 것이다. 이 점을 레비나스는, "돈키호테는 그의 마법 속에서도 이런 책임을 여전히 기억하고 있다. … 일자가 타자를 들음, 타자를 향해 일자가 자기를 떠남. 이것은 물음에 대한, 그리고 굶주림의 기도에 앞선 간구에 대한 응답이다"(『신, 죽음, 시간』, 258쪽)라고 말한다. 이와 같이 예술 작품은 타자의 이타성을 이타성 자체로 드러내는 데 있는 것이다. 그렇다면 레비나스가 기다리는 종말론적 윤리적 세계는 어떠한 세계인가?

레비나스는 하이데거가 주장하는 4방 세계, 즉 대지, 하늘, 죽을 인간들, 신적인 자들 모두에 대하여 말하지 않는다. 위에서 말했듯이, 레비나스의 관심은 존재자 전체나 존재 일반이 아닌 인간과 인간 사회에 있다. 따라서 그는 대지와 하늘은 중요하게 다루지 않는다. 오히려 대지와 하늘은 모두 인간의 환경 세계를 형성하는 "요소"들에 불과하다. 대지나 하늘, 나아가 바위나 공기 등은 나와 상관없이 존재하는 요소들이다. 그것은 인간에게 도움을 주기도 하고,

해악을 끼치기도 한다. 이것들은 인간이 보든 안 보든, 관심을 갖든 아니든, 그것에 상관없이 존재할 뿐이다. 그리고 그 안에서 인간은 자신의 삶을 살아가고, 향유할 것을 찾아낸다. 물론 레비나스는 하늘에 대해서 언급하기는 한다. 그러나 그가 말하는 하늘은 하이데거적인 하늘이 아니라 단지 초월에 대한 메타포일 뿐이다: 하늘을 보는 것은 사물을 보는 것과 다르다. 사물을 보는 것은 주체의 욕망에서 시작된다. 반면에 하늘을 보는 것은 주체로부터 떠날 것을 요구한다:

> 하늘은 모든 탐욕을 벗어난 눈을, 포획물을 기다리는 교활한 사냥꾼의 시선과는 다른 시선을 요구한다. … 하늘을 우러러보는 시선은 접촉할 수 없는 것, 신성한 것을 만난다. … 이렇게 시선이 뛰어넘은 거리가 초월이다. 시선은 오름이 아니라 공경이다. 그래서 시선은 경탄이고 숭배다.(『신, 죽음, 시간』, 246쪽)

여기서 하늘을 향한 시선은 자신의 주체성으로부터 타자를 향하고, 나아가 무한자를 향하는 시선과 연결되고 있다. 결국 하이데거의 4방 세계와 달리, 레비나스에게 중요한 것은 인간과 신이라는 것을 알 수 있다. 그렇다면 인간과 무한자(신)가 어우러져 드러나는 윤리적 세계는 어떤 세계인가? 이에 대한 레비나스의 대답은 광기와 죽음의 시대를 경험하거나, 혹은 경험하지 못했더라도 그 야만적 폭력성에 대해 진지하게 생각한다면 누구라도 생각할 수 있는 소박한 희망과 별로 다르지 않다. 만약 우리가 그러한 혼돈의 시대를 산다면, 어떠한 세계를 원할 것인가?

우리가 상상할 수 있듯이 레비나스가 희망하고 기다리는 세계는 정의로운 세계이다. 이때 정의는 사회적 균형을 이루고 인간들 사이에 대립하는 힘들을 조화시키는 "합법성", 혹은 이러한 법의 적용을 뜻하지 않는다. 오히려 이보다 앞서 정의는 인간 각자 모두에 대해 책임지는 타자들의 공동체에서 가능하다. 이를 위해 중요한 것은 이 세계 속에서 살아가는 자신이 자아 개념으로부터 벗어나 타자를 위하여, 타자를 향해, 또 다른 타자가 되는 일이다. 그것은 타자를 나와 유사한 또 다른 자아로 여기는 것이 아니라 오히려 나 자신을 타자와 같은 타자로 이해하는 일이다. 이때 나와 타자는 서로에 대한 "타자성(제3자)"을 통해 서로 평등한 존재라는 것을 알게 되고, 이러한 평등성 안에서 정의는 마침내 확립될 수 있는 것이다. 이렇게 정의로운 세계는 타자를 자신의 편으로 끌어들이는 것이 아니라, 자기 스스로 타자를 향해 열어 놓는 인간을 통해 회복할 수 있다. 말하자면 정의로운 세계가 이루어지기 위해서는 각자 스스로 실행하는 인간이 되어야 한다. 그것은 타자가 되는 일이다. 이런 의미에서 레비나스는 『전체성과 무한』에서 "질서가 잘 잡힌 정의는 타자로부터 시작된다"고 말하는 것이다.

타자를 위해 스스로 타자가 되는 일은 타자를 향해 자신을 열어 놓는 일이기에, 그 실행 방식은 필연적으로 평화로워야 한다. 타자가 자신을 드러내는 얼굴은 어떠한 경우에도 동일자를 부정하거나 폭력을 가해서는 안 된다. 이때 폭력을 수반한다면, 그는 자신을 주체로 여기며, 그 안에 머물러 있는 것이다. 그런데 이러한 식으로 나타나는 폭력은 어떠한 경우에도 정당화될 수 없다. 또한 모든 폭력은 그 자체로 항상 실패로 머문다. 왜냐하면 내가 타자를 억압하고 살해하더라도, 타자는 항상 살아남기 때문이다. 따라서 폭력은 종결되어야 한다. 이와 같이 정의롭고 평화로운 세계는 타자를 향해 자신을 벗어나는 초월을 통해 가능하지만, 동시에 또 다른 타자인 나 자신에 의해 요구되는 일이기도 하다. 이때 나는 비로소 자유로운 인간이 되며, 타자에 대하여 책임을 지는 인간, 즉 선한 인간이된다. 여기서 "선함"이란 표현은 내가 특정한 도덕적 행동을 했기 때문에 얻게 되는 것이 아니다. 이보다 앞서 "선함"은 내가 동일자인주체로부터 타자를 향해 자신을 떠난다는 사실, 자신을 타자에게 양도한다는 사실 자체를 뜻한다. 결국 선한 사람이란 자신 안에서 들려오는 타자의 소리에 귀를 열어 놓고 그 음성을 따르는 자를 뜻한다. 이런 의미에서 레비나스는 "동일자를 깨어나게 하는 타자는 동일자 안의 타자이며 바로 이것이 선함의 탁월함이다"(『신, 죽음, 시간』, 271쪽)라고 말하는 것이다.

그런데 레비나스가 강조하는 정의로운 세계, 평화의 세계, 선한세계는 추상적인 이념이 아니라, 구체적인 역사 속에서 실행되어야할 세계이다. 이를 위해 우리는 고통과 가난, 죽음의 위협에 처한 타자를 위해 말이나 사상이 아니라, 그들의 입에 실제적으로 빵을 선물할 수 있어야 한다. 즉 우리는 타자를 환대하고 그에게 구체적인 빵을 제공할 수 있어야 한다. 이런 의미에서 레비나스가 추구하는 세계는 사랑의 세계라고 볼 수 있다. 이러한 사랑을 통해 죽음의 세계는 삶의 세계로 전환될 수 있는 것이다.

이처럼 죽음의 역사 속에서 레비나스는 정의로운 세계, 평화로운 세계, 선한 세계, 구체적인 빵을 건네는 세계, 사랑의 세계, 즉 종말론인 윤리적 세계를 희망하면서 준비하고 기다리고 있는 것이다.

나가는 말

인간은 참으로 복잡한 생명체이다. 그의 안에는 무한에 가까운 가능성들이 존재한다. 그 가능성들을 완전히 실현한 인간은 없다. 모든 인간은 자기 자신을 향한 도상에 있을 뿐, 누구도 자기 자신에 도달한 적이 없다.

  인간은 서로 모순적인 것을 거의 동시에 느끼고 원하기도 한다. 그는 울면서 웃을 수 있다. 그는 지배하길 원하면서, 동시에 지배당하기를 바라기도 한다. 그는 자유를 원하지만, 구속을 원하기도 한다. 자유는 좋지만 불편하기 때문이며, 구속은 싫지만 안락하기 때문이다. 자기 자신에 대해서도 인간은 이중적이다. 자기 자신을 가장 소중히 여기면서도, 때때로 학대하기도 한다. 타자와 어울려 사는 삶을 불편해 하면서도, 타자를 그리워하기도 한다.

  인간은 주어진 자연을 정복하면서 살아가는 것 같지만, 그의 존재는 이미 그 자연에 의해 한계 지어져 있다. 사막에 사는 인간과, 기름진 옥토에 사는 인간의 삶이란 다르다. 따뜻한 지방에서 사는 인간과, 혹독한 추위나 더위 속에서 살아가는 인간의 삶은 다르다.

그들은 모두 자연의 위협으로부터 벗어나기 위해 자연을 지배하고 정복할 수 있는 방법을 찾아내지만, 사막인은 사막인의 방식으로, 농경인은 농경인의 방식으로 살아간다. 인간은 자연뿐 아니라, 이웃과 더불어 세계를 이루며 살아간다. 그때 그가 타자와 어떤 관계 속에서 살아가는지에 따라, 여러 가지 삶의 모습이 나타난다. 하이데거와 레비나스는 모두 특정하게 주어진 삶의 조건과 역사적 상황 속에서 살았다. 그만큼 그들은 서로 다른 삶을 살 수밖에 없었고, 서로 다른 삶과 세계, 역사에 대한 이해를 가질 수밖에 없었다.

우리는 철학자들이 "보편적 진리"를 추구한다고 생각한다. 한편으로 맞는 말이다. 모든 인간들에게 적용될 수 있는 보편적 진리를 발견할 수 있다면 얼마나 좋은 일이겠는가? 그러나 인간은 마치 거미의 세계가 거미줄에 한정되듯이, 자신의 시각을 통해 세계를 바라보고 이해한다. 보편을 추구하는 철학자의 경우에도 그들은 모두 자신의 구체적인 위치와 시각에 의해 제한받을 수밖에 없다.

하이데거나 레비나스의 철학이 자신들의 입장과 상황에서 출발한다는 것은 비판받을 이유가 되지 않는다. 왜냐하면 철학은 진리를 사랑하고 추구하는 작업일 뿐 진리 자체에 도달할 수 없기 때문이다. 독일 철학자로서 하이데거가 플라톤 이전의 고대 그리스 정신으로 돌아가고, 그것을 통해 미래적인 독일 정신을 시도한 것은, 결국 "인간은 누구인가?", "나는 누구인가?"라는 질문에 대한 대답 가능성을 찾기 위해서였다. 유대계 철학자로서 레비나스가 유대교 정신으로 돌아가 억압받고 고난받는 자들을 위해 질문하는 것도,

"인간은 누구인가?", "나는 누구인가?"에 대한 대답을 찾기 위해서이다. 하이데거는 자신의 본래적인 존재를 찾아가는 실존적 인간을 통해, 레비나스는 타자를 향해 자신을 떠나는 윤리적 인간을 통해, 그 질문에 대하여 대답하고 있는 것이다.

하이데거가 인간의 본질을 "비극적 영웅"에서 발견했다면, 레비나스는 "헌신하는 순교자의 모습"에서 발견하고 있다. 하이데거 철학이 인간의 자부심과 위대함을 향하고 있다면, 레비나스 철학은 희생당하는 인간의 연약함과 고통으로 눈을 돌리고 있다. 하이데거는 자신의 본래적인 존재를 결단하고 실존적으로 살아가는 인간을 묘사하는 반면, 레비나스는 타자의 호소에 귀 기울이는 인간에 대하여 강조하고 있다. 하이데거와 레비나스가 서로 다른 세계, 역사적 상황, 삶의 자리에서 살아간 것처럼 그들은 철학도 다르고, 둘 사이에 접점도 없어 보인다. 그러나 그들의 철학은 만날 수 있고, 만나야 한다.

하이데거 철학은 건강한 "나" 중심주의를 추구한다. 그것은 천박한 이기주의와는 거리가 멀다. 그의 철학은 인간 자신의 "고귀한 존재"를 추구한다. 자신의 고귀한 존재를 추구한다는 것은 타자 역시 고귀한 존재로 받아들이는 것이다.

레비나스의 철학은 타자의 얼굴이 건네는 고통과 호소의 말에 귀를 기울이라는 것이다. 그러나 문제는 남는다: 만약에 타자의 얼굴이 말을 건네더라도, 상대방이 그 말을 들을 수 없다면 실제적인 역사 속에서 타자의 얼굴이 건네는 말에 응답한 상대방이 얼마나 있었던가? 우린 여기서 하이데거와 레비나스 철학이 만날 수 있는 지점을 발견하게 된다. 레비나스가 주장하는 얼굴의 말을 들을 수 있으려면, 그것을 들을 수 있을 정도의 고귀한 존재를 지녀야 한다.

인간은 복잡한 생명체이다. 우리 모두가 그렇다. 우리 모두는 자기 자신을 찾아가야 한다. 그때 만나는 타자를 어떻게 대할지는 각자의 몫이다. 그러나 분명한 것은, 내가 고귀한 존재라면 타자도 똑같이 고귀한 존재라는 점이고 어느 누구에게도 다른 인간을 해칠 권리는 없다는 점이다.

참고문헌

|

하이데거 저작들

(1927) Sein und Zeit, Niemeyer, Tuebingen 1972.

(1929) Was ist Metaphysik?, in: Wegmarken, Klostermann, Frankfurt, 1928(약호 'Weg').

(1929/30) Die Grundbegriffe der Metaphysik. Welt-Endlichkeit-Einsamkeit, 전집 29/30권.

(1934/35) Hoelderlins Hymnen「Germanien」und「Der Rhein」, 전집 39권.

(1935/36) Der Ursprung des Kunstwerkes, in: Holzwege, Klostermann, dritte Auflage, 1957(약호 'Hw').

(1935/36) Die Frage nach dem Ding, Tuebingen, 1987.

(1936) Hoelderlin und das Wesen der Dichtung, in: Erlaeuterungen zu Hoelderlins Dichtung, Klostermann, 1981(약호 'EzHD').

(1936-1938) Beitraege zur Philosophie (Vom Ereignis), 전집 65권.

(1939/40)「Wie wenn am Feiertage …」, in: EzHD.

(1940) Der europaeische Nihilismus, in: Nietzsche Bd. 2.

(1940) Nietzsches Metaphysik, in: Nietzsche Bd. 2.

(1942) Hoelderlins Hymne「Der Ister」, 전집 53권.

(1943) Nachwort zu:「Was ist Metaphysik?」, in: Weg.

(1943) Nietzsches Wort「Gott ist tot」, in: Hw.

(1944/45) Feldweg-Gespraech, 전집 77권.

(1946) Brief ueber den Humanismus, in: Weg.

(1946) Wozu Dichter?, in: Hw.

(1947) Der Feldweg, Frankfurt, 1953.

(1949) Einleitung zu:「Was ist Metaphysik?」, in: Weg.

(1949) Die Kehre, in: Die Technik und die Kehre, Pfullingen 1985.

(1950) Des Ding, in: VA.

(1950) Die Sprache, in: Unterwegs zur Sprache, Pfullingen 1975(약호 'UzS').

(1950) Holzwege.

(1951) Bauen, Wohnen, Denken, in: VA.

(1951) 「··· dichterisch wohnet der Mensch ···」, in: VA.

(1951/52) Was heisst Denken?, Tuebingen 1984.

(1953) Die Frage nach der Technik, in: VA.

(1954) Vortraege und Aufsaetze.

(1955) Gelassenheit, Pfullingen 1986.

(1957) Der Satz der Identitaet, in: Identitaet und Differenz, Pfullingen 1986(약호 'ID').

(1957) Die onto-theo-logische Verfassung der Metaphysik, in: ID.

(1957/58) Das Wesen der Sprache, in: UzS.

(1959) Der Weg zur Sprache, in: UzS.

(1959) Hoelderlins Erde und Himmel, in: EzHD.

(1962) Zeit und Sein, in: Zur Sache des Denkens, Tuebingen 1976(약호 'SD').

『횔덜린의 송가 「이스터」』, 최상욱 역, 동문선, 2005.

『횔덜린의 송가 「게르마니엔」과 「라인 강」』, 최상욱 옮김, 서광사, 2009.

베르나스코니, 로버트, 『하이데거의 존재의 역사와 언어의 변형』, 송석랑 옮김, 자작아
    카데미, 1995.

최상욱, 『하이데거와 여성적 진리』, 철학과 현실사, 2006.

_____, 『니체, 횔덜린, 하이데거 그리고 게르만 신화』, 서광사, 2010.

_____, 「하이데거와 레비나스에 있어 이웃 개념에 대하여」, 철학연구 62집, 2003.

_____, 「하이데거와 레비나스에 있어 죽음의 의미」, 하이데거 연구, 2003.

_____, 「하이데거의 "시원" 개념에 대하여」, 하이데거 연구, 2007.

_____, 「하이데거의 대지 개념에 대하여」, 하이데거 연구, 2007.

횔덜린, F., 『빵과 포도주』, 박설호 역, 민음사, 1997.

_____, 『휘페리온』, 장영태 옮김, 을유문화사.

Kemper, P., (Hg.), Martin Heidegger-Faszination und Erschrecken. Die politische Dimension
    einer Philosophie, Campus, Frankfurt/New York, 1990.

Loewith, K., Heidegger. Denker in duerftiger Zeit. Goettingen, 1960.

Marten, R., Denkkunst. Kritik der Ontologie, Schoeningh, Padernborn, Muenchen, Wien, Zuerich 1989.

_____, Heidegger Lesen, Wilhelm Fink, Muenchen 1991.

Margreiter R/Seidlmair K., Heidegger. Technik-Ethik-Politik, Koenigshausen & Neumann, 1991.

Seubold, G., Heideggers Analyse der neuzeitlichen Technik, Alber, Freiburg/Muenchen, 1986.

Vietta, S., Heideggers Kritik am Nationalsozialismus und an der Technik, Niemeyer, Tuebingen 1989.

Zimmermann, M.E., Heidegger's Confrontation with Modernity, Technology, Politics and Arts, Indiana University Press.

레비나스 저작들

Existence and Existents(1947), translated by Alphonso Lingis, Kluwer Academic Publishers, 1978, Dordrecht/Bosteon/Londen.

Time and the Other(1947), translated by Pichard A. Cohen, Pittsburg: Duquesne University Press, 1987.

Totality and Infinity(1961), translated by Alphonso Lingis, Pittsburg: Duquesne University Press, 1969.

Otherwise than Being or Beyond Essence(1974), translated by Alphonso Lingis, The Hague: Martinus Mijhoff, 1981.

Humanismus des anderen Menschen, uebersetzt v. Ludwig Wenzler, Felix Meiner, Hamburg, 1989.

Die Spur des Anderen. Untersuchungen zur Phaenomenologie und Sozialphilosophie, uebersetzt v. W.N.Krewani, Alber, Freibug/Muenchen, 1999.

Wenn Gott ins Denken einfaellt. Diskurs ueber die Betroffenheit von Transzendenz, uebersetzt v. B. Casper, Alber, Freiburg/Muenchen, 1988.

『시간과 타자』, 강영안 옮김, 문예출판사, 2001.

『신, 죽음 그리고 시간』, 김도형, 문성원, 손영창 옮김, 그린비, 2013.

『존재에서 존재자로』, 서동욱 옮김, 민음사, 2003.

『탈출에 관해서』, 김동규 옮김, 지식을 만드는 지식, 2012.

드 생 쉐롱, 미카엘, 『엠마누엘 레비나스와의 대담』 1992-1994, 김웅권 옮김, 동문선,
    2006.

데이비스, 콜린, 『엠마누엘 레비나스-타자를 향한 욕망』, 김성호 옮김, 다산글방, 2001.

데리다, 자크, 『아듀 레비나스』, 문성원 옮김, 문학과 지성사, 2016.